AUX ÂMES CITOYENS !

Natalie Saracco

AUX ÂMES CITOYENS !

APOCALYPSE NOW

salvator

Yves Briend Éditeur S.A.
103 rue Notre-Dame des Champs. F-75006 Paris
www.editions-salvator.com
contact@salvator-editions.com

Maquette intérieure : Atlant'Communication
Maquette de couverture : Sylvain Collet

ISBN : 978-2-7067-1746-8

« Seigneur, tu m'as séduit, et j'ai été séduit ; tu m'as saisi, et tu as réussi. »
Jérémie 20, 7

Avant-propos de l'auteur

Tout a commencé il y a une dizaine d'années lorsque j'ai eu ce terrible accident sur l'autoroute. Entre la vie et la mort, j'ai fait l'expérience de l'Amour imminent, celui du Sacré-Cœur de Jésus. Depuis, ma vie a basculé et moi avec. Suite à cela, un film, « La Mante Religieuse[1] », et un livre, « Pour ses beaux yeux ». Impossible de résister aux Siens ! À Lui, au Seigneur. *« Je me disais : "Je ne penserai plus à lui, je ne parlerai plus en son nom." Mais La parole était comme un feu brûlant dans mon cœur, elle était enfermée dans mes os. Je m'épuisais à la maîtriser, sans y réussir. » (Jérémie 20, 9)* Peut-on tenir tête à l'amour, peut-on maîtriser l'amour ? Non ! Et heureusement. Ce livre « Aux Âmes Citoyens » m'est tombé dessus alors que j'étais repartie pour faire « Larmes Blanches », mon second long métrage. Tout plaqué. Pour Lui. Encore une fois. Je me suis retrouvée plongée en totale immersion d'écriture pendant huit mois. Sans sortir, sans voir personne, happée par une indescriptible urgence. Je passais mes journées à prier et à écrire, coupée de tout sauf de Lui. Une expérience mystique, folle ! Il

1. Disponible en DVD.

en est sorti cet ouvrage. Jamais je n'aurais pu écrire un tel livre sans Lui à mes côtés. Jamais je n'aurais songé à écrire un tel livre sans Lui ! Des sujets tels que le Démon, la société, le transhumanisme et l'Apocalypse, franchement ! Je ne suis pas une exégète, et encore moins une scientifique ! La plupart des écrits me sont venus en prière. « Inspirée » comme on dit. Le premier lecteur, c'est moi-même. J'en sors bouleversée, changée. Je tiens à préciser que les révélations concernant l'Apocalypse n'engagent que ma propre personne. Il ne s'agit en aucun cas d'une interprétation de l'Église – qui du reste est plus que discrète sur le sujet – mais seulement de la mienne[1].

Bienvenue dans l'odyssée d'Aux Âmes Citoyens !
Accrochez vos ceintures !

1. Les extraits bibliques proviennent de l'AELF, la traduction liturgique officielle de l'Église. Certains autres extraits sont tirés d'autres versions de la Bible.

PARTIE I

LE DÉMON ET SES CONTREFAÇONS

1

Au commencement

On pensait que l'Asie détenait la palme d'or de la contrefaçon, eh bien non ! La palme, le césar, l'oscar toutes catégories revient au Père du Mensonge, à la Star de la Manipulation : Le Démon ! Et cela ne date pas d'aujourd'hui. Sa première arnaque remonte à nos chers ancêtres Adam et Ève. À coup d'illusions et de tromperies, il les a entraînés à se prendre les pieds – et l'âme ! – dans La Création. Tout allait bien au Jardin d'Éden. L'homme et la femme coulaient des jours heureux en harmonie avec Dieu, la nature, les animaux. Jusqu'au jour où leur chemin a croisé celui du Serpent.

Genèse

Dieu créa l'homme à son image, à l'image de Dieu il le créa, il les créa homme et femme. Dieu les bénit et leur dit : « Soyez féconds et multipliez-vous, remplissez la terre et soumettez-la. Soyez les maîtres des poissons de la mer, des oiseaux du ciel, et de tous les animaux qui vont et viennent sur la terre. » Dieu dit encore : « Je vous donne toute plante qui porte sa semence sur toute la surface de la terre, et tout arbre dont le fruit porte sa semence : telle sera votre nourriture. À tous les animaux de la terre, à tous les oiseaux du ciel, à tout ce qui va et vient sur la terre et qui a souffle de vie, je donne comme nourriture toute herbe verte. » Et ce fut ainsi. Et Dieu vit tout ce qu'il avait fait ; et voici : cela était très bon. Il y eut un soir, il y eut un matin : sixième jour. Genèse 1,27-31

Ainsi furent achevés le ciel et la terre, et tout leur déploiement. Le septième jour, Dieu avait achevé l'œuvre qu'il avait faite. Il se reposa, le septième jour, de toute l'œuvre qu'il avait faite. Et Dieu bénit le septième jour : il le sanctifia puisque, ce jour-là, il se reposa de toute l'œuvre de création qu'il avait faite.

Lorsque le Seigneur Dieu fit la terre et le ciel, aucun buisson n'était encore sur la terre, aucune herbe n'avait poussé, parce que le Seigneur Dieu n'avait pas encore fait pleuvoir sur la terre, et il n'y avait pas d'homme pour travailler le sol. Mais une source montait de la terre et irriguait toute la surface du sol. Alors le Seigneur Dieu modela l'homme avec la poussière tirée du sol ; il insuffla dans ses narines le souffle de vie, et l'homme devint un être vivant. Le Seigneur Dieu planta un jardin en Éden, à l'orient, et y plaça l'homme qu'il avait modelé. Le Seigneur Dieu fit pousser du sol toutes sortes d'arbres à l'aspect désirable et aux fruits savoureux ; il y avait aussi l'arbre de vie au milieu du jardin, et l'arbre de la connaissance du bien et du mal. Genèse 2,1 et ss.

Le Seigneur Dieu prit l'homme et le conduisit dans le jardin d'Éden pour qu'il le travaille et le garde. Le Seigneur Dieu donna à l'homme cet ordre : « Tu peux manger les fruits de tous les arbres du jardin ; mais l'arbre de la connaissance du bien et du mal, tu n'en mangeras pas ; car, le jour où tu en mangeras, tu mourras. » Le Seigneur

Dieu dit: « Il n'est pas bon que l'homme soit seul. Je vais lui faire une aide qui lui correspondra. » Avec de la terre, le Seigneur Dieu modela toutes les bêtes des champs et tous les oiseaux du ciel, et il les amena vers l'homme pour voir quels noms il leur donnerait. C'étaient des êtres vivants, et l'homme donna un nom à chacun. L'homme donna donc leurs noms à tous les animaux, aux oiseaux du ciel et à toutes les bêtes des champs. Mais il ne trouva aucune aide qui lui corresponde. Alors le Seigneur Dieu fit tomber sur lui un sommeil mystérieux, et l'homme s'endormit. Le Seigneur Dieu prit une de ses côtes, puis il referma la chair à sa place. Avec la côte qu'il avait prise à l'homme, il façonna une femme et il l'amena vers l'homme. L'homme dit alors : « Cette fois-ci, voilà l'os de mes os et la chair de ma chair ! On l'appellera femme – Ishsha –, elle qui fut tirée de l'homme – Ish. » À cause de cela, l'homme quittera son père et sa mère, il s'attachera à sa femme, et tous deux ne feront plus qu'un. Tous les deux, l'homme et sa femme, étaient nus, et ils n'en éprouvaient aucune honte l'un devant l'autre. Genèse 2,15-25

Le serpent était le plus rusé de tous les animaux des champs que le Seigneur Dieu avait faits. Il dit à la femme : « Alors, Dieu vous a vraiment dit : "Vous ne mangerez d'aucun arbre du jardin" ? » La femme répondit au serpent : « Nous mangeons les fruits des arbres du jardin. Mais, pour le fruit de l'arbre qui est au milieu du jardin, Dieu a dit : "Vous n'en mangerez pas, vous n'y toucherez pas, sinon vous mourrez." » Le serpent dit à la femme : « Pas du tout ! Vous ne mourrez pas ! Mais Dieu sait que, le jour où vous en mangerez, vos yeux s'ouvriront, et vous serez comme des dieux, connaissant le bien et le mal. » La femme s'aperçut que le fruit de l'arbre devait être savoureux, qu'il était agréable à regarder et qu'il était désirable, cet arbre, puisqu'il donnait l'intelligence. Elle prit de son fruit, et en mangea. Elle en donna aussi à son mari, et il en mangea. Alors leurs yeux à tous deux s'ouvrirent et ils se rendirent compte qu'ils étaient nus. Ils attachèrent les unes aux autres des feuilles de figuier, et ils s'en firent des pagnes. Ils entendirent la voix du Seigneur Dieu qui se promenait dans le jardin à la brise du jour. L'homme et sa femme allèrent se cacher aux regards du Seigneur Dieu parmi les arbres du jardin. Le Seigneur Dieu appela l'homme et lui dit : « Où es-tu donc ? » Il répondit : « J'ai entendu ta voix dans le jardin, j'ai pris peur parce que je suis nu, et je me suis caché. » Le Seigneur reprit : « Qui donc t'a dit que tu étais nu ? Aurais-tu mangé de l'arbre dont je t'avais interdit de manger ? » L'homme répondit : « La femme que tu m'as donnée, c'est elle qui m'a donné du fruit de l'arbre, et j'en ai mangé. » Le Seigneur Dieu dit à la femme : « Qu'as-tu fait là ? » La femme répondit : « Le serpent m'a trompée, et j'ai mangé. » Genèse 3, 1-14

La suite, on la connaît.

Il n'y a pas à dire : Satan excelle dans l'art du mensonge et de la manipulation ! Il prêche le faux pour savoir le vrai : « *Est-ce que Dieu ne vous aurait pas dit…* » […] « *Mais non, vous ne mourrez point !* » Et ce savoir-faire pour détecter notre fragilité : « *Vous serez semblables à Dieu* ». Il a touché le point sensible de notre petite humanité : l'orgueil. Être semblable à Dieu… Et pourquoi pas, le dépasser ?! Thérèse ne s'est pas trompée en disant que « *l'orgueil meurt 15 minutes après l'homme* ». L'orgueil est la racine même du Démon.

C'est sa marque de fabrique, «Made in Inferno». Comme un sale virus, il nous a communiqué sa folie des grandeurs, des noirceurs. Il est là, à l'affût, il se faufile fabriquant la moindre occasion pour nous faire chuter.

La jalousie, l'envie, l'orgueil, voici les graines qui poussent dans son Eden à lui. Il les arrose à coup de mensonges, de perversions et de manipulations. C'est par jalousie que Satan nous livre cette guerre sans merci. Il est jaloux de l'amour que Dieu nous porte. Il est jaloux de la confiance que Dieu nous fait lorsqu'Il nous confie Sa création à nous Ses petits-enfants. Lui, le dépourvu de tout amour, est envieux de notre Love Story avec Dieu. Il nous envie et nous en veut. L'éclat de notre complicité amoureuse avec le Seigneur lui renvoie la froideur de son cœur en hiver incapable d'aimer. Son orgueil et sa suffisance l'enferment dans une hermétique contemplation personnelle. Obnubilé par sa personne, il lui est impossible de voir l'autre. Dans sa folie et son arrogance, le Démon se plaît à rêver qu'il va vaincre l'Éternel Tout-Puissant. Eh bien non Messire ! Le Christ, par Son obéissance au Père, Sa mort et Sa résurrection, a vaincu à jamais le Mal et la Mort en toute éternité. Point barre, c'est acté. En «croquant» les paroles du Serpent, les pionniers de notre Humanité se sont vautrés dans l'infernale spirale du péché qui conduit inexorablement à la souffrance et à la mort. C'est comme un vote en période électorale : Si le peuple vote à droite, il aura un gouvernement de droite, s'il vote à gauche, il aura un gouvernement de gauche. En désobéissant à Dieu et en suivant Il Diavolo, nous avons voté pour un gouvernement luciférien dont le programme est loin d'être réjouissant : péché – maladie – souffrance – mort. Avec en prime une « aide au logement » dans la Géhenne éternelle où les fonctionnaires de Satan seront toujours là pour nous accueillir à grandes fourches dressées. « *Profitez de notre offre exceptionnelle – et éternelle. Goûtez à nos sévices après vente – de votre âme – avec l'assurance reconductible d'être à jamais damné. Ici au moins vous serez bien au chaud.* » Voici la rançon de notre désobéissance à Dieu et de notre refus de l'écouter. De notre refus de nous laisser aimer par Lui. Adam et Ève auraient mieux fait de jeûner ce jour-là ! « *De toute façon, en quoi cela me concerne-t-il "Adam, Ève, la pomme et l'arbre" ? Je n'y étais pas après tout !* » Mais si cher ami, tu y étais. Nous y étions tous ! Adam et Ève, bien que parfaitement distincts de nous, représentent l'ensemble du genre humain. Aujourd'hui, même si tu t'appelles Pierre, Paul, Jacques, ton tout premier nom, c'est Adam. Quoi qu'il en soit, tu ne vaux pas mieux que lui. Quand tu n'en fais qu'à ta tête, lorsque tu t'arranges avec la vérité et que ta vie n'est qu'une suite de compromis – pour ne pas dire de transgressions –, n'as-tu pas le sentiment de croquer dans la pomme ? Tu prétends être le seul maître de ta vie alors que tu n'es qu'un pantin de plus dans les griffes du Démon. Elle est où la liberté quand on est accro au sexe, à l'argent, à l'alcool, au smartphone et qu'une petite tablette épaisse comme une tranche de jambon gère ta vie ? Le Diable, « docteur ès-manipulation », se nourrit de nos dépendances. Il se dissimule et agit en sous-marin pour mieux nous torpiller. Les petits rejetons d'Adam et Ève reproduisent, hélas, le schéma parental. On joue à Dieu comme eux. Le Serpent est devenu notre animal de compagnie. Petit problème : ce n'est pas nous qui le tenons en laisse mais lui. Une question s'impose : L'Éternel Tout-Puissant qui sait tout et qui a tout pouvoir, n'était-il pas au courant de ce qui allait se passer ? Pour quelles raisons a-t-il permis ce tête-à-tête, ce corne à corne, avec le Démon alors que la partie semblait foutue d'avance ? Dieu ne s'impose pas, pas plus que l'amour. La marque de l'amour, c'est le respect de l'autre, le laisser libre de choisir. Décider à la place d'une personne, s'imposer à elle et lui imposer sa volonté, c'est cela la dictature. L'Éternel se comporte avec nous tel un jeune amoureux impatient de se faire aimer par la femme de sa vie. Nous… Comme preuve de Son amour, Il nous laisse libres de l'aimer ou de le rejeter. Il nous donne le choix. Le fameux libre arbitre. Le Seigneur n'a pas voulu créer une armée de robots obligés de l'adorer et de faire Sa volonté mais des hommes et des femmes libres. Furieux de notre Éden d'amour avec Dieu, le Diable s'affaire à poser des pièges autour de nous. Son arbre à lui, c'est le bananier. « Satan, le Roi de la banane » ! Que de peaux de bananes pour avoir notre peau ! Jusqu'à la fin des temps, le Cornu demeurera la hideuse sorcière qui tend la pomme empoisonnée à Adam – Ève – Blanche Neige – Nous.

2

Le péché, la souffrance et la mort

Quand une personne naît handicapée, quand des enfants sont fauchés par la mort, c'est la marque du péché originel. Comme nous l'avons déjà dit, le mal, la souffrance et la mort ne viennent pas de Dieu mais du Démon. Tout cela est la conséquence de notre désobéissance à Dieu. Ce sont les fruits de l'arbre infernal. Le Diable nous déteste comme il déteste Dieu. Nos larmes sont pour lui le plus doux des nectars. Il nous charge de souffrances et d'épreuves afin de nous pousser à la révolte. « *S'il y avait un Dieu, il n'y aurait pas toutes ces horreurs et ces injustices ! Où était Dieu dans les camps de concentration* » *?!* Le Christ nous donne la réponse : « *Le prince de ce monde, c'est satan* » *(Jn 14).* Lorsque le Fils de Dieu se retrouve devant Pilate pour le procès de la honte, ne dit-il pas : « *Ma royauté n'est pas de ce monde. Si ma royauté était de ce monde, les miens auraient combattu pour que je ne sois pas livré* » *(Jn 18, 36).* Tout comme nous, Jésus a subi les attaques du Démon jusqu'à finir crucifié sur la croix comme une racaille. « Tout comme nous » sauf que Lui n'a jamais croqué dans la pomme. Il n'a jamais désobéi au Père ni commis le moindre péché. Pourtant Satan a mis le paquet pour le tenter (Mt 4

– Lc 4, 1- Mc 1, 12) : «*Jésus fut conduit par l'Esprit au désert, pour être tenté par le diable. Après avoir jeûné quarante jours et quarante nuits, il finit par avoir faim. Le tentateur s'approcha et lui dit : « Si tu es le Fils de Dieu, ordonne que ces pierres deviennent des pains. » Mais Il répliqua : « Il est écrit : Ce n'est pas seulement de pain que l'homme vivra, mais de toute parole sortant de la bouche de Dieu. » Alors le diable l'emmène dans la Ville Sainte, le place sur le faîte du Temple et lui dit : « Si tu es le Fils de Dieu, jette-toi en bas, car il est écrit : « Il donnera pour toi des ordres à ses anges et ils te porteront sur leurs mains pour t'éviter de heurter du pied quelque pierre. » Jésus lui dit : « Il est aussi écrit : « Tu ne mettras pas à l'épreuve le Seigneur ton Dieu. » Le diable l'emmène encore sur une très haute montagne ; il lui montre tous les royaumes du monde avec leur gloire et lui dit : « Tout cela je te le donnerai si tu te prosternes et m'adores. » Alors Jésus lui dit : « Retire-toi Satan ! Car il est écrit : « Le Seigneur ton Dieu tu adoreras et c'est à lui seul que tu rendras un culte. Ayant alors épuisé toute tentation possible, le diable s'écarta de lui jusqu'au moment fixé*». « Tout cela, je te le donnerai »… Suite à la chute d'Adam et Ève, le Diable est aux commandes du monde. Le Cornu n'a pas froid aux yeux : dans sa stratégie de séduction pour tenter le Christ, le Père du mensonge va même jusqu'à se servir de la Parole de Dieu pour la faire à l'envers au Seigneur : «*Il est écrit que …*» Notons au passage qu'il connaît à la lettre l'Écriture sainte. Quel manipulateur ! En plus d'être le Père du Mensonge, il est le Roi du Toupet ! Ses armes, la ruse et la manipulation, sont si parfaitement affûtées, qu'il réussit à dissimuler sa diabolique identité jusqu'à la fin de son chapelet de tentations : « *Tout cela, je te le donnerai si tu te prosternes et m'adores !* » C'est seulement à ce moment-là que se révèle son vrai visage. La force du Démon, c'est qu'on ne croit pas en lui, comme cela il fait de nous ce qu'il veut ! On ne se méfie pas, on ne voit pas – ou on ne veut pas voir. On sort dans l'arène du monde gérée par ce Cornu chef d'entreprise, sans aucune protection. Tandis que le Diable se délecte de nos maux, le Seigneur, Lui, pleure avec nous et souffre avec nous. N'oublions pas que nous sommes Ses enfants et que notre Père est la source même de l'Amour. Quel papa, quelle maman, resterait insensible à la souffrance de ses petits ? Quand on aime une personne, c'est grâce à une infime graine issue de la terre du cœur de Dieu. Si nous, Ses pauvres créatures, nous éprouvons de la compassion devant la douleur de nos frères, imaginez un peu le martyre qu'endure notre Seigneur face à nos misères ! Une abomination. En plus, Il se fait accuser par Ses enfants qu'Il chérit plus que tout et pour lesquels Il a donné Sa vie ! C'est une guerre sans merci qui se livre entre notre Dieu d'amour et le Démon. La lutte entre le Bien et le Mal, entre la Lumière et les Ténèbres. Seul le second avènement du Christ sur la terre mettra un terme définitif à l'action de l'Adversaire. Jusque-là, nous sommes contraints de vivre en coloc avec lui (Mt 8, 28) : « *Comme Jésus arrivait sur l'autre rive, dans le pays des Gadaréniens, deux possédés sortirent d'entre les tombes à sa rencontre ; ils étaient si agressifs que personne ne pouvait passer par ce chemin. Et voilà qu'ils se mirent à crier : « Que nous veux-tu, Fils de Dieu ? Es-tu venu pour nous tourmenter avant le moment fixé ?* » *Or, il y avait au loin un grand troupeau de porcs qui cherchait sa nourriture. Les démons suppliaient Jésus : « Si tu nous expulses, envoie-nous dans le troupeau de porcs. » Il leur répondit : « Allez. » Ils sortirent et ils s'en allèrent dans les porcs ; et voilà que, du haut de la falaise, tout le troupeau se précipita dans la mer, et les porcs moururent dans les flots.* » Ce passage de l'Évangile peut paraître déroutant. Le Messie semble parlementer avec les démons. Au final, Il consent à ce qu'ils rentrent dans le troupeau. Pour quelle raison le Seigneur laisse-t-il faire cela ? « Les porcs » sont les hommes qui ignorent Dieu. Ceux qui ne vivent que pour eux, les plaisirs, et les biens terrestres. « Cherchant leur nourriture dans le monde », ils se prédisposent eux-mêmes à rencontrer Satan. De sympathisantes et opérationnelles pistes d'atterrissage prêtes à l'accueillir. Sans foi, sans résistance, sans protection. Si le Christ permet aux démons de s'emparer du troupeau, ce n'est pas parce qu'Il se désintéresse de lui, mais bien parce qu'Adam et Ève ont « légitimé » la présence du Diable sur terre. Encore ce satané péché originel. En lui ouvrant la porte de notre humanité, ils l'ont invité à séjourner à nos côtés. Jusqu'au « *moment fixé* », le jugement dernier. Le Jour du Seigneur, où par le retour glorieux du Christ, le Démon ne passera plus d'une âme à l'autre mais sera, avec la Mort, définitivement éradiqué. En attendant, « le bon grain et l'ivraie » doivent cohabiter. D'où l'extrême nécessité d'être vigilant (1 Pierre 5, 8) : « *Votre adversaire, le diable, comme un lion, rôde, cherchant qui dévorer.* » Tout ce qui ne contribue pas à notre – vrai – bonheur, tout ce qui n'est pas le fruit de l'amour, ne vient pas de Dieu mais de l'Adversaire, Satan. À cause de notre manque de foi et d'amour envers Dieu, « grâce à nos péchés », Lucifer et ses troupes se portent à merveille. « *Où était Dieu dans les camps de concentration ?* » Dieu était dans le suave parfum de l'amour qui passait dans le cœur des hommes au-dessus de la puanteur du Mal. Quand un homme donnait sa vie pour un autre, le Seigneur s'offrait à ses côtés. Maximilien Kolbe… « *Ne craignez pas ceux qui tuent le corps, et après cela ne peuvent rien faire de plus. Je vais vous montrer qui vous devez craindre : craignez celui qui, après avoir tué, a le pouvoir d'envoyer dans la géhenne. Oui, je vous le dis : c'est celui-là que vous devez craindre.* » *(Lc 12, 4)* En parlant ainsi, le Messie atteste ouvertement que l'auteur du péché et de la mort, c'est le Diable. « Celui qui a le pouvoir de tuer et d'envoyer dans la géhenne. » L'Enfer.

J'aimerais terminer par une rencontre qui a bouleversé ma vie. Il y a quelque temps, je reçois un texto d'une personne me sollicitant de rencontrer une ado : Lola, une toute jeune fille de 16 ans en phase finale d'une longue maladie. Un jour, Lola a croisé un vilain cancer qui, après s'être entiché d'elle, ne l'a plus quittée. Comme preuve de sa fidélité, il emmena la petite au bal de l'hôpital, l'entraînant dans une interminable valse d'opérations, de traitements, et autres « douceurs ». L'enfant fit tout son possible pour se débarrasser de cet affreux compagnon de mort envoyé par le Démon. Plus la malheureuse cherchait à s'en défaire, plus celui-ci l'a comblée de métastases comme d'autres offrent des fleurs. Lola finit par jeter l'éponge. Pas seulement l'éponge, elle jeta sa colère au visage de Dieu ! Anéantie, brisée comme sa jeune vie qui chaque seconde lui soufflait, « *Attention, l'heure de ta deadline approche* », Lola s'est révoltée. Son existence s'était transformée en sablier. À tout moment, elle pouvait rendre l'âme. Ce jeune corps de 16 ans croulant sous le poids de la maladie et de l'injustice, s'essouffla. « *Comment Dieu pouvait-il être si cruel ? Qu'avait-elle donc fait pour mériter un tel châtiment ?* » Rien. Cette personne, Philippe – un chouette type – ne m'a pas lâchée pour que je la rencontre. En pleine promo de « *Pour ses beaux yeux* », je ne touchais que rarement terre. Emportée par le succès du livre, j'étais ballottée d'un clocher à l'autre à travers tout le pays. L'homme a redoublé de textos et de mails ne me laissant guère de répit. Mon persécuteur au grand cœur finit par m'écrire :

> « *L'enfant est révoltée contre notre Seigneur.*
> *Elle baigne dans la colère. Un prêtre et des laïcs*
> *sont venus lui parler, sans succès.*
> *Vu ta relation avec le Sacré-Cœur, tu es sa dernière chance.*
> *PS : Lola risque de mourir à tout moment.* »

Sacré « PS ». Satané « PS » ! Impossible de lui échapper. Il y avait urgence, il fallait faire vite. La petite pouvait s'éteindre à tout moment. Entre deux témoignages, grignotant sur une fausse journée de repos, j'enfourche mon carrosse, ma célébrissime « niche roulante » – ma voiture qui pue le chien – direction Lola. « *On the road again* ». Une fois de plus, ma *Love Affair* avec Jésus bouscule mes plans. Petit à petit, je passe du statut de « réalisatrice intermittente du spectacle» à celui de «représentante de commerce de Son Sacré-Cœur»! Que voulez-vous, avec Dieu, on ne sait jamais jusqu'où ça ira… Le Très Haut est pire qu'une femme: on lui tend un ongle, il vous bouffe le bras, le moignon et la gourmette! Le plus fou, c'est que ça rend heureux et qu'on en redemande! Me voilà donc au volant de mon bolide de 350000 kilomètres au compteur, en conduite assistée par Lulu mon Ange Gardien – Quand je prends le volant, c'est lui qui conduit, moi je prie.

C'est «l'heure bleue», la fin de la journée. Un pavillon en région parisienne. Ma niche roulante et moi trouvons une place juste devant. Merci Lulu. Partie en catastrophe, je n'ai pas eu le temps de me saper, ni de me coiffer encore moins de me maquiller. Avec ma vieille bagnole déglinguée, mon teint basané et mes cheveux en pétard, la maman de Lola risque de me prendre pour une rom et d'appeler les flics! Qu'importe, je suis là! Une jolie femme à la crinière dorée et aux grands yeux verts m'accueille, un triste sourire aux lèvres. Son sourire, comme son teint diaphane, en disent long sur la couleur de son cœur. Une accueillante et lumineuse maison dont les murs trahissent un parfum de tristesse. L'acide odeur de la souffrance imprégnait les lieux. Mon cœur joue les éponges, mes jambes flageolent mais je ne laisse rien paraître. Une vraie rouleuse de mécaniques du Seigneur. Catherine, sa maman, est de cette trempe. Cette femme qui chaque jour voit un peu plus sa fille se vider de sa vie – et qui se meurt avec elle –, arbore une dignité hors du commun. «*Je ne suis pas digne de délier ses sandales.*» Une chambre d'enfant colorée flirtant avec la pénombre de la mort. Des photos de Lola recouvrent les murs. Sur des cintres, des foulards de couleurs s'agitent pour donner un semblant de joie. La petite affectionne les foulards, surtout depuis que le vilain cancer et son assistante chimio lui ont attaqué les cheveux. Lola est là, sur le lit, allongée telle une princesse de conte de fées qui attend le baiser salvateur. Une perle rare dans un écrin de souffrance. Elle s'est mise sur son trente-et-un. L'avant-veille au téléphone, je lui ai demandé de porter des vêtements qui lui correspondent, pas ceux de la maladie. En me voyant, Lola sourit. Était-ce à cause de ma tête d'allumée, de mon blouson jaune canari ou bien à cause de ce parfum d'enfance qui me colle à la peau, je n'en sais rien. Une chose est sûre, entre elle et moi, ça a fait tilt ! D'emblée, nous étions en confiance – en confiance de celui qui avait organisé ce rendez-vous : Le Christ. Après un bref échange avec ses parents, je leur demande de nous laisser seules – « seules », façon de parler, nous étions tout sauf seules. Jésus et Marie étaient de la partie. La suite de ce qui s'est passé m'a totalement échappé – tout comme moi. J'étais un simple instrument, une mécanique dans l'horloge divine. Un passeur. « Je » a cédé la place à « Lui ». Je balance quelques phrases tapées à la machine de l'habitude quand soudain une immense chaleur m'envahit. C'est « Lui », c'est Jésus… Tout à coup, je suis saisie d'un amour débordant pour Lola. Le Seigneur déplace les étroites limites de mon cœur pour laisser battre le Sien. Je contemple ce petit agneau offert en holocauste sur l'autel du péché originel, les larmes aux yeux. À côté de son lit, l'ombre du Démon. Il se pourlèche à l'idée de ravir après son corps, son âme. Brûlante de Dieu, j'attrape l'enfant dans les bras et la serre contre moi. Contre Lui. Jésus. Lola s'abandonne.

— Tu sens ? murmurais-je.

— Oui…

— C'est Jésus. Il t'aime à la folie.

Lola et moi sommes dans une bulle. La bulle de l'amour de Dieu. Celle qui surpasse tous les amours, celle dont on ne souhaite jamais sortir. Le Seigneur pratique sur nous une chirurgie à cœur ouvert par la source même de Son Sacré-Cœur. Mon corps devient de plus en plus chaud, je sens battre Dieu dans mes veines. Mon être tout entier transpire Son amour. Je suis le cordon d'une divine transfusion qui m'échappe totalement. Je susurre à Lola les mots les plus doux que le Christ me souffle.

— Ce n'est pas moi qui te tiens Lola, c'est le Christ.

— Je sais, dit-elle avec une clairvoyance teintée de grâce.

— Reçois Son amour pour toi.

Son petit corps épuisé me serre davantage. Des larmes s'échappent de nos yeux dans une parfaite synchronisation, celle de l'amour vrai de Dieu.

— Le Seigneur pleure avec toi Lola. Le Seigneur souffre avec toi Lola car tu es Sa petite-fille chérie. Ce qui t'arrive n'est pas Sa volonté.

Je prends ma respiration et demande au Sacré-Cœur de me donner le courage et la grâce d'accomplir Sa volonté et d'aller jusqu'au bout. Même si Lola est une enfant et donc un être fragile, elle a droit à la vérité. À savoir, connaître le nom de celui qui est l'auteur de ses tourments. Pas le temps de traîner ni de l'entreprendre petit à petit. Le fameux « PS » *Lola peut mourir à tout moment,* se dressait devant moi tel un totem.

— Ce qui t'arrive vient du Démon. Tu vas peut-être te moquer de moi mais il existe vraiment. Et, il se réjouit de ta colère. Il se réjouit que tu pourrisses Jésus qui a donné Sa vie pour toi et qui t'aime à la folie ! Ta révolte le rend heureux.

La petite mourante se redresse d'un coup.

— Pas question ! Ça ne va pas se passer comme ça !

Ses yeux brillent telles des torpilles. Son petit nez retroussé et sa bouche volontaire sont parés pour le combat.

— Qu'il aille se faire voir le Diable ! Je ne veux pas jouer son jeu. Je regrette… je… je…

— Lance-toi Lola, le Seigneur est là, Il t'écoute. «*Jésus, Marie, Joseph et toute la Sainte Cour Céleste, à l'aide ! Donnez la grâce, donnez la force à Lola.* »

L'héroïque Lola qui ne parvenait plus à parler depuis deux jours, prononce un acte de contrition qui après avoir fait fondre le Cœur du Seigneur, fit fondre le mien. Cette âme bénie, délivrée des barbelés du hideux Serpent, se met à rayonner ! Libérée. Un bref instant, le visage de l'adolescente s'illumine comme si la maladie l'avait oubliée et que monsieur cancer était de repos. Emportée par le Souffle de l'Esprit, le petit instrument que je suis ose dire :

— OK meuf, il faut officialiser ça avant que Le grand guignol ne te pourrisse de nouveau. Le curé doit revenir au plus vite. Tu vois ce que je veux dire ?

— Je vois, rétorque l'espiègle enfant avec un sourire mutin.

Le lendemain matin, Xena – Lola – la Guerrière a reçu tous les sacrements : confession, communion, confirmation, extrême-onction. Le jour de l'enterrement, le prêtre, ému jusqu'aux larmes, m'a avoué n'avoir jamais vécu une telle situation de toute sa vie. Donner tous ces sacrements en même temps ! Le serviteur du Très Haut et moi avons rendu grâce pour avoir été des maillons de cette chaîne de l'amour contribuant « au sauvetage » de Lola. Le prêtre et les laïcs avaient ensemencé le cœur de la petite, moi, je l'ai bêché, les Sacrements l'ont sanctifié. Le pauvre instrument de dernière minute que je suis rend témoignage : C'est par le Sacré-Cœur de Jésus que la petite a été sauvée. Le Cœur brûlant d'amour du Christ a fait fondre le mur de glace dans lequel Satan l'avait enfermée. Seul l'Amour est le plus fort. « *Oh Mort, où est ta victoire ? Mort, où est ton aiguillon ? L'aiguillon de la Mort, c'est le péché. (St Paul, Corinthiens 15, 55)* Le miracle de Lola est celui du Sacré-Cœur ! C'est Lui qui a retourné son cœur comme l'a dit sa maman à la messe d'enterrement. Depuis, sa mère médecin témoigne auprès de ses patients. À la suite du Christ, Lola a été cette graine tombée en terre pour porter du fruit. Ma petite Lola, tu étais si belle ! Si tu étais restée auprès de nous, tu aurais peut-être fait du cinéma ? Avec tes longs cheveux blonds, ton petit nez retroussé, tes yeux verts et ton air décidé, tu serais peut-être devenue une star. Qui sait ? Une chose est sûre : aujourd'hui, tu es une star pour Dieu. Avec ton abandon, ta confiance en Son pardon, ta dignité. Sans parler de ton regard si doux posé sur ta maman pour laquelle tu te souciais, alors que tu souffrais le martyre ! Jamais tu ne t'es plainte, jamais tu n'as manifesté la moindre peur. Merci Lola pour ton exemple, pour ton amour, pour tout ce que tu es. Tu as passé les dernières semaines de ta vie à prier le Sacré-Cœur auquel tu t'es complètement abandonnée, entraînant dans ta course folle au Ciel, ta maman, elle aussi, si belle et si digne, avec dans ta main ce petit cœur brodé de Jésus que je t'avais offert et dans ton cœur, cet amour et cette confiance grandissante en Dieu. Aujourd'hui, je prie pour toi et je te prie car tu n'es pas n'importe quelle fleur de Dieu. À peine arrivée au paradis, tu commences déjà à semer. Te rappelles-tu cette soirée à Caen où je témoignais devant un parterre de jeunes ? Environ trois cents. En plein témoignage, tu es venue squatter ma pensée. Toi qui avais compris que la souffrance et la mort ne venaient pas de Dieu mais du Démon, tu t'es mise à parler à ma place. Je revois ces gamins âgés de 11 à 16 ans, scotchés « à tes lèvres » pendant que ma bouche gesticulait. Et comment, après, ils se sont mis à genoux pour adorer le Saint Sacrement ! Dans le plus pur silence et le plus grand recueillement. Certains pleuraient tellement ils étaient émus ! Et quand, suite à « notre témoignage », ils ont fait la queue pour se confesser. Trop fort ! On avait créé une mini-émeute, un vrai bazar, tout ça pour la gloire de Dieu, par pure grâce ! Un « Woodstock » en culottes courtes adorant Dieu ! YEEER !! Devant la marée montante des âmes, l'évêque, Mgr Boulanger, avait dû retrousser les manches de son aube pour venir en renfort aux prêtres assaillis ! Ce jour-là au Ciel, « Ils » ont dû faire une méga teuf.

Livre de la Sagesse (2, 23) : « Or, Dieu a créé l'homme pour l'incorruptibilité, il a fait de lui une image de sa propre identité. C'est par la jalousie du diable que la mort est entrée dans le monde ; ils en font l'expérience, ceux qui prennent parti pour lui. »

Isaïe (25, 8) : « Il fera disparaître la mort pour toujours. Le Seigneur Dieu essuiera les larmes sur tous les visages et dans tout le pays, Il enlèvera la honte de son peuple. Il l'a dit, Lui, le Seigneur. »

Osée (13, 14) : « Mort, où sont tes calamités ? Séjour des morts, où est ton fléau ? »

Hébreux (2, 14) : « Ainsi donc, puisque les enfants ont en commun le sang et la chair, Jésus aussi, pareillement, partagea la même condition afin de réduire à l'impuissance, par sa mort, celui qui détenait le pouvoir de la mort, c'est-à-dire le diable, et de délivrer ceux qui, par crainte de la mort, passaient toute leur vie dans une situation d'esclaves. »

Apocalypse (21, 4) : « Voici la demeure de Dieu avec les hommes. Il demeurera avec eux. Ils seront ses peuples et Lui sera le Dieu qui est avec eux. Il essuiera toute larme de leurs yeux. La mort ne sera plus. Il n'y aura plus ni deuil, ni cri, ni souffrance, car le monde ancien a disparu. »

Luc (24, 5) : « Pourquoi cherchez-vous parmi les morts celui qui est vivant ? »

Saint Paul (Corinthiens 15, 20-22 et 24-26) : « Christ est ressuscité des morts, prémices de ceux qui sont morts. En effet, puisque la mort est venue par un homme, c'est par un homme aussi que vient la résurrection des morts : comme tous meurent en Adam, en Christ, tous recevront la vie. [...] Ensuite viendra la fin, quand il remettra la royauté à Dieu le Père, après avoir détruit toute domination, toute autorité, toute puissance. Car il faut qu'il règne jusqu'à ce qu'il ait mis tous ses ennemis sous ses pieds. Le dernier ennemi qui sera détruit, c'est la mort. »

3

Le double scandale de la Croix ou le poison dans le bonbon

La manipulation est un exercice de style dans lequel le Père du Mensonge excelle. Mais pas n'importe laquelle : « La manipulation bienheureuse. » Celle-ci consiste à pousser les pauvres créatures que nous sommes sous le couvert de prétendus bons sentiments, à offenser le Tout-Puissant. « L'enfer pavé de bonnes intentions. » Afin d'apaiser les nombreuses tensions liées aux religions, le chrétien, nouvel Adam, cherche à se substituer à Dieu. Il se projette non plus en artisan de paix, mais en maître de cérémonie. « *Le Vizir à la place du Vizir.* » Ce n'est plus le règne de Dieu qui apporte la paix mais le règne de l'Homme-Dieu. Pour cela, il suffit juste de réduire Jésus-Christ : on garde Jésus et on sucre le Christ ! Afin d'être en harmonie avec les autres, cela va sans dire. Voici comment en deux coups de cuillère à pot et trois coups de fourche, le Démon nous met « in the Pocket » ! Le Père du Mensonge se faufile dans ce filet de charité pour nous faire purement et simplement renier le Christ. Du reste, est-ce vraiment de la charité ou bien de la lâcheté ? Le dialogue interreligieux est indispensable – et particulièrement en ces temps électriques – mais gare aux dérives souterraines cherchant à occulter le Fils de Dieu pour le mettre au rang de simple prophète. Tout cela par « amour » et par « générosité » afin de ne pas heurter nos frères d'autres confessions. Voilà un exemple-type du « poison dans le bonbon » dont Satan se nourrit et nous abreuve. Ce n'est pas en gommant le Christ Rédempteur que nous allons apaiser les tensions. Bien au contraire. En faisant cela, nous pactisons avec le Diable et lui donnons davantage de force. En coupant la tête du Christ, dont l'Église est le corps, nous livrons l'Église à l'Ennemi sur un plateau comme Hérode l'a fait jadis avec la tête de Jean le Baptiste. Notre Dieu d'amour appelle Ses enfants juifs, chrétiens et musulmans à la paix, à l'écoute et à l'unité, mais pas n'importe laquelle : l'unité dans la complémentarité tout en conservant son identité. Il ne faut pas confondre « unité » et « conformité ». La différence ne doit pas être un mur mais une source d'inspiration. Nous avons tous à apprendre les uns des autres. Le dialogue interreligieux est à recadrer à la Lumière de l'Esprit Saint dans l'Église. Et l'Église, c'est le Christ et le Christ, c'est Dieu fait Homme. Petit rappel du credo récité à la messe : « *Je crois en un seul Dieu, le Père tout-puissant, créateur du ciel et de la terre, de l'univers visible et invisible. Je crois en un seul Seigneur, Jésus-Christ, le Fils unique de Dieu, né du Père avant tous les siècles : Il est Dieu, né de Dieu, Lumière, né de la Lumière, vrai Dieu, né du vrai Dieu, engendré non pas créé, de même nature que le Père et par Lui tout a été fait.* » Et à la fin de la prière : « *Je reconnais un seul baptême pour le pardon des péchés.* » Tout est dit ! Alors, quoi ? On se réfère à l'Église, on est bien content d'être sauvé par le Christ mais en même temps, on « planque » le Fils de Dieu, l'unique porte qui mène jusqu'au Père ? *« Je suis la porte. Si quelqu'un entre par moi, il sera sauvé. » « Je suis venu pour que les hommes aient la vie et qu'ils l'aient en abondance. Je suis le bon berger : Le bon berger se dessaisit de sa vie pour ses brebis. » (Jn 10, 9-16) « Entré pour regarder les convives, le Roi aperçut là un homme qui ne portait pas de vêtement de noce. « Mon ami lui dit-il, comment es-tu entré ici sans avoir le vêtement de noce ? » Celui-ci resta muet. Alors le roi dit aux servants : « Jetez-le, pieds et poings liés, dans les ténèbres du dehors : là seront les pleurs et les grincements de dents. Certes la multitude est appelée mais peu sont élus. » (Mt 22, 11-15)* Ces paroles ne sont pas des inventions ! Elles proviennent de la bouche du Messie Lui-même. Pensez-vous que le vêtement dont parle le Christ soit la dernière tunique à la mode ? Le vêtement de noce n'est autre que le baptême. Laisser croire que toutes les religions mènent au Père, c'est ouvertement traiter le Fils de Dieu de menteur et d'affabulateur. Pourquoi pas d'orgueilleux et de mégalo tant qu'on y est ! Si nous aimons nos frères et sœurs d'autres religions, nous devons les prévenir : « Sans Jésus-Christ, il n'y a pas de salut. Seul Dieu mérite Dieu. *« La pierre qu'ont rejetée les bâtisseurs est devenue la pierre angulaire. » (Mt 21, 42)* Sans le Christ Rédempteur, le nouvel Adam, qui Lui seul nous réconcilie avec le Père, la porte du Paradis reste « closed ». C'est Saint Pierre qui a les clés, on l'oublie un peu trop souvent. Le véritable œcuménisme invite à la conversion. Jouer les saints médiateurs pour faire plaisir aux autres – et surtout à soi-même – en faisant de Jésus un prophète Love and Peace relève du blasphème. Croyez-vous que les

Apôtres s'amusaient à faire du « politiquement correct » ? Si c'était le cas, on en serait encore à adorer « Vénus – Romulus – Hibernatus » ! Quitter le polythéisme pour le « poli-théisme », quelle avancée ! Pensons à tous ces hommes et à toutes ces femmes qui, certains au péril de leur vie, ont annoncé le Christ, Fils unique du Dieu Vivant. À l'époque, les « vents contraires » ne manquaient pas. Jésus est venu « allumer un feu sur la Terre ». Ce n'est pas avec des sourires mielleux et des mèches mourantes que nous allons le propager ! L'Église, c'est le Christ, l'Évangile, c'est La Parole du Christ. Le Pape, c'est le successeur de saint Pierre. La gloire de Dieu va bien au-delà des qualités et des limites personnelles du clergé. C'est Dieu qui sauve, pas nous. La toute-Puissance de Dieu se suffit à elle-même. Les Évêques sont les apôtres du Christ – même si parfois certains ressemblent davantage à des politiciens qu'à de brûlants disciples. Quant aux prêtres, ils consacrent l'Eucharistie ! Tels des passeurs, par la puissante main de Dieu, ils contribuent à faire d'un bout de pain, le Pain de Vie. Lors de la consécration, ils s'immolent avec le Christ et deviennent à Sa suite, l'Agneau immolé. Cela indépendamment de leurs mérites personnels et de leur foi. Le 8 septembre, le jour du *birthday* de la Vierge Marie, je suis allée à la messe chez des sœurs. Le prêtre – qui semblait s'ennuyer à cent balles de l'heure – a « expédié » la messe avec une rapidité digne de Lucky Luke. Le pic fut atteint au moment de la célébration eucharistique. Ce n'était pas un train qu'il semblait devoir prendre mais un drone de chasse ! Au moment de communier, alors que j'éprouvais un certain malaise – je vous fais grâce de l'homélie –, le Seigneur me dit : « *T'inquiète, c'est bien moi qui suis là dans l'Eucharistie. Mon corps et mon sang sont directement consacrés dans le Ciel sur mon Autel Céleste.* » C'est cela la toute-puissance et la gloire de Dieu : la transcendance éclatante du Verbe Incarné qui passe à travers les pauvretés de l'humanité de Ses serviteurs. Même si parfois « leurs lampes semblent manquer d'huile », ils sont oints par le Seigneur. Ils sont les bergers, nous sommes les brebis. Un des traquenards savamment agencé par le Démon, consiste à manipuler les pasteurs de l'Église afin de privilégier la charité au détriment du sacerdoce et des sacrements. Combien de prêtres aujourd'hui négligent leur vie de couple avec le Christ pour jouer aux assistantes sociales ? Le chapelet de bonnes actions se substitue au rosaire. La messe devient une formalité, la prière, une perte de temps : « *Trop peu de prêtres et bien trop de responsabilités. À la suite de Jésus, il faut être sur le terrain avec les plus pauvres.* » Sauf que ce terrain-là est miné. « *Des pauvres, vous en aurez toujours avec vous mais moi, vous ne m'aurez pas toujours* », a répondu le Messie à Judas lorsque celui-ci critiquait Marie-Madeleine à propos du parfum d'une grande valeur versé sur les pieds du Sauveur (Jn 12, 3-9). Ça ne veut pas dire que le Seigneur se moque des pauvres et reste hermétique à eux. Il suffit d'ouvrir l'Évangile pour s'apercevoir que Jésus est toujours aux côtés des plus pauvres, des pécheurs, des méprisés et des laissés-pour-compte. Le Christ nous recentre juste sur l'essentiel : Lui qui est venu nous racheter par Son précieux sang versé pour nous en rémission de nos péchés. « *Comme ils étaient en route, il rentra dans un village et une femme du nom de Marthe le reçut dans sa maison. Elle avait une sœur nommée Marie qui, s'étant assise aux pieds du Seigneur, écoutait sa parole. Marthe s'affairait à un service accaparant. Elle survint et dit: «Seigneur, cela ne te fait rien que ma sœur m'ait laissée seule à faire le service? Dis-lui donc de m'aider.» Le Seigneur lui répondit: «Marthe, Marthe, tu t'inquiètes et t'agites pour bien des choses. Une seule est nécessaire. C'est bien Marie qui a choisi la meilleure part; elle ne lui sera pas enlevée» (Lc 10, 38).* Il n'est pas question de mettre en porte-à-faux la charité et la pratique du sacré, bien au contraire, les deux se complètent mais ce qui est primordial, c'est l'écoute de la Parole, les sacrements et la prière. C'est le règne de Dieu, par le Retour Glorieux du Christ, qui mettra un terme à la pauvreté, au mal et à la mort, pas nous. Le Seigneur nous invite non seulement à ne pas nous croiser les bras mais aussi et surtout à délier notre cœur en puisant la grâce dans Son propre Cœur. La prière et les sacrements sont les marches qui conduisent à Dieu. *«Vous êtes le sel de la Terre. Si le sel vient à s'affadir, comment reviendra-t-il du sel? Il ne vaut plus rien, on le jette dehors et il est foulé aux pieds par les hommes.» (Mt 5, 13-14).* C'est parce qu'il se jette aux mains – et aux pieds – des hommes, en se laissant dicter sa conduite, que le sel perd sa saveur et qu'il n'est plus bon à rien! Le Christ n'est pas un mondain. Pourquoi chercher à «mondaniser» Sa parole? L'Évangile n'est pas un cercle évoluant au gré des modes et des pensées. Il n'est pas là pour satisfaire l'opinion publique et faire du chiffre d'affaires. La seule chose qui compte pour notre Seigneur, c'est notre Vie Éternelle. Et Il y a mis le prix. Personne ne nous oblige à croire en Dieu et à Son Fils Jésus-Christ – et certainement pas Lui qui nous laisse le libre-arbitre – mais dès lors que l'on se proclame chrétien, c'est-à-dire, disciple du Christ, notre mission est de conserver Ses paroles et non de les adapter à l'humeur du monde. Jésus est La porte, l'Unique. Cette porte blindée de l'amour de Dieu est la seule à nous protéger des impacts du Démon. Notre gilet pare-balles s'appelle le Christ. *« C'est pourquoi Dieu l'a élevé au-dessus de tout ; Il lui a conféré le Nom qui surpasse tous les noms, afin qu'au Nom de Jésus, aux cieux, sur la terre et dans l'abîme, tout être vivant tombe à genoux, et que toute langue proclame : « Jésus-Christ est le Seigneur pour la gloire de Dieu le Père. » (Ph 2, 6-11)* Ce n'est pas en effaçant le Verbe Incarné que le dialogue se fera. Sans verbe, il n'y a pas de phrase. Sans « Verbe », il ne reste que les « maux ». Ça me rappelle une histoire ou plutôt un sketch tristement comique. C'était juste après la messe, dans l'église même. J'étais allée parler au célébrant avec la passion qui me caractérise lorsque subitement le prêtre m'a sommée de baisser d'un cran afin de ne pas « offenser » la dame musulmane qui faisait le ménage ! Voilà où l'insidieuse morsure du serpent, du « poison dans le bonbon », nous a conduits. Bientôt, il sera interdit de parler du Christ à la messe ! Et puis, il n'y aura plus de messe, juste des rassemblements au « nom de l'amour ». Elle n'est pas belle la vie ?! Une autre anecdote du même goût : j'avais été invitée à témoigner dans une cathédrale. Portée par l'Esprit brûlant du Seigneur, je surfais sur un parterre d'âmes assoiffées. Avec délectation je contemplais sur les visages de mes frères et sœurs, les ricochets de l'amour de Dieu. Par le flot de la Parole, des vagues d'espérance atteignaient leurs êtres pour les submerger de joie. Soudain la marée montante – la marée décadente – de l'esprit du monde envahit l'assemblée. « *Oui au dialogue interreligieux, non à une religion interreligieuse. Le Christ n'est pas un Prophète comme dans les autres religions. Il est Dieu fait homme* », ai-je lâché exaltée. Le recteur émergea tel un monstre marin prêt à m'avaler. Qu'avais-je donc dit là ! Comment avais-je osé tenir de tels propos dans une cathédrale bondée de petits cathos ?! Si j'avais prononcé des jurons, cela lui aurait sans doute fait moins d'effet. Quelle tristesse de voir des hommes consacrés à Dieu tomber dans le piège de L'Île aux Enfants : « *Youpi, tout va bien, nous sommes tous sauvés ! Partageons dans l'allégresse « la barbe à Papa Dieu !* » Le Christ n'est pas Casimir, Il n'est pas venu sur Terre pour faire des claquettes et nous divertir ! Il a juste donné Sa vie pour nous, il s'est juste fait fouetter, cracher dessus, lyncher, écarteler, crucifier pour nous racheter ! Sans La Croix, personne n'accèderait au Paradis. Même le plus grand des Saints 5 étoiles et 14 auréoles, rôtirait tranquillement en Enfer. La passion du Christ au jardin de Gethsémani, Sa douloureuse agonie spirituelle, était-elle une plaisanterie ? Marc (14, 32-43) : « *Ils arrivent à un domaine du nom de Gethsémani et il dit à ses disciples : « Restez ici pendant que je prierai. » Il emmène avec lui Pierre, Jacques et Jean. Et il commença à ressentir frayeur et angoisse. Il leur dit : « Mon âme est triste à en mourir. Demeurez ici et veillez. » Et allant un peu plus loin, il tomba à terre et priait pour que, si possible, cette heure passât loin de lui. Il disait : « Abba, Père, à toi, tout est possible, écarte de moi cette coupe ! Pourtant non pas ce que je veux mais ce que tu veux ! » Il vient et les trouve en train de dormir. Il dit à Pierre : « Simon, tu dors ! Tu n'as pas eu la force de veiller une heure ! Veillez et priez afin de ne pas tomber au pouvoir de la tentation. L'esprit est plein d'ardeur mais la chair est faible.* » L'évangile de saint Luc (22, 44-45) n'est guère plus réjouissant : « *Pris d'angoisse, il priait plus instamment, et sa sueur devint comme des caillots de sang qui tombaient à terre.* » La mortelle angoisse du Christ allait bien au-delà de l'appréhension des souffrances physiques et de la mort. À ce moment-là, au Jardin de Gethsémani, Jésus a vécu Sa première passion, peut-être la plus douloureuse : dans un élan de sadisme extrême, visant à Le torturer et à Le décourager, le Diable lui a dévoilé pour quel type de « racaille humaine » Il s'offrait. Tel un shoot, le Christ s'est pris l'overdose de nos péchés, de nos saloperies et de notre ingratitude – présente et à venir. « *Regarde pour quel genre d'enfants, tu vas t'offrir. Ces créatures ne valent rien ! Je l'ai déjà dit à Ton Père mais IL ne veut rien entendre. Toi, le Fils de Dieu, Le Verbe Incarné, te rabaisser de la sorte… T'offrir en holocauste pour une bande de loups pervertis et affamés !* » Jésus, le Seul Saint, l'Agneau sans tache, offert pour les péchés du monde, ceux d'Adam et Ève et les nôtres. Ce que le Messie a enduré durant ces heures de solitude et d'angoisse, avec les paroles et les visions empoisonnées que Lucifer lui murmurait, dépasse tout entendement. Et que dire du scandale de Son faux procès, fruit de la jalousie des uns, de la soif de pouvoir des autres et de l'orgueil de tous ? Jésus était en trop, il gênait. Les scribes, comme les pharisiens et les Romains, redoutaient que la Lumière du monde ne leur fasse de l'ombre. Je laisse le soin à votre imagination de projeter le genre de procès auquel le Christ a eu droit. C'était tout sauf un procès. Avant même que le Seigneur ne mette un pied au sanhédrin, sa mise à mort était actée. Notre Sauveur, l'Amour incarné, offert en pâture à une bande d'orgueilleux, de politiciens et de religieux aigris et jaloux. Était-ce pour rigoler? Satan s'en est donné à cœur joie entre les crachats, les gifles, les insultes, les faux témoignages et le mépris affiché par « cette illustre assemblée de sages d'Israël » ! Le Roi des Juifs rejeté et condamné par Son propre peuple. Les élus de Son Cœur, et par nous tous ! Ce ne sont pas les juifs qui ont crucifié Jésus mais nous tous. Le Christ est mort pour la multitude. Par nos péchés, nous l'avons tous mis à mort. Pour une fois, Ses petits enfants étaient unis ! « Unis » pour Le crucifier. Sa condamnation à mort orchestrée par Ses ennemis tient de la parodie. « Les hauts » dignitaires religieux chauffaient la foule et menaçaient le peuple de se faire exclure de la synagogue s'il ne votait pas sa mort ! Et Sa flagellation : Jésus, attaché au poteau de la honte, aux mains de soldats alcooliques et dégénérés qui, dans une infernale tournante, s'échangeaient le fouet – des lanières lestées de boules de plomb et de tranchants osselets – comme on s'échange un pichet de vin, c'était pour rire? Son couronnement d'épines, Sa montée au Calvaire parsemée de bouquets de haines et d'insultes. Jésus, épuisé, meurtri, croisant Sa Mère brisée de douleur. Pardon Jésus, pardon Marie. L'apothéose du Mal, de l'injustice absolue : l'Agneau sans tache crucifié au bois de nos péchés. « *La multitude avait été consternée en le voyant, car il était si défiguré qu'il ne ressemblait plus à un homme ; il n'avait plus l'apparence d'un fils d'homme* » (Isaïe 52, 14). Autour de Lui, une foule déchaînée, possédée, obscène. Sa Mère, le cœur broyé, Ses amis, volatilisés. Heureusement Jean et Marie-Madeleine, « la pécheresse » que tous les bouffons montraient du doigt – de leur doigt « sans âme », de leur âme sans vie, de leur vie sans amour –, vous étiez là, au pied de la Croix, avec la Mère des Douleurs. Chaque clou qui a crucifié le Christ porte notre joli petit nom. Que ceux qui ne se sentent pas concernés par les souffrances et la mort du Christ se réveillent : ce n'est pas la peine de tuer des gens, ni de violer des enfants pour être pécheur ; il suffit juste de manquer d'amour envers Dieu et envers nos frères. Comme cadeau d'adieu, Seigneur, Tu as reçu un linceul d'insultes, de crachats, de moqueries, de boissons et de paroles vinaigrées. Toi, Seul sur la Croix, abandonné de tous, brisé, meurtri, la tête et le cœur défoncés à cause de nous, Tes « blanches brebis ». Jusqu'au dernier moment, Tu penses à nous, Tu t'inquiètes pour nous ! Dans un cri d'amour, Tu lances à Dieu Ta dernière supplication : *« Père, pardonne-leur car ils ne savent pas ce qu'ils font. »* Luc 23, 34. Il n'y a vraiment que Toi Seigneur pour continuer à nous aimer ! Et Ta Mère. On lui a pris Son enfant et Son Dieu, on l'a torturé, on l'a assassiné sous ses yeux et que fait-elle ? Elle intercède pour nous : Marie, « Mère de Miséricorde ». Ta Mère n'a pas attendu le chemin de croix pour se tenir à Tes côtés. Elle ne t'a jamais quitté et t'est restée fidèle. Ses petits pas de Maman discrète, Son « Oui » et Son Amour T'accompagnaient tel un doux parfum. À Ton arrestation et pendant Ton simulacre de procès, Elle n'était pas en train de prendre le thé avec des amies. Elle était là, dans l'ombre de Ta souffrance, le cœur collé au Tien. Lorsque Ton corps se raidissait sous les coups de fouet au contact des plombs et des tranchants osselets qui lacéraient Ta chair Sacrée, Elle était là juste à-côté. Tes cris de souffrance qui parvenaient jusqu'à Ses oreilles, transperçaient Son cœur à l'agonie. Lorsque Tu es ressorti du Palais de l'horreur aux côtés des soldats avec Ton « beau manteau rouge sang » et Ta couronne d'épines sur la tête, Elle était encore là. Ton agonie Seigneur a commencé bien avant « l'Heure de La croix ». Elle a pris naissance en même temps que Ton incarnation. L'Absolu de l'amour, de la pureté, de la justice et de la vérité, largué dans un monde de hors-la-loi, de sans-amour. Tu as vécu un véritable calvaire durant toute Ta vie. Non seulement devant la souffrance et la mort de Tes petits que Tu aimes tant mais aussi devant l'endurcissement de leurs cœurs. De nos cœurs. Et aujourd'hui, des soi-disant artisans de paix, « apôtres » d'une spiritualité moderne au nom d'un amour gluant et sans identité, œuvrent pour Te gommer Toi le Rédempteur ? « Sacrifier » le Christ une deuxième fois afin de plaire à tout le monde et de se conformer à la pensée unique, c'est cela *« le double scandale de La Croix »*. Sur « la pierre angulaire » repose tout l'édifice. Par amour pour Dieu et par amour pour tout le genre humain en danger de mort éternelle, nous devons proclamer haut et fort :

« JÉSUS – CHRIST, FILS UNIQUE
DU DIEU VIVANT,
SAUVEUR DE TOUTE L'HUMANITÉ ! »

4

Les triplés du Démon

« *Nous sommes deux sœurs jumelles, nées sous le signe des Gémeaux* », fredonnaient Catherine Deneuve et sa sœur Françoise Dorléac dans *Les parapluies de Cherbourg.*

Dans le jeu des 7 familles du « poison dans le bonbon », je vous présente les triplés : « La Miséricorde Travestie, La Relativité Contrariée et La Tolérance Gloubiboulga. » Au milieu des cartes de sa « Bienheureuse Manipulation », Satan a glissé trois armes redoutables. Dans sa quête d'imitations et de contrefaçons, le Serpentissime Serpent épris de Dame Relativité ne cesse de nous faire des enfants dans le dos.

L'un de ses rejetons s'appelle **le relativisme**. Cette carte est le joker que beaucoup de petits joueurs affectionnent. Ils la sortent à toutes les sauces afin de mieux se faire dévorer par la bébête – sans s'en rendre compte, cela va sans dire. Le Démon claque des cornes et hop, nous voilà tombés dans le chaudron magique ! Il est vrai que faire un drame quand on se prend une contravention alors que d'autres se prennent des balles dans la tête, c'est quelque peu déplacé. Trépigner lorsque le ciel capricieux fait remettre une garden-party alors que des tornades soufflent des villes et que d'autres n'ont rien à manger, c'est limite. Une pincée de relativisme serait de rigueur ! Il est bon de relativiser mais en vérité. Dans la prière, sous le regard de Dieu, en laissant agir l'Esprit Saint. Relativiser pour discerner, pour avancer et non pour justifier ou minimiser. Cela s'appelle le nivellement par le bas. « *Au royaume des aveugles, les borgnes sont rois.* » Le relativisme est devenu le cocon de notre société. Satan, Roi de la Bricole, s'en sert comme d'une colle forte pour nous engluer dans nos petitesses et nos péchés. « *Tout est relatif, il ne faut pas dramatiser. Rien n'est fondamentalement bon ou mauvais. Ce qui est mal pour toi peut être bon pour d'autres. Cela dépend du contexte et du point de vue de chacun. Sois tolérant, à chacun sa vérité.* » Eh bien, non ! Il n'y a qu'une Vérité et Elle s'appelle Dieu ! C'est ce que j'ai répondu à un gars de terminale devant plus de 500 jeunes. Voyant l'assemblée de fraîches âmes captivées, « le grand », clairement hostile à la Parole, cherchait par tous les moyens à démystifier mes propos. Il arrivait avec une pelleteuse pour tout détruire. « *Comment ça, « il n'y a qu'une seule vérité » ? Et c'est Dieu qui la détiendrait ?!* » Il était si furieux qu'il a quitté sa place pour me rejoindre au milieu de l'amphi. Du haut de sa scolarité, il faisait 1,90 m. Taillé comme un rugbyman, ses muscles saillants me faisaient de l'œil. « *Le bien, le Mal, la religion, tout ça, c'est des conneries !* » laissa-t-il échapper les dents, comme le poing, serrées. « *Les lois changent comme la vérité. C'est anti-citoyen ce que vous dites madame.* » Le couperet du Monarque Laïcité se dressait devant moi prêt à décapiter mes idées. Chaque pore de sa peau criait *«À mort!»* Je m'apprêtais à vivre un génocide lycéen. Sa haine écumait comme un moteur brûlant, rien ne pouvait l'arrêter. Le soleil noir de la guerre se levait dans ses yeux lorsque soudain les cloches de la délivrance ont sonné. Les cours reprenaient. Pour une fois, je me suis mise à aimer l'école. Ce relativisme «cocon – toile d'araignée» sert de garde-manger à Satan. Il nous attend là pour mieux nous dévorer. Pris dans la toile de l'esprit du monde au service de «S», les petits moucherons humains se font avaler tout cru. La bête s'attaque en premier à nos ailes – nos zèles – ôtant en nous tout sentiment religieux. Ensuite vient la dissection de notre cerveau. Niant tout ce qui échappe à notre intelligence, on ne valide que ce que l'on comprend. Dans cette mécanique de l'esprit, la croyance n'a pas sa place. Dieu n'entrant pas dans une équation mathématique, on le supprime du programme. Ce n'est plus, *«je crois ce que je vois»* mais *«je crois ce que je comprends. Le Très Haut ne rentrant pas dans les cases de mon cervelet qui tourne à 10 % – et qui chauffe à partir de 1 –, j'en déduis du haut de mes «neuneu-rones» qu'Il n'existe pas!»* Il en est de même dans le domaine des sentiments. Comment croire en l'amour? *«Le cœur a ses raisons que la raison ne connaît point»*, a dit un certain Blaise Pascal. Échappant à toute logique et donnée, «la foi, l'amour, l'espérance, la grâce, ne peuvent exister» ! Après s'être attaqué à notre cerveau et l'avoir paralysé, l'araignée n'a plus qu'à tisser sa toile. Un monde où l'on ne croit plus ni en Dieu ni en l'amour, ne peut pas avancer. Il est tétanisé. Une Humanité à l'agonie, voilà ce que la p'tite bête concocte. Dans ce ciel privé d'étoiles, les modes se dressent telles des divinités ; elles rayonnent sur la société et nous dictent nos vies. Si les Déesses décrètent que le nec plus ultra est de porter à la place d'un chapeau, une cuvette de WC, il faudra s'y soumettre. Les résistants, ceux qui oseront contester leurs goûts si délicats, seront balayés comme des étrons. Si demain la mode est à la pédophilie, à la zoophilie, à la nécrophilie, que va-t-il se passer ? Combien de fois entendons-nous dire : *« Si tout le monde le fait, c'est que ce n'est pas si mauvais. »* Des actes considérés il y a quelques années comme criminels, font aujourd'hui partie de notre paysage « odieux-visuel ». Ce relativisme-là n'a rien de neutre, il pousse l'Homme dans ses replis les plus obscurs. Désormais la morale passe pour rétrograde et les valeurs comme boulets.

« La Tolérance Gloubiboulga », elle, fait office de joker. Une bouffonne armée de grelots et de perverses intentions, dangereusement accueillante et fatalement destructrice. La « LTG » – La Tolérance Gloubiboulga – à ne pas confondre avec la « LGT », quoique –, est la réplique de *« La chose »*, le clown tueur : funeste et outrancière. C'est un mot *« gender »*, sans sexe, sans vie, sans racine. Le robot humain de Panurge l'emploie sans distinction pour un oui, pour un non, surtout pour un NON. *« Non à la morale, non à la moindre réflexion, non à aucune forme de jugement. »* Oups ! J'ai laissé échapper un terrible mot : « Jugement » ! Beurk, beurk, beurk. La Tolérance Gloubiboulga est une masse informe, une espèce de gelée verdâtre engloutissant tous les actes et tous les sentiments sur son passage. Elle se nourrit de la mort de nos consciences. Dans ce poker tueur où l'Homme joue son éternité à la roulette « ruse » du Mal, une des cartes les plus pernicieuses et les plus fortes, l'As comme « Asticots », celle qui fait fureur et que les démons s'arrachent, se nomme « La Miséricorde Travestie ».

Dégoulinante de maquillages et de gadgets attractifs, tel un drag queen perché sur d'interminables talons, **la Miséricorde Travestie** passe d'âme en âme cherchant qui véroler. La petite tapine dans les épines de notre humanité et s'abreuve du calice de nos fragilités. Un véritable sida de l'âme : « *Dieu est amour et miséricordieux. Pas la peine de faire des efforts de conversion, Il t'aime comme tu es et te comprend ! T'inquiète.* » Si, justement, inquiète-toi ! Satan maquille la Divine Miséricorde de manière à en faire un outil de chute en changeant ses paramètres. Comme un trompe-l'œil du cœur. Quoi de plus excitant que de se servir de l'amour inconditionnel du Père pour minimiser nos actes qui s'opposent à Sa volonté ! Quel challenge pour le Cornu : utiliser le cœur même de Dieu, Sa fibre paternelle et Sa Miséricorde insondable pour tout justifier et tout pardonner. C'est du grand art, 4 étoiles et 10 cornes ! Décidément, sa folie et son orgueil n'ont pas de limites ! Non seulement, le Diable a osé tenter le Christ dans le désert en cherchant à détourner les Paroles même de Dieu – « *Il est écrit qu'Il enverra ses anges de peur que ton pied ne heurte une pierre.* » – mais en plus, voilà qu'aujourd'hui, il s'attaque à Sa miséricorde ! Le Père du Mensonge est aussi le Grand-Père de la fourberie ! On pourrait presque penser que le Démon a bon cœur : Il se soucie de nos petits petons et de ceux de Jésus. Comme c'est mignon ! Tout ce qui l'intéresse dans nos pieds, ce sont les « croches » – pieds ! – pour nous faire tomber. Une femme que le Cornu courtise depuis un certain nombre d'années, m'a dit à propos d'un père de famille qu'elle a fait divorcer et qu'aussitôt après elle a largué : « *J'ai rendu service à son épouse : je l'ai délivrée de son crétin de mari ! » Et puis quoi, Dieu est amour, non ? Il comprendra.* » Si cette femme ne regrette pas son péché – qui a juste détruit plusieurs vies – elle risque fort pour son « acte de bravoure », de se faire décorer par Lucifer de la « légion d'horreur ». Dans un monde où le mot-clé est le relativisme, comment s'en sortir si l'image même de la Miséricorde est défigurée ? Il n'y a plus de limites, ni de repères ; Chacun naît avec un permis de tuer, de « Tu es... » : « *Tu es colérique, tu es menteur, tu es dur de cœur ? Ce n'est pas de ta faute, tu es né comme ça.* » Oui Dieu est amour, oui Sa miséricorde est infinie, oui Il s'est offert pour la multitude et veut tous nous sauver. Cependant **il y a une condition à Son pardon : c'est notre réponse.** Dans Sa bienveillance et Son respect pour nous, le Seigneur nous laisse libres de l'aimer ou de le rejeter. Sa justice étant parfaite, « *à la fin des temps, Il séparera le bon grain de l'ivraie. L'un pour la Vie Éternelle, l'autre, pour la Géhenne Éternelle* » *(Mt 13, 24).* C'est une réalité, l'Enfer existe ! Dans l'Évangile, Jésus ne cesse de nous mettre en garde contre les ruses du Démon pour nous protéger des flammes de son royaume, le lieu « *où il y aura des pleurs et des grincements de dents* ». Ne faisons pas la politique de l'autruche par peur, par lâcheté ou par fainéantise. Mieux vaut se remettre en question et faire des efforts de conversion tant que nous sommes en chemin. Après, ça sera trop tard.

La miséricorde de Dieu est infinie mais Sa justice est impartiale : *« Il y a plusieurs demeures dans la maison de mon Père. » (Jn 14, 2)* Efforçons-nous d'occuper la suite royale, tout contre le Cœur de Jésus. La conversion à laquelle le Christ nous invite n'est pas une froide et méthodique conversion de gratte-papier, de petit robot chrétien qui a bien accompli toutes les tâches spirituelles, tenant à la main une « liste de conversions » comme une liste de commissions : *« Le chapelet, alors ça, c'est fait. La prière du soir, la prière du matin, OK. Visiter les malades, le denier du culte, c'est bon. Animer la pastorale des jeunes, sourire aux malheureux dans la rue, la messe du dimanche, la confesse du vendredi et le pélé à Lourdes. Tout est bon ! »* La question est : « Ai-je aimé » ? Aimer par-dessus tout Dieu et mon prochain ? C'est cela ce que le Seigneur attend de nous. Dieu nous invite à une conversion d'amour. Avec le cœur et non pas par habitude ou par peur. Aimer Dieu pour Lui, « Pour ses beaux yeux ». Du coup, les efforts deviennent des concessions amoureuses comme dans un couple. Quand on aime, on se « convertit » à l'autre, on épouse ses idées, sa manière d'être. On cherche à lui faire plaisir. On laisse parler son cœur pour le laisser battre dans celui de l'être aimé. L'amour est exigeant, l'amour est Dieu. L'amour invite au dépassement et au changement. C'est un chantier qui nous met à l'œuvre et qui, en même temps, nous construit. Si on pense pouvoir aimer une personne sans faire le moindre effort et sans rien changer à nos habitudes autant s'acheter une Barbie. C'est d'ailleurs un peu la tendance actuelle : «*Je veux bien être «deux» à condition de passer en premier!*» L'égocentrisme, l'égoïsme, l'individualisme… On voit bien où cela conduit : des divorces et des couples «séparés» même en étant ensemble. Une vie à deux en réalité sans personne parce que, dans l'histoire, personne n'est présent. Un duo sans amour. «*Je suis avec toi tant que j'y trouve mon compte et que cela me satisfait. Mais si demain, tu rates la cuisson des pâtes et si tu ne m'éclates plus au lit, ciao bye bye! Quant aux enfants, ça ne changera rien, on ne les voit jamais!*» La conversion donne la température de l'amour. Lorsque l'on cesse de se convertir à l'autre, c'est de mauvais augure. La conversion dure aussi longtemps que l'amour. Dans l'Évangile, le Seigneur n'arrête pas de nous faire Sa déclaration d'amour. Il brûle d'amour pour nous, Il s'inquiète pour nous, nous met en garde, nous protège, nous guérit, nous ressuscite. Il va même jusqu'à donner Sa vie pour nous. Quelle plus grande preuve d'amour peut-il y avoir ? Le Nouveau Testament n'est pas un code moral où Dieu nous met à l'amende! Lire les textes dans le prisme de Son amour fou change tout. Quand Jésus s'impatiente contre nous, ce n'est pas par colère mais par amour parce qu'Il veut nous sauver! Nous sommes Ses petits, la prunelle de Ses yeux. Il sait Lui le Verbe Incarné, que Satan et l'enfer existent et que ce n'est pas «pour rire» que nous sommes ici! Dieu ne souhaite que notre bonheur éternel, c'est pour cela qu'Il nous dit «Ephata»! Ouvrez-vous! Réveillez vos cœurs et vos esprits! Convertissez-vous.» La première chose à faire pour se convertir, c'est de se laisser aimer et regarder par Lui. Comme l'a fait Marie-Madeleine. Comme je l'ai fait. Se laisser couvrir par Son regard d'amour si tendre, sans jugement. Oser se laisser regarder en vérité, comme nous sommes, sans maquillage, peu importe l'état de notre âme, qu'elle soit fringante ou avec des valises sous les yeux. C'est la puissance du regard d'amour de Dieu qui convertit, pas nous. C'est en nous laissant submerger par Sa tendresse que nous l'aimerons en retour. Il nous a aimés en premier, Il sait aimer, Il est l'Amour. Faire l'expérience de Son amour conduit au bonheur. Au vrai. Pas celui qu'on nous vend à deux balles. J'aime la vie, j'aime rigoler, j'aime danser, j'aime boire et manger, j'aime être amoureuse, je suis une amoureuse née, une passionnée, une « épris-curienne ». Si la boulimique de vie et d'envies, que je suis, a choisi Dieu, ce n'est pas pour m'imposer une autoflagellation ou une quelconque punition ; c'est parce que j'aime le plaisir et que j'aime être heureuse. Quand on fait l'expérience de Son amour, on ne peut plus s'en passer, on ne veut plus s'en passer ! On est dans l'addiction la plus complète. Et pas question de décrocher !

5

« Tu as le temps »

« Tu as le temps pour te convertir », nous souffle le Tentateur, « le temps menteur ». Chacun son rythme spirituel et cardiaque. Au Diable la crise ! *« Rome ne s'est pas faite en un jour ! »* Mais Rome, comme toi, peut être détruite en une seconde. Connais-tu l'heure de ta mort ? Tu prends des rendez-vous six mois à l'avance, ton agenda, comme toi croule sous la pression. Petite fourmi, tu obéis à la dictature de l'urgence au service du néant. Les contraintes et les obligations de toutes sortes s'entassent comme ces précieuses heures que tu enlèves à Dieu. Tu t'agites, tu t'affaires à de multiples tâches tandis que ta vie, assise à côté de toi, te regarde passer. Où cours-tu comme cela ? *« Il y avait un homme riche dont la terre avait bien rapporté. Et il se demandait : » Que vais-je faire ? Car je n'ai pas où rassembler ma récolte. » Puis il se dit : « Voici ce que je vais faire : je vais démolir mes greniers, j'en bâtirai de plus grands et je rassemblerai tout mon blé et mes biens. » Et je me dirai à moi-même : « Te voilà avec quantité de biens en réserve pour de longues années ; repose-toi, mange, bois, fais bombance. » Mais Dieu lui dit : « Insensé, cette nuit même, on te redemande ta vie, et ce que tu as préparé, qui donc l'aura ? » Voilà ce qui arrive à celui qui amasse*

un trésor pour lui-même au lieu de s'enrichir auprès de Dieu.» (Lc 12, 16-22) Comme un «bon papa attentif à ses petits», le Père du Mensonge veille à nous gaver de succulentes graines empoisonnées. Ces «graines Graal» derrière lesquelles nous courons, sont-elles vitales ou bien, est-ce un moyen détourné pour fuir l'essentiel? Une confrontation avec Dieu et avec nous-même. Cette course effrénée contre la montre est en réalité contre nous. Je cours pour honorer mes engagements, ma famille, mon job, mon sport, ma thalasso, ma thérapie, ma maison à crédit. Sans connaître le nombre de jours qu'il me reste sur ma carte de vie. «*Restez en tenue de travail et gardez vos lampes allumées. Soyez comme des gens qui attendent leur maître à son retour des noces afin de lui ouvrir dès qu'il arrivera et frappera. Heureux ces serviteurs que le maître à son arrivée trouvera en train de veiller. En vérité, je vous le déclare, il prendra la tenue de travail, les fera mettre à table et passera pour les servir. Vous le savez, si le maître de maison connaissait l'heure à laquelle le voleur va venir, il ne laisserait pas percer le mur de sa maison. Vous aussi, tenez-vous prêts car c'est à l'heure que vous ignorez que le Fils de l'homme va venir.» (Lc 12, 35-41)* La mort ne nous demande pas si nous avons le temps de crever. Pas la peine de prendre rendez-vous avec elle, elle sait où nous trouver. Il faut vivre en état d'urgence non pas dans une peur mortifère, mais pour se recentrer sur l'essentiel. Les jeunes pensent qu'ils ont le temps, les vieux se disent qu'il est trop tard et ceux du milieu, qu'ils ont autre chose à faire. «*Peut-être un autre jour, qui sait?*» Oui, sauf que «cet autre jour» se lèvera peut-être sans eux. Le Seigneur nous prévient quand Il nous dit de « *ne pas remettre au lendemain ce que l'on peut faire le jour même* ». Nous croyons disposer de notre temps alors que c'est le temps qui dispose de nous. Sommes-nous capables de rajouter un quart de seconde à notre vie ? Non. Sommes-nous capables de revenir en arrière ? Non. Le passé est trépassé, l'avenir, hypothétique. Seul le présent compte. « Le Notre Père » n'est-il pas au présent ? « *Donne-nous aujourd'hui notre pain… Pardonne-nous nos offenses, etc.* » Allons de l'avant avec le Seigneur, main dans la main avec Jésus et Marie – la meilleure escorte ! Dans le planning de nos vies – que nous ne gérons en rien –, privilégions Dieu. Mieux vaut faire sauter un rendez-vous que notre Éternité !

Post christum : Un nouveau courant de pensée, sorti tout droit de la hotte du Diable, consiste à faire croire que nous aurons même le temps de nous convertir de l'autre côté. Si on avait le loisir de se convertir dans l'autre monde alors l'Enfer n'existerait pas. Franchement, quel énergumène – même bien remonté contre Dieu – choisirait l'Enfer plutôt que le Paradis ?! Le Purgatoire, le Purificatoire, n'est pas un lieu de conversion mais d'évolution. On « purge », on se laisse purifier, on évolue, on regrette mais le choix de Dieu se fait sur Terre de notre vivant. Sinon, pourquoi Jésus aurait-il dit ces paroles (Lc 16, 19-3) ? : « *Il y avait un homme riche qui s'habillait de pourpre et de lin fin et qui faisait chaque jour de brillants festins. Un pauvre du nom de Lazare gisait couvert d'ulcères au porche de sa demeure. Il aurait bien voulu se rassasier de ce qui tombait de la table du riche. Mais c'étaient plutôt les chiens qui* *venaient lécher ses ulcères. « Or le pauvre mourut et fut emporté par les anges au côté d'Abraham ; le riche mourut aussi et fut enterré. Au séjour des morts, comme il était à la torture, il leva les yeux et vit de loin Abraham avec Lazare à ses côtés. Alors, il s'écria : « Abraham, mon père, aie pitié de moi et envoie Lazare tremper le bout de son doigt dans l'eau pour me rafraîchir la langue, car je souffre le supplice dans ces flammes. » Abraham lui dit : « Mon enfant, souviens-toi que tu as reçu ton bonheur durant ta vie, comme Lazare le malheur ; et maintenant il trouve ici la consolation et toi la souffrance. De plus, entre vous et nous, il a été disposé un grand abîme pour que ceux qui voudraient passer d'ici vers vous ne le puissent pas et que, de là non plus, on ne traverse pas vers vous. »* Il n'y a pas la moindre ambiguïté. Tout se joue ici de notre vivant. Nous passerons tous en jugement. Dieu étant parfait, nous n'aurons que ce que nous méritons. Les caïds spirituels qui prétendent que toutes les religions se valent et qui mettent le Christ au rang de Prophète seront bien contents ce jour-là d'avoir Le Rédempteur de leur côté.

6

La Poupée Dieu

Les jouets changent en même temps que les hommes. Les tablettes succèdent aux billes et les consoles aux panoplies. Un jouet cependant échappe à toutes les tendances et toutes les modes : la Poupée Dieu ! « La Poupée Dieu », élue jouet de l'Humanité. « L'adulte » en raffole ! Mais épisodiquement. Il entretient avec sa poupée des rapports cyclothymiques. En réalité, il ne la sort que lorsqu'il est dans le besoin. Quand ça va mal. « *Oh belle Poupée Dieu, donne-moi ci, donne-moi ça, fais ci, fais ça* ». Parfois, « le petit » va même jusqu'à lui mettre des cierges ! Il faut dire que rien n'est trop beau pour sa poupée lorsqu'il s'agit de l'abreuver de toutes sortes de demandes. Quand celles-ci restent sans réponse, les réactions ne se font pas attendre : « *Méchante Poupée ! Je savais bien que ton cœur était en plastique ! Tu ne m'as pas exaucé alors que tu devais m'obéir au doigt et à l'œil ! Puisque c'est comme ça, je vais te remettre au placard ! Le lieu que tu n'aurais jamais dû quitter. Tu peux compter sur moi pour te pourrir jusqu'à la prochaine fois – quand j'aurais encore besoin de toi. En attendant, rejoins ton lit de poussière au dortoir de mon esprit.* » Débordant d'imagination, l'utilisateur l'emploie aussi à d'autres fins. Il l'habille, la déshabille selon l'humeur et parfois la fait même parler. Voyez-vous, lui seul sait ce que Dieu, « sa poupée », pense. Qui la connaît mieux que lui ? D'une fidélité exemplaire, l'usager ne fait pas un pas sans elle. Par le biais de son jouet, « le bébé homme » crie ses quatre vérités au monde ! Personne n'est épargné, surtout pas sa famille.

— Tu es un sale type ! J'aurais mieux fait de me marier avec un autre. Tiens, ton voisin de chambre à l'armée, lui au moins, c'était quelqu'un de bien !

— Comment le sais-tu ma chérie ? Tu l'as à peine croisé.

— C'est – la poupée – Dieu qui me l'a dit !

Grâce à la Poupée Dieu, tout le monde en prend pour son grade.

— La charcutière se donne des airs de sainte alors qu'elle n'a pas la foi !

— Oh, pas possible. Comment avez-vous découvert le pot-aux-roses ? Par la caissière ?

— Non, c'est – la poupée – Dieu ! Voyez-vous « Il » me dit tout !

Quand le monde est ligué contre lui, « le poupon adulte » part vite se réfugier dans les bras de sa poupée. Blotti contre son cœur, enfoui dans ses peluches de jugements, il contemple son martyre sous l'œil compatissant de sa Poupée Dieu. Sa poupée lui donne toujours raison. Elle seule sait le mal que les autres lui font.

« La Poupée Dieu » ou la matérialisation des fantasmes de certains à l'égard du Très Haut. Dieu, rabaissé au rang de poupée et utilisé à des fins personnelles, devient la voix de son ventriloque d'adorateur. Ce dernier lui faisant dire ce qui l'enchante !

7

L'éternelle rengaine de l'Accusateur

Tel un disque rayé depuis la création des temps, le Démon ne cesse de nous accuser auprès de Dieu. Parmi les nombreuses partitions élaborées par le Père du Mensonge pour orchestrer notre perte, se trouve un refrain qui tourne en boucle. Le Diable, grand « décompositeur » qui connaît la chanson, rabâche sans relâche à nos pauvres cœurs : « *Tu ne vaux rien.* » Au milieu de son impressionnant répertoire à tristesse se dressent deux titres qui ont fait leurs preuves. L'un se nomme *Le Mépris de soi,* l'autre *Le Découragement.* Ces tubes qui continuent à faire le tour du monde, commencent par ces douces paroles : « *À quoi ça sert ? À quoi je sers ?* » Cette mélodie qui n'a rien du bonheur, plaque toujours les mêmes désaccords pour nous faire déchanter. Satan qui connaît parfaitement le clavier de notre humanité blessée ne se prive pas d'en jouer. Job (1, 6-9) : « *Le jour advint où les fils de Dieu se rendaient à l'audience du Seigneur. L'Adversaire vint aussi parmi eux. Le Seigneur dit à l'Adversaire : « D'où viens-tu ? » – « De parcourir la terre répondit-il et d'y rôder. » Et Le Seigneur lui demanda : « As-tu remarqué mon serviteur Job ? Il n'a pas son pareil sur terre. C'est un homme intègre et droit qui craint Dieu et s'écarte du mal. » Mais l'Adversaire répliqua au Seigneur: «Est-ce pour rien que Job craint Dieu? Ne l'as-tu pas protégé d'un enclos, lui, sa maison et tout ce qu'il possède? Tu as béni ses entreprises, et ses troupeaux pullulent dans le pays. Mais veuille étendre ta main et touche à tout ce qu'il possède. Je parie qu'il te maudira en face!»*

Zacharie (3, 1): «*Puis le Seigneur me fit voir Josué le grand prêtre debout devant l'Ange du Seigneur: or le Satan se tenait à sa droite pour l'accuser. L'Ange du Seigneur dit au Satan: «Que Le Seigneur te réduise au silence, Satan. Oui, que le Seigneur te réduise au silence, lui qui a choisi Jérusalem.*»

L'Accusateur, qui ne lâche décidément pas l'affaire, est présent jusque dans l'Apocalypse (12, 10): «*Et j'entendis une voix forte qui, dans le ciel, disait: Voici le temps du salut, de la puissance et du Règne de notre Dieu et de l'autorité de son Christ; car il a été précipité, l'Accusateur de nos frères, celui qui les accusait devant notre Dieu jour et nuit.*» Pour l'instant, l'Accusateur est loin d'être réduit au silence. Telle une brume de soufre et de souffrance, sa voix plane au-dessus de la Terre pour réduire nos âmes et nos corps en poussière. Non satisfait de nous accuser devant Dieu, l'Accusateur qui nous déteste, nous accuse auprès de nous-mêmes. Le répertoire de l'Adversaire est aussi riche que déconcertant. D'un côté, il nous joue la douce mélodie de l'orgueil comme ce pharisien dans saint Luc (18, 10) en pâmoison et en contemplation devant sa propre image: «*Oh Dieu, je te rends grâce de ce que je ne suis pas comme les autres hommes, qui sont voleurs, malfaisants, adultères, ou encore comme ce collecteur d'impôts. Je jeûne deux fois par semaine, je paie la dîme de tout ce que je me procure.* » De l'autre côté, celle de « *Je suis minable, je ne vaux rien, à quoi sert ma vie ?* » Dans mon film « *La Mante Religieuse* », alors que j'étais en prière quelques minutes avant de tourner une séquence mettant en scène une religieuse et une jeune femme au bout du rouleau, le Seigneur me souffla de rajouter une phrase au dialogue : « *Le désespoir est le pire ennemi de l'homme et le plus grand allié du Mal.* » Telle une minuscule graine semée en terre, ce rajout de quelques mots porta des fruits dans bien des cœurs. En plus de ses cordes et fourches vocales, Satan le « désaccordeur » se révèle un fin cuisinier. Sa recette favorite ? Une mixture de souffrance, de dégoût et de découragement saupoudrée de pensées aux herbes amères. C'est vite fait bien fait, prêt à consumer nos êtres pétris d'échecs et d'épreuves. Il est là, il guette, le cuistot à la fourche avisée. Toujours à l'affût pour nous embrocher. Ce chef Toqué collectionne les étoiles au Guide Diablotin. La foi nous invite à l'espérance et au dépassement, « Le Toqué », au désespoir et au repli sur soi. Les témoignages – dédicaces de « *Pour ses beaux yeux* », m'ont amenée à rencontrer un grand nombre de personnes au cœur et au regard éteints. Fatigués de traîner leur vie, ils ressemblaient à des bagnards condamnés à exister. « *Je mène une existence minable, criblée de dettes, criblée de larmes et surtout sans amour.* » Je me rappellerai toujours ce soir-là en Bretagne quand les gens faisaient la queue pour une dédicace. Une femme, la cinquantaine, s'approche de moi sautillante. Elle affiche un sourire si large qu'il semble collé à son visage. La femme reste là, plantée comme son sourire devant moi sans rien dire. Le sourire s'estompe pour laisser place à un flot de paroles se chevauchant les unes les autres. Son outrancière joie et sa façon de cracher sa réussite m'apparurent vite suspectes. Des notes dissonantes de tristesse ponctuaient sa mélodie du bonheur. Tout à coup, la femme s'arrête de parler, son visage se fige. Un pudique voile de larmes habille ses yeux à nu. La working girl accomplie, l'épouse comblée, la mère aux chérubins parfaits, se transforme en une petite fille fragile prête à défaillir. Je me lève et la prends dans mes bras. Son cœur se met à parler : « *Tout cela n'est pas vrai, c'est la version que j'affiche à l'extérieur* », lâche-t-elle. « *En réalité mon mari est très dur. Je crois même qu'il entretient une liaison avec une collègue. Quant à mes enfants, ils ont perdu la foi. Mon aîné vit en couple avec un autre homme, Béné, elle, a des problèmes d'alcool et mon dernier ne fiche rien en classe !* » Son regard embué de tristesse fut emporté par une vague de découragement. « *À quoi bon se battre ? Parfois, j'ai envie que tout cela s'arrête.* » Et cette Black, dans un quartier chaud à Paris qui m'attendait à la sortie de l'église : « *Merci pour votre témoignage. Vous, au moins, vous servez à quelque chose : vous avez une mission. Mais moi, à quoi je sers ?* » Le chef toqué emploie toujours les mêmes ingrédients : mépris de soi, tristesse, découragement. « *Ma vie, c'est métro – bobos – dodo. J'ai perdu mon travail, et mon fils est en prison. Je viens d'être expulsée mais grâce à Dieu, ce soir, je dors chez une dame de la paroisse.* » Les épices du mal avaient encore sévi mais Dieu était là : « *J'aime mon Seigneur de tout mon cœur et Marie aussi,*

« la maman du ciel » ! J'aimerais tant les servir mais que peuvent-ils faire d'une bonne à rien comme moi ? Je n'ai rien à leur offrir », conclut-elle le regard écrasé au sol. Ses paroles m'allèrent droit au cœur. Son désir de servir Dieu malgré toutes ses épreuves se dressait devant moi tel un divin bouquet au-dessus d'un tas de fumier. Cette pauvre femme mal habillée, mal coiffée, avec un cabas dégoulinant d'affaires qui devaient lui servir de garde-meubles, m'apparut tout à coup telle une Fille de Roi parée de bijoux. Une rivière de diamants l'entourait tandis que les pépites de son cœur étincelaient. Elle resplendissait de foi et d'amour envers son Seigneur. « La pauvrette avec le cabas », c'était moi. Sa grandeur m'avait réduite au silence. Elle me renvoyait l'éclat de ma pauvreté. Cette femme statufiée de souffrance, inexistante pour la société, bonne à « recycler » – sans « le billet du faire-valoir » nous sommes vite transformés en resquilleurs de notre propre vie – m'offrait une leçon d'abandon et d'amour hors du commun.

— Ma sœur, dis-je bouleversée, vous êtes une Princesse, une milliardaire de Dieu ! Le Seigneur a placé tant de trésors d'amour dans votre cœur ! Votre fortune dépasse de loin celle de la Reine d'Angleterre !

La Princesse africaine ouvrit de grands yeux.

— Pour servir Dieu, il n'est pas nécessaire de faire des films ni d'écrire des livres. Le Seigneur nous donne rendez-vous dans la vie qui est la nôtre. Il n'y a pas de petites vies, de « sous-vies » ; chacune de Ses créatures est unique à Son regard. Si nous sommes sur Terre, qui que nous soyons et peu importe l'état délabré de nos vies, c'est parce que Dieu attend une réponse de nous. Il attend notre « Oui ». Celui de la Vierge Marie : « Oui à ton amour, Oui à te faire confiance, Oui à t'abandonner ma vie, Oui à t'aimer plus que tout ! » Nous avons tous une mission.

Le visage de la Princesse s'illumina. Des « amen » s'échappaient de ses lèvres telles des bulles de bonheur pour former une couronne de joie.

— Même un grabataire sur un lit d'hôpital joue un rôle capital dans cette lutte qui oppose Satan à Dieu.

Au nom de Satan, la Princesse se signa plusieurs fois et marmonna des paroles parfumées de son pays.

— Dans son libre-arbitre, le malade peut offrir ses souffrances en union avec le Christ sur la croix pour le salut des âmes, tout comme se révolter. Priez le Seigneur, demandez-lui ce qu'Il attend de vous. Vous verrez, Il ne tardera pas à vous répondre. Par contre, je dois vous mettre en garde. C'est mon devoir de vous prévenir, dis-je l'air grave.

Inquiète, la Princesse se mit à déglutir. Ses mains s'accrochèrent à son cabas comme à une liane de sauvetage.

— Avec notre Seigneur, « les 35 heures », c'est par jour ! Avec Lui, ni retraite, ni répit !

Son Altesse Royale éclata de rire et me prit dans ses bras m'étouffant à moitié.

Ce jour-là, « Le toqué » s'est pris une veste. Le dialecte de l'Amour qui n'a aucune frontière l'a emporté.

Vive Dieu ! Vive l'Afrique ! Vive la beauté de l'Homme ! Alléluia !!

8

Macadam Cowboy

«À cause de l'ampleur du mal, la charité de la plupart des hommes se refroidira. Mais celui qui aura persévéré jusqu'à la fin, celui-là sera sauvé.» (Mt 24, 12)

La Terre entière est un far-west ! C'est à celui qui dégainera le plus d'injures et de menaces. L'Homme respire la rage et la colère. Au volant de sa voiture, au travail, au supermarché, il ne cesse d'écumer. Il pense noir et voit rouge. Dans cette jungle urbaine – et rurale –, difficile de positiver et de continuer à aimer. Posté derrière nous, à l'affût de nos moindres gestes, toujours le même : Le Cornu. Il attend le bon moment pour scalper nos âmes. Ce rodéo de violence et de peur dans lequel l'Homme se laisse enfermer, le pousse à se retrancher derrière un mur. Celui de son cœur, de son cœur bétonné. De son cœur qui en a marre. De son cœur déçu, découragé. Comment croire en l'humain face à toutes les abominations qu'il commet ? Les guerres, les viols, la torture des hommes et des animaux, le droit de vie ou de mort sur des êtres vivants. Sans parler de cette couche de dureté qui telle de la crasse recouvre petit à petit son âme. C'est là que l'amour de Dieu prend le relais, quand notre propre cœur s'épuise. Sans Lui, nous ne pouvons aimer. Comment « aimer ses ennemis et prier pour ceux qui nous persécutent » sans laisser faire Dieu ? C'est surréaliste ! Il y a de quoi s'endurcir en vivant dans un tel monde, le Seigneur le sait ; c'est pour cela qu'Il nous prévient. « *Attention, devant l'iniquité et le Mal grandissant, un grand nombre d'entre vous va flancher.* » Dieu nous invite à regarder nos frères « cow-boys » dans la lumière de Son Saint Esprit : avec tendresse et sans jugement. Nous ne connaissons pas les « casseroles de souffrances » qu'ils traînent. Certes, rien ne justifie le mal, mais certaines blessures le favorisent. Le moyen le plus simple pour continuer de croire en l'Homme à l'humanité défigurée, c'est de croire en Dieu. Partir à la recherche des grâces insoupçonnées que le Seigneur a déposées dans son cœur. Ne pas l'enfermer dans le costume du « méchant ». Le Christ nous invite à être des passeurs de Son amour, non des juges. Par l'Amour, provoquons l'amour. Dans sa palette de contrefaçons allant des « faux bons sentiments » aux « réactions humaines normales », le Démon justifie nos actes mauvais. Il les rend légitimes. Lorsque votre voisin balance dans votre jardin sa canette de bière, n'est-ce pas normal de lui jeter votre paquet de chips usagé ? « *Oh, ce n'est rien, ce sont de petites choses !* » En matière d'amour, il n'y a pas de petites choses. Ce sont justement « les petites choses » qui conduisent notre cœur à s'endurcir. « Œil pour œil, dent pour dent. » C'est une dynamique qui entraîne tout l'être. Un virus qui se propage. Si notre Dieu nous invite à « prier pour nos ennemis et pour ceux qui nous font du mal », ce n'est pas seulement pour eux, c'est aussi pour nous. Pour nous préserver de leur ressembler, de répondre à leurs actes mauvais par des actes mauvais. Implorons le Seigneur pour qu'Il protège nos cœurs de la froideur et de l'endurcissement. Satan rebondit sur nos blessures et nos déceptions pour nous démotiver. Pour nous empêcher d'aller de l'avant ensemble dans l'amour de Dieu. Si une petite voix vous souffle *« trop bon, trop c…, maintenant je vais changer et faire comme les autres »*, vous saurez qui vous l'a susurré. La dureté de cœur est l'attribut *number one* du Diable, son colt de prédilection, celui avec lequel il prévoit de décimer l'Humanité.

9

L'Église salon de thé

La nef est encore bondée. Les portables se rallument en même temps que les paroissiens. Des groupes s'improvisent çà et là, des enfants agités jouent à chat. L'un d'eux renverse une chaise et part en courant. Des fidèles éclatent de rire tandis que d'autres hurlent à tue-tête leur vie et celle du voisin.

— Avez-vous remarqué combien madame Dupont a forci depuis son divorce ?

— Moi, c'est mon genou qui coince. Je dois retourner voir le médecin.

— Et ce contrat, toujours pas signé ?

— Ce n'est qu'une question de temps. Il ne reste plus que les investisseurs asiatiques à convaincre.

— Une bonne bouteille et une partie de chasse auront raison d'eux.

— Gros délire, t'as vu mon nouveau smartphone ? Les applis s'allument en claquant des doigts !

— Mortel ! Tu me le passes ?

— Même pas en rêve.

Au fond de l'allée centrale, une personne. Seule dans la pénombre de la solitude, abandonnée de tous, elle pleure. Cette personne, c'est Jésus au Très Saint Tabernacle. La messe à peine terminée, c'est comme s'il ne s'était rien passé. Pourtant l'autel religieux est encore tout maculé de Son sang livré pour nous comme en témoigne l'encens. L'acte le plus fou de l'Histoire du Monde vient d'être commis : Dieu s'est offert en holocauste pour Ses enfants chéris ! Dieu Lui-même a donné Sa vie en direct sous nos yeux et c'est à peine si l'on s'en souvient ! Une nouvelle fois, le Christ s'est fait crucifier. Une nouvelle fois, l'Agneau sans tache est immolé et personne ou presque, n'en fait cas. En réalité, on trouve cela normal. On est « habitués » à Son amour. À recevoir Son précieux Corps et Sang dans l'Eucharistie. Tellement habitué que l'on ne ressent plus rien. Le Christ coule dans nos veines tandis que nous roucoulons de paroles inutiles. Nous vaquons à nos hautes occupations de cancans et de commérages, remplis de Dieu, sans le moindre changement. Sans le moindre respect. Il devrait bien y avoir un « avant » et un « après » lorsque l'on reçoit le Christ, mais rien ! Pas l'once d'un effort. Le Messie, Dieu fait homme, est là en nous et au Tabernacle et l'on s'esclaffe et l'on déblatère sans aucune retenue. Ce n'est pas tant par égard à ces deux, trois personnes qui essayent tant bien que mal de prolonger leur prière dans l'action de grâce, mais par égard pour le Créateur qu'un petit geste serait le bienvenu. Jésus-Christ, le Sauveur du Monde est là, pleinement présent au Tabernacle et on l'ignore. Encore une fois. S'il y avait une personnalité, un « people » dans l'Église, on ferait des efforts, on sortirait son plus beau sourire mais pour Dieu, que dalle. *« La messe est finie, qu'Il aille se rhabiller ! »* Alors que tout commence : Jésus s'est donné à nous, à notre tour de nous donner à Lui. Les portes vont bientôt être fermées. Tu vas te retrouver tout seul Seigneur, comme Tu l'as toujours été. Dans la froideur de l'église, dans la froideur du temple de nos cœurs, plongé dans l'obscurité de notre pauvre foi, aujourd'hui comme à Gethsémani. Avec comme seule compagne, l'incandescente flamme de Marie qui brûle pour Toi au Tabernacle et dans tout l'univers.

L'Église « salon de thé », l'Église terrain de « Je ».

PARTIE II

BIENVENUE DANS L'E-MONDE
ROYAUME 666

1

La grande machine à laver

Une propreté à faire pâlir d'envie toutes les « Vedettes » et les « Mères Denis » de la planète. Impeccable. Irréprochable. Rien ne lui résiste ! Ni les matières, ni les êtres vivants, encore moins les cerveaux. La grande lessive a commencé : la Globale Lessive ! De son hublot, la Machine, vous salue ! Généreuse et altruiste, elle ouvre grand ses portes pour accueillir tous ceux et celles qui le désirent – et même ceux qui ne le souhaitent pas. Programmée pour délaver nos racines, notre identité et notre volonté, elle lave les cerveaux, oriente les désirs et réinvente le rapport avec le temps. Sa poudre bio « dégradante » n'est composée que de « Perlin-pépins ». Sa puissance n'a d'égale que son silence, ce qui fait sa force. On ne l'entend pas, on ne la voit pas. On ne se méfie pas. Elle marche vingt-quatre heures sur vingt-quatre et ne consomme aucune énergie – seulement la nôtre. Le murmure de son tambour est à lui seul un son subliminal. Plus le temps passe, plus il devient pour nous une voix familière. Celle qui rassure, celle à laquelle il faut obéir. La voix de son Maître. Composée de plusieurs cycles, l'épatante Machine transforme les cœurs et les manières de vivre. Chaque cycle est une étape cruciale permettant d'accéder à la suivante.

À chaque palier correspond son programme. Totalement indépendant les uns des autres, les cycles sont gérés par des puces distinctes qui exercent une autorité spécifique dans un domaine particulier : les médias, l'éducation, la culture, la politique, la santé, la technologie, le social et même le religieux. « Les puces » sont des humains que le pouvoir démange. Leur orgueil démesuré, leur soif de popularité et de tout contrôler, font d'eux de parfaits petits acariens au service de la Bête, La Machine. Cette poignée d'élites – de tueurs d'élite aux discours et aux costumes avisés – savoure sa domination sur le monde en le conduisant à sa perte. Des nains à l'arrogance de géants. Ils se positionnent au-dessus de la mêlée alors que seule l'ombre de la Bête leur permet d'exister. Ils réussissent tout ce qu'ils entreprennent, on se demande bien pourquoi. Un parfum d'immortalité les accompagne alors que leurs jours éternels sont comptés. Tel un esprit, la Machine plane sur les brumes de l'Humanité et s'enracine dans son refus de Dieu. C'est un cartel de pensées et de moyens dont le seul objectif est de chercher à détruire Dieu et par conséquent, l'Humain. Elle plonge l'Homme dans le coma avant de lui voler son âme. Son Président est un chef d'entreprise comblé. Confiant, il se frotte les cornes à chaque avancée. L'odeur de « La fosse sans eau » dans laquelle il précipite le monde, le fait saliver. Au terme du dernier cycle de lavage, sortira l'Homme nouveau. L'Homme « lessivé », à l'incarnation et au cœur délavés. Sans couleur, sans vie, sans envie et surtout, sans humanité. Quant à la vidange finale, elle se fera sous forme d'épuration « Net – Nique ». Tout un programme !

« A – Dieu » l'Humanité.

NOTE : Au lecteur d'identifier le nom des « puces humaines ». Chaque pays en regorge. Le monde en est infecté. Et cela ne risque pas de s'arrêter. L'unique traitement à cette pandémie – « pan – déni » – s'appelle le Tout-Puissant.

2

1er cycle : « La Soif de Liberté »

« Ni Dieu, ni maître », que des addictions !

La rançon de la gloire d'un monde sans Dieu. Au programme de ce premier cycle dont Adam et Ève ont ouvert le bal, un farouche désir d'émancipation : *« Je suis libre, je fais ce que je veux et quand ça me plaît. Au diable les contraintes et la dictature de la morale ! »* Et l'homme « créa l'homme à son image ». Et le Serpent d'applaudir ! Tenant l'homme à la laisse de ses addictions, la Bébête le promène où elle veut. Le monde devient un champ miné, les poseurs de bombes s'appellent l'Humanité. Peu importe si la solitude est la première Dame de France, peu importe si nos rêves nous abandonnent en même temps que nos couches-culottes – les enfants naissent adultes et les adultes « grandissent » enfants –, peu importe si la consommation effrénée du sexe se substitue à l'amour, peu importe si « je crève ma vie » tant que je suis aux commandes de mon suicide. *« Sans Dieu pour me dicter ma conduite et sans Ses foutus commandements, je peux conduire en état d'ivresse de « moi m'aime » et du monde. 666 grammes de pur bonheur – de pur leurre. Quelle douce quiétude que cette Liberté ! Une vie enchaînée, clé en main, avec Moi seul au volant. Je me désintéresse de mon éternité mais je mange bio. Mon pain est sans gluten et mon appétit, sans faim. Je ne crains rien mais je redoute tout. Je porte un casque pour marcher tandis qu'une armure me préserve d'aimer. Un accident est si vite arrivé. À vrai dire, mon casque ne me quitte jamais. Je l'emmène partout, même aux WC. Il est pour moi, comme qui dirait, une seconde peau. Un accident est si vite arrivé. Je n'ai peur de rien, juste de moi-même et de l'Humanité. Depuis que je me suis débarrassé du « Grand Barbu », je jouis d'une totale liberté. Maître de mon sort, je peux avorter, créer, « décréer », décréter. Si je veux, « Jeu » peux partouzer – où se trouve déjà l'appli sur mon compagnon de déroute, mon p'tit « Smile Phone » ? Bingo, je l'ai trouvé ! Grâce à ce service, mes nuits ne sont plus jamais froides, seulement mon cœur. Quel bonheur… Quelle paix royale ! Plus personne pour me dicter ma vie. À chaque décision, je consulte un coach. Ma liberté est un moule dans lequel je dois rentrer. Loin de m'influencer, « Coco coach » – c'est le nom du serveur – est devenu un ami. Toujours là pour me conseiller. Attentif à l'extrême, il me souffle tout : la façon de me gratter le nez, le bon doigt à utiliser, il m'explique même comment respirer et comment « b… ». Lorsque je lui fais des infidélités, c'est uniquement pour consulter. Non pas mon psy – trop vieux et trop rétrograde - mais mon Gourou Doudou Internet. Là, j'évolue comme un poisson dans l'eau au gré des courants et des pensées. Même si les courants m'entraînent là où je ne souhaite pas aller, je ne lâche pas la barre : JE suis le capitaine du navire. « Dé- rives » du Net, j'aperçois le soleil : Google, Apple, Facebook, Twitter, Instagram – pique et pique et « colé-drames », mes îlots de bonheur.*

Tels de fidèles matelots sur le ponton de mon existence – virtuelle –, ils coulent mes jours heureux. Ils tiennent la barre mais je garde le cap. Lorsque ***JE*** *déciderai de mettre les voiles, avec la bénédiction et l'aide de La Machine, je choisirai l'heure de mon sabordage et les ingrédients de mon décès. Tout cela, « of fourche », avec l'approbation de mon coach, des matelots, de mon ego et de ma libido sous la très haute surveillance del Diavolo.*

Viva la Liberta !

Mai 68 ou Mai 666 ?

Quels beaux fruits portés par Mai 68 ! Vraiment, il n'y a rien à dire – juste à subir. Il n'y a qu'à voir tous les sourires croisés à chaque coin de rue. Des hommes et des femmes alertes, traçant leur route le pas et le cœur légers. Tellement légers que plus personne ne s'encombre d'une relation sérieuse, encore moins d'une famille. « *La ballade des gens heureux* », chantait Lenorman. La ballade du « genre » heureux. Les hommes revendiquent leur féminité, les femmes frappent du poing sur la table de leur maternité. À armes égales, les deux cohabitent sans se regarder. Il n'y a plus de rôles. Les cartes, comme les sexes, sont redistribués. La mode vestimentaire censée colorer nos envies est grise, comme le monde. Les mets de 68 n'ont rien d'un banquet céleste ! L'Homme perd petit à petit l'appétit de la vie. Replié sur lui-même, nourri de désillusions, il s'éteint peu à peu tandis que 666 tient la chandelle. L'ombre du désenchantement visite le monde. Noël, « La Fête » de la joie, a des allures d'enterrement.

Malgré les guirlandes et les lumières, un parfum de tristesse recouvre les visages. Les gens font des efforts pour sourire – surtout les commerçants – mais rien n'y fait. Depuis que Mémé 68 a sorti l'Enfant Jésus de la crèche, c'est l'angoisse. On est passé de la « catho » à la « cata ». Et pour cause : Un Noël sans Dieu n'a pas de sens. Une vie sans Dieu n'a pas de sens. « Bouffer, boire, faire des galipettes et des claquettes », est-ce cela le sens de la vie ? Consommer, consommer, consommer jusqu'à se consumer soi-même ! La gloire, le pognon, le sexe et Internet du matin au soir comme seul programme ? Rien d'étonnant que les jeunes grandissent alcooliques, drogués, désabusés. Ils ont la gueule de bois du cœur ! Où est passé l'amour ? Où sont passés nos rêves ? On ne rêve plus qu'en noir et blanc – surtout en noir. Mai 68 et les morpions punaises qui l'ont propagé auraient mieux fait de se prendre un bon coup d'aérosol ! Grâce à eux, la Terre a le cafard. Nous sombrons tous, tête première, dans une « Deep – pression » mondiale. Merci aux « puces humaines » et aux mémés soixante-huitardes qui nous ont conduits dans cet idyllique chaos. En ouvrant les vannes d'une fausse liberté, elles nous ont ouvert les veines. Le monde souffre d'une hémorragie spirituelle et intellectuelle dont l'agonie risque de lui être fatale.

« France, Fille aînée de l'Église, va te cacher ! » Ton Seigneur comptait sur toi.

Ni Dieu, ni maître, ni vie. Les barreaux de la liberté.

3

2e cycle : « Nous isoler les uns des autres »

Ensemble, séparés

C'était il y a quelques années, juste après le tournage de *La Mante Religieuse.* J'étais partie en Savoie avec une amie pour reprendre des forces avant d'enchaîner le montage et toutes les étapes de la post-prod – 9 mois comme pour un bébé. Après une randonnée qui a failli faire la une des journaux locaux – perdues en pleine tempête de neige à la tombée de la nuit –, nous décidons de nous réchauffer autour d'une raclette et d'une bonne bouteille direction « la ville ». Rien sur des kilomètres à la ronde. Seul un village encaissé dans la vallée faisait de la résistance. Encerclé par des montagnes qui menaçaient de le dévorer, le pauvre petit village criait « *à l'aide* ». Prises de pitié, ma copine et moi nous sommes arrêtées. Plongée dans la pénombre, la bourgade abritait une poignée de chalets et de fermes. Des charrettes qui portaient encore l'odeur du foin avec lequel elles avaient batifolé l'été, jalonnaient l'unique route. Pas la moindre âme qui vive. Seuls des bruits sourds d'animaux parvenaient jusqu'à nous. « *Tu sais que dans ces villages perchés, ils font souvent des mariages consanguins ?* » lança ma pote alors que nous descendions la route avec la nette sensation d'être suivies. Dans ma tête de metteur en scène, cela ne fit qu'un tour. Je nous voyais déjà vivre un remake de *La colline a des yeux*. Comme pour enfoncer le clou, l'inconsciente dit : « *As-tu vu cet horrible film, Massacre à la tronçonneuse ?* De nouveau, la réal réapparut. Qui dit « mariages consanguins », dit « simplet du village ». Étant donné qu'il y a de plus en plus de jumeaux et de quadruplés, le simplet pouvait être légion ! Une armée de simplets ! Les charrettes qui nous entouraient, pouvaient à elles seules en dissimuler une bonne douzaine. *Blanche-Neige et les Sept nain*» en version gore ! « *Et si nous faisions demi-tour ?* » ai-je suggéré. Ma compère acquiesça sans la moindre résistance quand soudain l'appel de la ganache me fit tourner le groin. Au loin, j'aperçois une enseigne lumineuse. Et à y regarder de plus près… *Yes*, c'est un restaurant ! Ni une ni deux, ma copine et moi courons les bras et l'estomac ouverts vers l'unique auberge. De jeunes mariées pressées de retrouver leurs époux pour la nuit de noces ! Accoudées au bar, des Gitanes en fin de vie accompagnaient « leur moitié » fumeur – la loi anti-tabac était restée en ville. Les hommes, des paysans auxquels il était impossible de donner un âge, traînaient leurs regards vides dans leur fond de verre. Frigorifiées et heureuses d'avoir dégoté ces perles de vie en plein No man's land, ma pote et moi partons à l'assaut d'une table. Cette tanière dans laquelle planait l'odeur du jambon fumé, du bois et de la gnole, était le refuge idéal. Notre table, en face de la cheminée, nous offrait une vue stratégique sur l'établissement – bien que rassurées, il fallait garder un œil au cas où les simplets débarqueraient. Après avoir commandé un blanc de Savoie et une raclette – demain, je commence le régime –, mon attention se porte sur un groupe de jeunes affalés sur des canapés recouverts de peaux de vache.

— T'as vu le coin lounge ? balançais-je espiègle à mon acolyte. Ça doit être chaud les Afters ici.

— Ouais, mortel ! rétorqua-t-elle blasée.

Mon amie et moi sommes vite gagnées par le fou-rire. Les anciens nous dévisagent comme si nous avions « inventé le rire » tandis que les jeunes nous ignorent. Cette dizaine d'ados – seuls rescapés dans un village de vieux –, n'émettait pas le moindre son. Ils ne parlaient pas, ne se regardaient pas. Une concentration de radiologue : « *Ne parlez pas, ne respirez pas.* » Une colonie de carpes. De quoi faire pâlir d'envie tous les profs de la Terre en pleine guérilla de classes dissipées. Tel un focus de caméra, mon attention se porte sur deux ados, un garçon et une fille assis côte-à-côte. « *Quel beau couple !* » pensais-je. « *Si je devais faire un casting pour dégoter* Roméo et Juliette, *je les auditionnerais.* » Lui, brun, à l'œil et à la tignasse rebelles, elle, de longs cheveux blonds et un regard azur. Ce qui m'a le plus frappé, c'est que mes deux tourtereaux de cinéma s'ignoraient totalement. Leur attention était absorbée par un petit objet qu'ils tenaient dans les mains et qui les fascinait. En prière devant le Dieu Smartphone, rien ne pouvait les sortir de leur farouche contemplation. Ils semblaient sous hypnose. Au bout d'une heure, alors que ma pote et moi terminions de faire la peau à la raclette tandis qu'elle nourrissait nos bourrelets, l'étrange couple brisa le silence. La jeune fille, rougissante, prit tout à coup la parole les yeux lovés sur son portable.

— Tu es fou ! laissa échapper sa moue d'ado.

Et là, l'impensable se produisit ! Une fraction de seconde, elle leva les yeux en direction de son prétendant. Le brun « Iphone-neux » ne lui jeta pas le moindre regard. Seul un léger rictus apparu furtivement au coin des lèvres, tel un bouton de fièvre, laissait présager qu'il avait intercepté ses propos. Ses doigts sur l'écran s'agitèrent avec une telle rapidité qu'ils semblaient s'être décrochés de ses mains. La réponse du jeune homme arriva sans tarder. Le regard de sa bien-aimée, de nouveau plongé dans l'hypnotique écran, s'illumina un bref instant. Deux étoiles avaient rejoint le bleu de ses yeux. La parole osa prendre la jeune fille une nouvelle fois.

— Moi aussi… murmura-t-elle abandonnée à son portable.

Et puis après, plus rien ! En guise de conversation, le jeune couple n'émit plus que des sons et des ondes tactiles. Aujourd'hui, ce type de scène se joue à tous les coins de rue. Aujourd'hui, nous sommes habitués. Pourtant, il y a eu un commencement, il y a eu une première fois. C'est là que nous sommes invités à être vigilants ; à scruter le monde afin de ne pas se faire dévorer par « les puces » et vidanger par La Machine. Bien que je ne sois pas une « séniore » – quoique maintenant, on est senior à 40 ans ! –, j'ai le sentiment d'appartenir à une autre génération, voire à une ancienne civilisation – *Jurassic Park* ! Où est donc passé ce parfum d'imprévus aux senteurs d'insouciance qui planait dans les rues de mon enfance ? Lorsque nous étions ados, mes potes et moi nous dépêchions de faire nos devoirs pour nous retrouver. Les vannes fusaient en même temps que la vie. Les flirts, comme les amitiés, se formaient, se déformaient mais jamais ne se « conformaient ». Nous étions une bande, une vraie. L'aventure était au coin de la rue et quand elle tardait à venir, nous la provoquions. Séparés les uns des autres, enfermés dans une bulle de plasma, que peut-il bien nous arriver ? La vie est faite d'imprévus et de rencontres et c'est cela qui est merveilleux ! La vie est vivante, laissons-la respirer ! C'est comme cela que mon père a embarqué ma mère dans l'odyssée de l'amour. Ils se sont rencontrés à la fac de médecine à Marseille. Face à maman et à son sourire ravageur, papa lui a fait le coup du stylo prêté pour la revoir. La suite, « coup de foudre, mariage et bambinos » ! Aujourd'hui, avec les MOOC – « Massive Open Online Courses » –, les cours gratuits sur le Net, mes parents ne se seraient probablement jamais rencontrés. Ce service a vu le jour afin de faciliter les échanges et de gagner du temps. Le temps est devenu rare, si rare que tout le monde en manque. Étrange paradoxe quand on sait que l'espérance de vie s'est considérablement rallongée. D'où vient cette course effrénée contre la montre ? L'Homme passe sa vie à courir derrière un bus. On en vient à mépriser tout ce qui n'est pas productif. Dire « Bonjour », regarder une personne avant de lui serrer la main. Quant à l'écoute des autres, cela est une affreuse perte de temps ! La seule écoute qu'il nous reste est celle de nos téléphones sur écoute. Pourquoi se compliquer la vie en s'encombrant d'actions inutiles ? À quoi cela sert-il de prendre les transports en commun et de se mélanger aux autres quand le « tout cuit, tout gratuit » arrive à domicile ? Les bancs des facultés cèdent la place aux bancs de claviers. C'est tellement plus excitant de se retrouver seul face à son plat de nouilles et à son écran lâché dans un impersonnel et froid global cours plutôt que de se rendre dans un amphi et de partager la vie avec des êtres faits de chair et de sang ! Quand je vais faire mes courses à l'épicerie au lieu de passer par un « e-permarché », je m'expose – après les commérages de l'épicière – à la vie. Lorsque je mets le nez dehors, je m'expose à la vie et j'expose mon cœur à aimer. Par un beau jour d'hiver, mon grand-père maternel a sauté dans l'eau glacée du Vieux Port pour sauver un bébé prisonnier des cordages. Qu'est devenu le bébé ? Sa rencontre avec Louis – c'était son p'tit nom – qui lui a sauvé la vie, l'aura-t-elle influencé ? A-t-il mis sa vie au service des autres, ou bien est-il devenu un type arrogant se croyant invincible ? Peu importe. Ce fâcheux imprévu a bousculé les plans de plusieurs vies qui ont elles-mêmes, par ricochets, changé le cours des choses. L'avenir, comme le présent, nous échappe et tant mieux ! Quand j'ouvre les yeux le matin, tout peut arriver à condition d'oser me mélanger aux autres. « *Lève-toi et marche, allez de par le monde* », a dit le Seigneur et non pas « *reste fossilisé devant ton ordinateur dans le bunker de tes pensées sous l'emprise de tes peurs.* » « Diviser pour mieux régner », tel est le programme de La Machine. Nous isoler afin de nous fragiliser et de nous conformer à sa volonté. Si une émission de télé réalité faisait le pari fou de filmer au même moment dans le monde entier des personnes sortant de table, que verrions-nous ? Des hommes, des femmes et des enfants – à quand le nourrisson ? –, portes et cœurs fermés, coupés les uns des autres, sous l'emprise des machines numériques. Des milliards de petits pixels humains abreuvés des données de la pensée unique. L'Homme devient à l'image de La Machine. Il ne s'agit plus de changement de civilisation mais d'une véritable mutation. Les groupes, les bandes, les communautés n'existeront plus que dans le monde virtuel via les réseaux sociaux. Notre vie sociale tout entière ne se limitera plus qu'aux réseaux sociaux. Partager un bon repas entre amis autour d'une bonne bouteille en refaisant le monde, fera bientôt partie des souvenirs de notre Humanité. Aujourd'hui, nous livrons notre vie en pâture aux divinités du numérique, demain, ce sera notre âme. Sous le prétexte d'abolir les frontières et de rassembler les hommes des quatre coins du monde, La Machine – et celui qui la commande – nous condamne à l'exclusion. Certains murs tombent tandis que d'autres, bien plus nombreux, se dressent à l'intérieur de nous-mêmes. L'individualisme dans lequel nous plongeons tête première, n'aura plus que la solitude comme compagne. Une façon comme une autre pour éradiquer l'adultère et pour mettre fin à l'infidélité ! Les femmes et les hommes ne porteront plus de cornes, seulement celles de leur Maître – Satan.

4

3e cycle : Nous injecter quotidiennement le virus de la peur

Quand la Terre devient Alcatraz

Pour lutter contre le banditisme, le terrorisme et le fanatisme – et surtout contre les dissidents de la pensée unique –, nous sommes invités à jouer la carte de la transparence nous dit le gouvernement. «*Notre priorité : Votre sécurité !*» Après *L'œil de Caïn,* voici L'œil Citoyen : la caméra. Chaque ville, chaque agglomération et chaque village sont désormais équipés. Postées à tous les coins de rue, au détour d'un square ou d'un banc d'amoureux, ces coquines nous épient. Elles font du lèche-vitrines avec nos vies. Le 14 juillet 2016, les petites pourtant au garde-à-vous, ont laissé filer un douze tonnes sur des centaines de gens. Un carnage en pleine ville sous haute surveillance. Nice, la cité la mieux appareillée en caméras – 1257, soit une caméra couvrant les faits et gestes par tranche de 272 habitants –, la première de la classe en matière de surveillance, a filmé sur deux kilomètres ce camion de l'enfer fauchant et broyant une centaine de vies – sans parler de celles des familles des victimes brisées à jamais. Que faisaient donc les voyeuses à part nous épier, nous, les honnêtes gens ? Sur la Promenade des Anglais, se jouait-il à notre insu un remake de « *Truman Show* », rebaptisé pour l'occasion Trucide Man Show ? Moi qui croyais que la télé-réalité s'arrêtait aux portes des plateaux ! Serions-nous en passe de devenir – sans notre consentement – les acteurs d'une mauvaise farce que nous jouerait le gouvernement ? De gauche comme de droite, tous sont d'accord pour nous « séquencer ». Image par image, quartier par quartier, intimité par intimité. Leur solution miracle ? « *Filmés et surcontrôlés, il ne peut rien vous arriver.* » Ce jour-là, à Nice, capitale de l'espionnage autorisé, le miracle n'a pas eu lieu. Un grand merci cependant aux caméras de télévision venues en renfort aux caméras citadines pour nous permettre de suivre, pixel par pixel, les images de la boucherie. À l'heure du repas, le JT passait en boucle le petit film d'horreur. J'en ai encore le goût infect dans les yeux. Cela fait aussi partie du programme de La Machine qui cherche par tous les moyens à nous déshumaniser. Regarder la souffrance des autres devient une habitude. Que cela nous apporte-t-il de voir des personnes déchiquetées, hurlant de douleur et dégoulinant de souffrance ? Cela rend-il l'homme plus humain ? A-t-on besoin de filmer l'horreur pour la dénoncer ? À quoi servent les atroces images dont les médias nous abreuvent du matin au soir ? « *Cher ami, entre une personne décapitée et une autre brûlée vive, vous reprendrez bien une rondelle de saucisson ? À moins que vous ne préfériez que nous passions aux rognons ? Ils baignent encore dans leur sang, une recette de mère-grand.* » La photo qui a fait le tour du monde du petit garçon, le visage déformé par la noyade, nous a-t-elle sensibilisés au drame que vivent les réfugiés ? Sur le moment, c'est sûr, tout le monde y est allé de sa petite larme. Mais quelques zappings et semaines après, cela n'a pas empêché les citoyens de dresser de nouveaux murs ornés de barbelés. Cette banalisation de la souffrance et de la mort a quelque chose d'obscène. Le comité de censure est-il devenu aveugle, déshumanisé ? Ou bien s'agit-il d'un algorithme ?! En tous cas, soyons rassurés, La Machine veille sur nous. Ses alliés, « les puces humaines » assoiffées de pouvoir à l'ego surdimensionné, se propagent et propagent l'esprit de leur Boss à une vitesse impressionnante. C'est une véritable invasion ! Leurs terrains de prédilection ? Les médias, l'éducation, la culture, la science et bien sûr la Star des Stars, la technologie. Après *« La salsa du démon »*, voici le nouveau tube qui risque de vous faire danser toute l'éternité : « La Diabolo Techno Party » ! Dans un souci de protection extrême, grâce aux avancées scientifiques et technologiques, ces petites libertines de caméras baladeuses nous accompagnent même jusqu'aux WC – on ne sait jamais, on pourrait se faire éclabousser ! – tandis que leurs petits frères, les drones, tournent au-dessus de nos têtes tels des pioupious de proie. Petit à petit, sans faire de bruit ni de fumée, un gigantesque couvre-feu gagne la Terre. Et là, aucun Canadair pour l'arrêter. Nous sortons acheter une baguette de pain ? Nous sommes filmés. Nous utilisons notre carte bleue ? Nous sommes tracés. Nous prenons notre portable ? Nous sommes géolocalisés. Nous rentrons à la maison ? Nous sommes filmés, tracés, épiés, décortiqués et sur écoute. Dans le but de nous « faciliter la vie », il est question de regrouper tous les services en un seul. Comme pour nos amies les bêtes, « nos amis les dirigeants » prévoient de nous implanter une petite puce électronique sous la peau. Mon chien, toujours au top de l'avant-garde, en possède déjà une sous l'oreille. Du coup, la petite puce, non pas celle de mon chien mais la mienne, deviendra le code d'accès du coffre-fort de mon intimité. Toute ma vie sera dupliquée sur pupuce électro. Pour m'éviter de chercher ma carte, mes clés, mes papiers, voilà mon corps relayé au statut de porte-clés ! Au lieu de m'arracher mon sac, on m'arrachera l'œil ou bien le bras selon l'endroit où se trouve la squatteuse magnétique, Madame Pupuce. En plus du trafic d'organes, il y aura des trafics d'implants ! Poussé par l'altruisme qui caractérise nos dirigeants, un jour viendra où, pour le bien commun et la sécurité de tous, afin de réduire nos bas côtés et nos instincts mauvais, le « Global Government » au service de Sa Majesté La Machine – Satan – décidera d'éradiquer toute forme de violence et de résistance dans le cerveau même de l'homme. Heu… Reu… N'est-ce pas cela le principe de la lobotomie ? Rajoutez à cela une mise en bouche aux allures de mise en bière et les carottes d'humains sont cuites ! Non satisfaits de scruter nos vies et de diriger nos esprits « Les puces soldates » nous montent les uns contre les autres. Après le code-barre glissé sous la peau, les bestioles nous injectent le virus de la peur. Avec pour conséquence la suspicion qui conduit à la séparation et, au bout du compte, à la guerre des clans. *« Votre voisin brun et barbu, peut être un terroriste. Vous êtes sommé de le surveiller de près. La maison d'à-côté où il y a autant de passage, cache sans doute un quelconque trafic. Vous êtes prié d'épier les habitants. Quant à la charcutière si joviale et si sympathique, elle dissimule de l'argent non déclaré. « Wanted» sa tête!* Une prime de délation sera – avec délectation – accordée à celui qui aura le courage et la bravoure de la dénoncer. En Angleterre, une bienveillante association récompense « ses héros » par une enveloppe de 2000 livres sterling – voire plus. Certains en feront un métier. *« Vous faites quoi dans la vie ? Je dénonce mes frères! »* Une tendre et respectueuse pensée pour tous les juifs et les résistants qui se sont fait balancer par « Les gros veaux » adeptes de la cuisine au bon beurre. De nouveaux postes – de guerre – sont pourvus tels que Les gardiens d'immeuble citoyens, ou bien Les chasseurs « veilleurs de forêt ». En bons petits soldats, ces justiciers d'un nouveau genre veilleront à faire régner « l'ordre ». Armés de bons sentiments à l'égard de leurs semblables, ces personnes zélées permettront davantage à cette diabolique structure qu'est La Machine de nous monter les uns contre les autres. Dans un tel contexte de peurs, de suspicions et de règlements de comptes, il n'est pas surprenant de voir ressurgir les spectres du passé : le fascisme, l'antisémitisme, la lutte raciale et son logo Le Ku Klux Klan. Sans parler de la guerre des sexes déjà si présente dans les cités défavorisées. Alors que la société clame haut et fort l'égalité et invite aux mélanges, elle s'applique à retrancher l'Homme dans ses peurs et l'enferme avec lui-même. Du coup, tout ce qui n'est pas « à son image » devient suspect. Autrefois considérée comme une grâce et un enrichissement, la différence apparaît aujourd'hui comme une menace. Rien d'étonnant que le vent du populisme souffle sur le monde. La prudence est mère de la sagesse, la peur, elle, source de conflits. «*N'ayez pas peur !*», a dit le Christ. «*Diviser pour mieux régner*», corne le Diable. Ces petits monstres de fascisme, de racisme et d'homophobie sont les rejetons de Sorcière Peur et de Mère Désinformation. Tandis que La Machine mouline, l'horreur dégouline. Le cerveau disséqué, le cœur et le corps en pièces, l'Homme nouveau apparaîtra comme La solution à tous nos maux. Sous haute surveillance, tels des pantins «dé-cœur-ticulés», nous purgerons des jours heureux sous le contrôle de La Très Haute Autorité obéissant elle-même à La Machine aux ordres du Cornu.

5

4e cycle : Les Images-Tags

Squatteuses de l'inconscient

J'ai deux passions dans la vie : Dieu et le cinéma. Concernant ma deuxième passion, mes parents en ont fait les frais. À l'âge de 6 ans, je les entraînais à écumer les salles obscures à l'affût de nouveaux films. En boulimique du septième art, j'enchaînais les séances comme d'autres engloutissent des hot dogs. Ça allait du film de Kung Fu – j'étais amoureuse de Bruce Lee ! –, aux dessins animés, en passant par de larmoyants mélos. Nous terminions souvent notre course pelliculée par des œuvres dites intellos. Le ronflement de mon père qui avait lâché prise à cette heure tardive – « la dernière séance » comme dirait Eddy Mitchell –, provoquait chez maman et moi d'interminables fous-rires qui se propageaient dans la salle telle une bouffée d'oxygène. Le samedi soir était devenu pour mes pauvres parents leur pire cauchemar. Qu'est-ce qu'un film sinon une succession d'images. Vingt-quatre images par seconde au cinéma, vingt-cinq à la télévision. Je vous laisse imaginer le nombre d'images que vous ingurgitez par jour. Les images sont de redoutables déesses. Leur puissance est inégalable.

Les marques qui paient des fortunes pour un spot de quelques secondes en savent quelque chose. Outre l'émotion que provoquent les images, elles exercent une fascination hypnotique et subliminale dans notre cerveau. Lorsque nous rêvons, nous rêvons par images. L'image incite, l'image provoque, l'image influence. À la sortie des films de « mon amoureux Lee », tous les jeunes s'amusaient à reproduire ses figures de Kung Fu. Moi la première. Alors que j'étais haute comme trois pommes, j'étais devenue un as du nunchaku ! Avec ma bande en culottes courtes, nous « empruntions » régulièrement les balais de ma mère pour nous lancer dans une fabrication des plus artisanales. Après être passés au tamis de nos expertes petites mains, les balais se transformaient en de puissants nunchakus prêt à nettoyer toute la mafia jaune. Le nombre de voltiges et de figures que nous accomplissions avec nos nunchaks, augmentait en même temps que celui de nos bosses. Le cinéma, les vidéos et les photos sont de véritables armes de propagande. Hitler n'a-t-il pas véhiculé sa mortifère haine des juifs par le biais de petits films ? Les anciens en parlent encore. Les images, mieux que les mots, se fondent dans notre inconscient. Tatouées dans notre mémoire, elles squattent nos pensées et parfument nos journées. Elles exercent sur nous un mystérieux pouvoir. Par une savante alchimie, elles décodent nos émotions et percent nos cuirasses. Les nombreux débats qui suivaient les projections de mon film *La Mante Religieuse* m'ont amenée à rencontrer le public. Le vrai. À chaque fois, le même scénario se reproduisait. À la fin des séances, le rideau se levait en même temps qu'un épais silence. L'impudique lumière qui reprenait le contrôle de la salle surprenait le public encore ouaté dans l'émotion. Combien d'hommes et de femmes bouleversés ai-je vu pleurer ? Certains qui venaient pour la deuxième fois, m'avouaient avoir mis des jours pour « digérer » le film. La puissance des images. Des ados, encore dans la fleur du rêve, me reprochaient la mort du héros. « *Il est trop beau !* » Elles me regardaient comme une briseuse de flirts dans la cour du lycée. Aujourd'hui, c'est le règne du numérique. Les salles de cinéma font de la résistance mais pour combien de temps encore ? Via nos tablettes, nos ordis, nos smartphones, nous sommes envahis d'images, de combinaisons et de codes subliminaux. L'Humain devient une oie gavée par toutes sortes de pixels indigestes pour sa santé – de l'âme et du corps. Dans notre société d'ultra-consommation où les premiers à être consommés c'est nous-mêmes, prendre son temps pour analyser devient de plus en plus rare. La réflexion a cédé le pas à l'urgence, cette nouvelle dictature. Une véritable stratégie militaire : tout est en place pour faire de l'Homme, non plus un créatif mais un exécutant. « *Une deux, une deux. Et bientôt, plus que UNE.* » Une seule pensée et un seul homme en pièces détachées. « *Gagnez du temps, courez dans tous les sens, fatiguez-vous, vous crèverez plus vite !* » J'ai été épatée par un reportage au journal télévisé – Le JT, une mine d'or pour prendre la température de l'humanité ! Un émérite et rondouillard chef d'entreprise vantait les qualités de son produit : une voiture sans pilote, bourrée d'amphés High Tech, qui servira de chauffeur. Une pensée pré-mortem pour les humains-taxi. Reposez en paix les gars ! Après les Uber, voici les

Robber, ces petites voleuses de machines qui vont vous piquer votre job ! L'argument du vendeur me fit bien rire. Le jovial patron avouait avoir conçu « le petit monstre à roulettes » dans un souci de bien-être et de bienveillance pour nous, « les braves oies humaines ». Il conclut son speech par une croustillante phrase : « *Libéré de la contrainte liée à la conduite, vous gagnerez du temps pour mieux naviguer sur vos écrans !* » Trop fort ! Nous disposerons d'encore plus de temps pour vivre en « stand by », figés entre le réel et le virtuel, et nous faire lobotomiser le cerveau par des images, des hashtags et des pubs. La seule image qui nous fera défaut, c'est la nôtre. Plus le temps de se regarder et de se remettre en question. Le check-up on line succède au check-up de l'âme. Une société aux alouettes régie par des machines et fuyant sa propre réalité. Le composite « Modes – Images – Instantanée – Numérique » au service de la pensée unique (contrôlée par qui ? Un humain, un robot, le Diable ?) est la pire des bombes jamais inventées. Ses radiations vont bien au-delà de notre enveloppe charnelle. Elles s'attaquent à notre éthique, à notre âme, à notre éternité. Les êtres construits s'en sortent – pour le moment – mais que dire des êtres fragiles et des enfants ? Ce sont des buvards, des plumes au vent, prêts à suivre n'importe quel courant de pensée. Des proies faisant de l'œil à leur bourreau. « Petit Serpent Antique, je te vois sourire… Que de pommes à croquer dans ton brûlant jardin ! Toutes ces âmes que tu t'apprêtes à cueillir. Encore un peu de temps et l'Humanité sera *al dente* pour rejoindre ta rôtissoire : « *Bienvenue chez* « *DD !* » Diable et Démons.

6

5e cycle : « L'Immonde E-Monde »

Quand le jouet devient ton Maître. Les Big Gagas !

J'aurais dû m'en douter, j'aurais dû voir venir le coup. Tous les signes de l'addiction étaient là : repli sur soi, angoisse, nervosité, manque de concentration, parano, etc. Je sentais bien qu'il avait un problème, je sentais bien qu'il se tramait quelque chose derrière sa porte de plus en plus fermée. J'inventais toutes sortes de stratégies afin de le faire sortir de sa tanière scellée à double tour. Quelle était donc cette mystérieuse bulle dans laquelle il évoluait ? Une chose est sûre : elle était glissante. Chaque fois que je me connectais à Facebook, il était là. Le petit point devant son nom était toujours allumé. N'étant pas férue du virtuel, je ne naviguais dans l'eau du web qu'épisodiquement – le Net est un outil épatant à condition de rester un outil. La technologie doit être au service de l'Homme, non l'inverse. Et puis, mon film *La Mante Religieuse* est sorti, suivi du livre *Pour ses beaux yeux*. Curieuse de connaître les réactions que suscitait mon travail, je suis passée du statut « d'intermittente du virtuel » à celui de connectée. À chaque fois que j'allais sur Fb, le petit point en face du nom de mon ami était là, comme pour me saluer, de jour comme de nuit. « *Il a encore oublié d'éteindre son ordi* », me disais-je au début. Par la suite, j'ai vite compris que c'était son ordi qui avait oublié de l'éteindre lui, mon ami. La pire des addictions est celle que l'on ne voit pas venir. Du coup, on ne se méfie pas. On sait bien que l'alcool, la cigarette, la drogue détruisent mais « Tonton Facebook » ou bien « Grand-Mère Télé », ils font partie de la famille. Sans parler des petits derniers numériques si serviables ; on leur donnerait le bon Dieu sans confession ! C'est si rare de nos jours quelqu'un sur lequel on peut compter. Voilà comment croquer dans « l'Apple » sans avoir faim ! L'Apple pomme empoisonnée. Ce ne sont plus les ordinateurs ou les logiciels qui sont infectés mais nous, les pauvres « cons – sommateurs ». Les virus dégoulinent de nos écrans pour inonder nos esprits et couler toute forme de résistance. Une armée s'est levée. Après « Big Mama », voici « Big Data » ! Ses généraux sont bien décidés à remodeler notre Humanité. Les jeux sont faits : nous voici tels des rats de laboratoire enfermés dans le labyrinthe du numérique. Impossible de passer au travers. Sans connection, pas de vie sociale. Mieux vaut dormir sous un pont que d'être privé d'adresse-mail. SDF passe encore mais « SMF » – Sans Mail Fixe –, c'est la mort assurée ! L'Humain n'a jamais été aussi seul et désemparé que depuis l'Ère du Virtuel. L'Homme comme toute créature de Dieu, est appelé à procréer, à aimer, à vivre en communauté. L'Amour lie, l'Amour relie, l'Amour délie, l'Amour libère, l'Amour rassemble, l'Amour ressuscite. Que dire de cette nouvelle création « Made in Numérique From Inferno » ? Des hommes et des femmes, coupés du réel, retranchés devant leur clavier, surfant sur des touches tactiles – leur seul contact physique –, plongeant dans le trou noir de leur écran sans fond. Les connectés, littéralement happés par les images « micro – ondes » qui brûlent leur matière grise, sont sous hypnose. Le Serpent a élaboré une sacrée combine pour nous faire « croquer ». De telles fascinations et dépendances sont dangereuses. Les Big Data ne créent pas par grandeur d'âme ni par amour. Sous le prétexte de nous simplifier la tâche, elles nous assomment de Self – Service – Solution. Avant même que nous ne manifestions la moindre envie, ces machines de guerre sont là pour répondre à nos désirs – Les nôtres ? Ou bien les leurs… Dans le murmure de leurs douces voix, elles nous suggèrent nos vies et orientent nos envies. La fonction crée l'organe. « Vos désirs sont désordres », voilà où nous conduisent ces chers pères et mères virtuels. Comme le Serpent, elles excellent dans l'art de la séduction : « *Nous sommes là pour vous aider. Facilitez-vous la vie, allez droit à l'essentiel !* » C'est quoi l'essentiel ? Trépasser sa vie, avalé par des écrans à ingurgiter toute une flopée de données et d'images animées ? À force de rester les fesses et le cœur cloués sur place, agenouillés devant les petits androïds, nous finirons tous en chaises roulantes – peu importe tant que le logiciel « marche » ! Partager virtuellement avec des amis à coup de clics, de Tweets, de Smileys et de « Mdr », est-ce cela l'essentiel, le sens de la vie ? « Saint Numérique » était censé gommer les barrières et abolir les frontières, pas de nous en coller de nouvelles.

Comme par exemple celle de mon « bureau clapier » dans lequel je suis enfermé la plupart du temps. Dans un élan de bienveillance, « Saint Num » nous promettait de nous ouvrir aux autres, à ceux qui sont différents. Chaque fois que je revêts l'habit du numérique, je me sens à l'étroit comme si j'enfilais un vêtement dix tailles en dessous de la mienne ! À peine arrivée sur une page, ces piranhas d'algorithmes nous bombardent de pubs. Si par malheur ils décèlent un individu fan de pêche à la mouche, ils le torpillent de promos et « d'amis » accros de pêche à la mouche ! Eh quoi alors, cette personne aimerait peut-être découvrir la pêche à la ligne ? Et qui sait, peut-être même arrêter de manger du poisson ! « *Ces dents de la mer* » numériques font de leurs clients des caricatures d'eux-mêmes. Ils transforment les hommes en narcisses centrés sur eux-mêmes entourés de répliques de leur Moi-Je. Ce qui fait grandir dans la vie, c'est la confrontation avec soi-même et avec les autres. Deux silex qui se frottent – qui se fritent – donnent naissance à une étincelle. Nos chutes, comme nos luttes, contribuent à nous construire. Barricadés dans nos certitudes, enfermés dans le bunker du digital avec notre cour de clones dont nous faisons nous-mêmes partie, prendre du recul devient mission impossible. L'araignée tisse sa toile. Transformant la Terre en un Global Village, elle nous enferme dans son cocon. L'Homme infantilisé, assisté, surprotégé, désincarné, sans envie et sans vie, s'offre délibérément en holocauste. Sa vie ne tient plus qu'à un fil : celui qui le relie à son ordinateur. Aujourd'hui, le mouton humain ne se déplace jamais sans son Smartphone, sa tablette, son ordi ou plutôt, son ordi, sa tablette, son Smartphone ne se déplacent jamais sans lui. Il ne pense plus, il suit. Il ne vit plus, il dévie. Aseptisé comme son existence, il n'attrape plus rien, pas même le train en marche. Il regarde sa vie à travers des hologrammes, des Instagrams, des cellophanes. Vivre par écrans interposés, une inter – minable – vie. Mieux vaut mimer que d'exister ! L'homme s'affranchit de son humanité. Sans faire de bruit, à petits pas de loup, sur la pointe du clavier, la technologie nous pousse à nous émanciper de nous-mêmes. Vaccin suprême contre l'Humanité, le numérique roucoule dans nos veines jusqu'à devenir notre ADN. Notre identité s'éteint petit à petit tandis que le Cornu satisfait tient la chandelle. Tel un brouillard matinal, l'Humain se dissipe dans l'horizon du virtuel. Il reste là, assis, à contempler le crépuscule de feu son humanité. Replié sur lui-même et sur son ego, jouant aux osselets avec le corps des autres tandis qu'il donne à manger à Bouddha, l'Homme moderne ne répond plus qu'aux alertes sans jamais les donner. Tuer des enfants dans le ventre de leurs mères ne lui pose aucun problème mais écraser une fleur ou jeter un mégot dans la rue est pour lui impensable ! De « l'High Tech » à « l'High Toc », il n'y a qu'un clic. Drogué par les images, sous-mort–fine de la pensée unique, endormi à coup de slogans, de pubs et de services en tout genre, le connecté, livré à ses joujoux, vit sous assistance expiatoire. Handicapé dans sa moelle « pépinière » – son cerveau d'où germent ses idées, non celles des autres –, il devient un esclave consentant. Une nature morte agitée. Sa partie charnelle, incarnée, faite de chair, de sang, de sentiments, d'envies, de vie et d'amour, deviendra méprisable au point de chercher à la faire disparaître. On traînera son incarnation comme une maladie honteuse. L'Humain de plus en plus connecté, sous coke Tech permanente, dans l'addiction la plus complète, finira par faire une overdose de lui-même. Il se désagrégera dans La Machine écrasé par les rouages de l'esprit unique. Plongé dans la psychose grandissante d'être déconnecté, il perdra tout sens commun. Sa vie sur Terre deviendra un *bad trip* dont il faudra se débarrasser. La descente lui sera fatale. Submergés par le mouroir aux alouettes que nous offrent les Big Data, les « Big Gaga », nous perdrons tout désir et toute initiative. Déconnecté de la réalité et du temps – dans le pays des machines, il ne fait jamais nuit – insomniaque jusque dans ses rêves, le « claustro cloîtré connecté », devenu totalement Human – Phobe, repoussera toute forme d'amour pour se consacrer corps et larmes à son idylle « câblée ».

7

6e cycle : Lavage de cerveaux instantané

Une âpreté à toutes épreuves

La Machine lave plus blanc que plus blanc ! « Omo » est détrôné par « Lobo ». Soucieuse de notre bien-être, son programme et ses différents cycles de lavage n'ont qu'un objectif : lobotomiser nos cerveaux. Merci « Mama Machine » ! Ses surpuissants adoucissants aux senteurs de lavande et de monde parfait, recouvrent toute autre odeur, surtout celle de la Liberté. « Chers clients, en avant-première, rien que pour vous, La Machine vous livre la – dé – composition de ses agents et assouplissants. Grâce à eux, toute trace d'humanité est en voie de disparaître. Aucune tache humaine ne leur résistera. »

Les Médias : un adoucissant surpuissant s'attaquant aux « bactéries » de la libre pensée.

De nos jours, la plupart des médias sont davantage au service de la désinformation que de l'information. Le plus terrible, c'est qu'ils prennent ouvertement parti contre tout ce qui ne correspond pas à la pensée unique.

L'information n'est plus au service de l'Homme mais c'est l'Homme qui est au service de l'information. « Les puces journalistes » enferment l'humain dans une unique grille de lecture du monde. Comment voir un lever de soleil, enfermé dans une cave les yeux bandés ? Plongé dans le noir et l'humidité d'une pièce sentant le renfermé, difficile de se projeter dans ses rayons. C'est cela que nous fait subir une grande partie de la presse actuelle. Elle ne nous laisse pas d'autre choix que de voir ce qu'elle désire nous montrer. Les articles et les reportages nous dictent ce que nous devons penser et comment nous devons nous comporter. La presse nous sape – le moral et le reste – selon son bon vouloir. Tels des ados dans la cour de récré privés des dernières marques à la mode, nous rasons les murs de la société dès lors que nous sortons du cadre. C'est un devoir de citoyen que de correspondre au moule. On doit s'habiller comme-ci, penser comme ça. Bouffer ci, aimer telle sorte de musique, vénérer tel artiste et diaboliser tel autre. Le libre penseur est passé du statut de vilain petit canard qu'on laissait barboter dans ses idées, à celui d'homme à abattre. Quant à celui qui croit en Dieu et qui prône une certaine morale, c'est un hérétique qu'il faut brûler ! C'est le retour des bûchers. Cette démocratie-là a des allures de dictature. Pour une société qui se targue de tolérance, de liberté, de « chacun fait ce qui lui plaît », ça fait un peu désordre. La liberté d'expression fonctionne tant que l'on se conforme à l'unique pensée.

L'éducation : ce puissant détergent intervient au tout début du cycle de la vie, ne laissant que peu de chance aux microbes de la résistance de perdurer.

« Laissez les enfants venir à moi, ne les empêchez pas, car le Royaume de Dieu est à ceux qui sont comme eux. En vérité, je vous le déclare, qui n'accueille pas le Royaume de Dieu comme un enfant n'y entrera pas. Et il les embrassait et les bénissait en leur imposant les mains. » (Mt 10, 13-16)

Quelles sont les caractéristiques d'un enfant ? Les enfants sont purs, ils ne voient pas le mal. D'une nature fervente, ils ne doutent pas et croient ce qu'on leur dit. Ils aiment sans retenue, ils « s'exposent » à l'amour et aux autres. Ils rêvent, ils espèrent, ils foncent. Si leur papa ou leur maman leur demande de sauter d'un gratte-ciel en disant qu'il ne leur arrivera aucun mal, ils le font car ils ne doutent pas de l'amour et de la bienveillance de leurs parents. Ils sont simples, spontanés et directs. Ils font du charme – certes – mais ne composent pas. Et si un sadique leur propose de monter dans la gentille fourgonnette noire pour voir un petit chiot, ils y vont. Comment se comportent « les grands » aujourd'hui vis-à-vis des enfants ? Prennent-ils soin de ces pépites d'humanité, de beauté et d'espérance que renferment leurs petits cœurs ? Les enfants sont non seulement sous la responsabilité de leurs parents, des éducateurs mais de nous tous, la grande famille humaine. La grande famille du Père. Les enfants sont connus pour reproduire ce que les adultes leur montrent. Que faisons-nous d'eux, quels exemples leur donnons-nous ? Quelle société leur léguons-nous ? Lorsqu'on apprend à une petite Louise que ce n'est pas parce qu'elle est née fille qu'elle doit le rester et que, plus tard, si elle le désire, elle pourra changer de sexe et s'appeler Gaston, que dire d'une telle société ? D'emblée, l'enfant arrive sur Terre sans aucun repère. « *Il les créa homme et femme. Homme et femme, il les créa.* » Paffe, ça saute ! Dégommé ! Mon pauvre Seigneur, j'ai mal pour Toi. Mais aussi pour tous ces pauvres enfants – Tes enfants – livrés à nos propres fantasmes. « *Chère Louise, je te demande pardon au nom de tous « les grands » de te polluer d'entrée de jeu alors que tu arrives à peine au monde. Ici, sur Terre, « on » t'apprendra que tout est relatif, que le Bien et le Mal, ça n'existe pas. Que Dieu, c'est des conneries, que le grand amour, c'est tarte et dépassé, que seules les expériences et les performances comptent. Tu entendras aussi beaucoup parler de sexualité, on te dira comment écarter les jambes et comment fermer ton cœur. On te glissera que l'engagement, la responsabilité et le respect de sa personne – et des autres – sont des trucs de grands-mères. Le problème, c'est que même ta grand-mère ne pourra plus t'en parler car elle-même aura oublié. Les liens de famille, comme tout autre lien, seront considérés comme un obstacle à ton épanouissement personnel. L'histoire, la tradition, la culture, tout ce qui contribue à te façonner, seront autant de boulets dont il faudra t'affranchir. Alors que tu rouleras encore en couche-culotte, la société s'affairera à te déconstruire de A à Z afin de te reconstruire à son image. À l'image de ce qu'elle aura décidé pour toi avant même que tu ne saches marcher et dire « oui ». Du reste, on ne te demandera jamais ton avis. Comme cadeau de bienvenue, la société t'offrira une tablette, non pas de chocolat – la gourmandise, les sorties, les rencontres, l'amitié, l'amour, tout ce qui est lié à l'incarnation sera considéré comme démodé et inutile – mais une tablette numérique « éner-grisante ». Un pur concentré « vitaminé » aux programmes anorexiques. On engraissera ta petite âme de vide en te gavant de données et de modèles de pensée afin que ta foi explose et que tu fasses une cirrhose de ton humanité. Pour finir, comme tous les autres enfants, tu serviras de garde-manger pour nourrir La Machine et la folie d'un monde sans Dieu. Tu n'obéiras plus qu'à ton « doudou-tablette », ta seule référence, ton « Gimini High Tec ».* « Les puces » aux manettes de l'éducation s'approprient nos enfants. Dès le berceau, le nouveau-né est conduit à quitter la tétine parentale. Les écoles sont transformées en camps de formation à la pensée unique. Dorénavant, on y pratique la destruction plus que l'éducation. L'enfant est invité à se débarrasser des oripeaux de la religion, de la tradition, du patrimoine éducatif et familial. Pour apprendre nous dit-on. Mais pour apprendre quoi ? Que tout ce que l'on raconte à la maison, c'est des bêtises ? Le Bien, le Mal, la différence des sexes, etc. ? La société déshabille les enfants afin de les revêtir de la pensée unique tricotée par La Machine. Les élèves deviennent des soldats. Le système éducatif flirte avec les méthodes communistes de jadis. La neutralité disparaît au profit d'une instruction dirigée. Dirigée contre Dieu et contre tout ce qui grandit l'Homme, cela va de soi. La cellule familiale est menacée plus que jamais. L'autorité parentale est directement remise en question. Ce n'est plus aux parents d'éduquer leurs enfants mais à la société. À La Machine. Pour les protéger de leurs « méchants géniteurs », celle-ci a élaboré une loi anti-fessée passée dans plus de cinquante pays. Les gifles et les « grondages » de toutes sortes sont également proscrits. Désormais chers parents vous êtes invités à parlementer d'égal à égal avec vos chérubins. Sinon, « panpan cucul ». Ils porteront plainte contre vous ! Un hochet de plus offert par La Machine pour nous monter les uns contre les autres. L'artisan d'épée – Satan – sait parfaitement où frapper. Cette loi anti-fessée contribue un peu plus à diviser les enfants et les parents. Un pur cru du système « D » – Démon. Leur autorité remise en cause, les parents ne sont plus les garants de l'éducation de leur progéniture. De repères, ils passent pour « menaces ». Cette loi témoigne de la Globale Société de Manipulation dans laquelle nous errons. Comme bien d'autres textes, elle prépare en douceur à un glissement d'éducation. Progressivement retirée aux parents, l'éducation incombera à La Machine, ce réseau anti-Christ mondial. Les jouets eux-mêmes sont à l'amende. Certaines marques jouent déjà la carte de la théorie du genre sur les emballages et les produits. Fini le bleu pour les garçons et le rose pour les filles. Les petits garçons disposent de tarraillettes et les fillettes de mitraillettes. Rassurons-nous : tous seront connectés ! Ces jouets « intelligents » ne tarderont pas à parfaire l'éducation de nos enfants. Vulnérables plus que la plupart des objets connectés, ils seront la cible privilégiée d'attaques et d'intrusions informatiques. De son smartphone, votre ex pourra sans mal contrôler la Barbie de votre petite-fille et déblatérer toutes sortes d'horreurs à votre sujet ! Quant à La Machine si impatiente de s'approprier nos cerveaux et nos âmes, elle martèlera des messages à nos bambins qu'eux seuls sauront décoder. Les épiant du matin au soir grâce aux micros et aux caméras dont disposera l'inoffensif joujou, forte des liens tissés avec le gamin, elle leur soufflera ses volontés. Tandis que les parents resteront à la porte de la chambre de leurs enfants, La Machine forcera leurs cœurs et s'appropriera les trésors qu'ils renferment. De l'évolution à « l'avilisation ». Rendez-vous à la prochaine rentrée des crasses.

Je tiens à préciser que je ne promeus en aucun cas les corrections données aux enfants. Les seules tartes que je revendique sont celles à la crème ! Il n'y aura jamais assez de lois pour protéger les enfants et les êtres les plus fragiles – mais encore faut-il les appliquer.

Mise en garde du détergent de l'éducation : L'addition de ce programme s'attaquant aux enfants sera plus que coûteuse (Mt 18,6) : « *Quiconque entraîne la chute d'un seul de ces petits qui croient en moi, mieux vaut pour lui qu'on lui attache au cou une grosse meule et qu'on le précipite dans l'abîme de la mer. Malheureux le monde qui cause tant de chute.* »

La culture : des capsules de distraction qui transforment l'Homme debout en acarien rampant. Produit hautement toxique.

La culture en jachère, cède le pas à une culture unilatérale enracinée dans la Fleur du Mal : « la pensée », unique, véritable chrysanthème de notre humanité.

Après avoir enterré l'art de la liberté, la culture endeuillée réinvente un monde sans couleur et sans amour. Un monde difforme composé d'une froide et unique ligne droite chirurgicale, sans croisement, sans résistance, sans relief. Les artistes, ces apôtres de la liberté, posent la plume de leurs idéaux pour devenir les personnages d'un roman qu'ils n'ont pas écrit. La sécurité succède à la témérité, la conformité aux pamphlets. Ces visionnaires rebelles de jadis, oiseaux de vie et pèlerins de l'amour, ne s'élèvent plus que pour s'agenouiller. Tel un poison, le germe de l'ivraie se propage n'épargnant aucune terre, qu'elle soit littéraire, cinématographique, musicale ou autre. La richesse de l'art, comme celle de l'homme, est sa biodiversité. Quel serait l'éclat d'un arc-en-ciel sans toutes ses couleurs ? La confrontation intellectuelle, la liberté d'expression, la remise en question, sont de véritables terreaux de l'évolution. Quel bonheur de passer d'un Pascal, d'un Bernanos, d'un Dostoïevski à un Oscar Wilde et à un Prévert ! Un bouquet de passions et d'envies remuant nos entrailles et nos débats ! Fermé à tout ce qui ne correspond pas à la dictée de la société, l'artiste cède la place à l'autiste. La pensée unique devient la seule source d'inspiration et la seule œuvre à décliner.

Du Fauvisme à « Grisaille », de Baudelaire à « Bas de l'aine ».

La science : anciennement utilisée pour accompagner la vie. Maintenant ce cycle vient de subir un nouveau programme : désormais, il accompagne la mort. La nôtre. En stade expérimental, nous sommes incapables de dire où cela nous conduira.

Que penser d'une science qui s'attaque à la vie dès le ventre de sa mère et qui « accompagne » ceux qui souhaitent mettre fin à leurs jours ? Les « D » sont jetés. « D » comme Désobéissance, « D » comme Désespoir, « D » comme Destruction. « D » comme Démon. Il n'y a plus de limite. Les seules limites restantes sont liées à notre incapacité momentanée d'aller plus loin. Celles-ci évolueront en même temps que la science et la technologie. À la suite des habitants de Babel, nous construisons une tour pour atteindre le Très Haut. À la suite d'Adam et Ève, nous souhaitons devenir notre propre Dieu. À la suite du Malin, nous œuvrons pour détruire Dieu. En faisant cela, c'est nous-mêmes que nous détruisons. N'oublions pas que le Père du Mensonge est l'As de la Manipulation. À coups d'alléchants flashs à connotation bienveillante – truffés de mensonges et de tromperies –, le Serpent nous entraîne à faire sa volonté : nous couper du Dieu d'Amour et de Son projet de Vie Éternelle à Ses côtés. À la suite de la culture, de l'éducation et de l'information, c'est au tour de la science et de la médecine de suivre « le joyeux » et irresponsable chemin de la perdition. Après le meurtre légalisé un tantinet branché des nouveau-nés, la GPA et la PMA, voici qu'arrive sur le marché aux esclaves de La Globale Cité, l'Homme en pièces détachées ! Ce petit joyau va non seulement révolutionner nos vies mais aussi les faire disparaître. Bienvenue dans l'épique et idyllique traversée du Transhumanisme, un savant mélange de science et de technologie ! Un nouveau monde haut en couleur et en BD – Bérézina et Débandade ! Même le Professeur Tournesol n'aurait osé inventer un tel concept ! Tout comme la transhumance, le transhumanisme est destiné à faire migrer le troupeau humain d'un pâturage à l'autre dans le but de l'engraisser de balivernes et d'idées empoisonnées. Contrairement à la transhumance, le transhumanisme ne vise pas la reproduction mais l'extinction de l'espèce du bovin humain. L'Homme en pièces détachées, livré en pâture à une poignée de Big Data, de milliardaires et de savants fous, ne vivra plus que par procuration. Accroché aux électrodes de La Machine, sous haute surveillance, perfusé de données, il évoluera telle Heidi sur les montagnes sinueuses du virtuel. Sa balade sans fin l'entraînera à perdre le sens de la réalité et à se perdre lui-même. Véritable sauvageon et égoïste assumé, il vivra dans la peur permanente d'être débranché. Un mourant préférant le coma artificiel à la vraie vie jusqu'à rendre l'âme à La Machine. Comme dans *L'homme qui valait 3 milliards,* nous quitterons notre vieille peau d'homo sapiens, lourde et méprisable, pour devenir des êtres bioniques, totalement désincarnés. Des hommes et des femmes à la carte qui composeront eux-mêmes leur menu ! Et ce, dès la cuisine de la gestation : choix du sexe du fœtus, couleur des yeux, prédispositions intellectuelles et physiques. Un « Relais et châteaux » (en Espagne) réservé à l'élite mais avec des formules abordables au plus grand nombre. Tous à table réunis autour des couverts génétiques qui portent le nom de « Crispr-Cas 9 » – un dérivé de *Creepshow*, *Les contes de la crypte*. Quelle merveille que le transhumanisme ! Vous en avez marre de votre gueule ? On va la changer ! Votre cul et votre QI vous posent problème ? Pas de souci, on va les remonter. Vos souvenirs encombrent vos pensées ? Vite, on va vous en débarrasser ! Votre âme vous pèse ? C'est bien normal, dans un tel monde, quelle est son utilité ? Réjouissez-vous ! Notre « kit biotechnologique » vous promet l'éternité ! Fondu dans l'écran, vous n'aurez plus à cliquer mais seulement à claquer. N'ayez crainte, La Machine s'occupera de vos dernières volontés. Celles qu'elle vous aura soufflées. Quant à votre énergie, votre sève de vie, elle sera recyclée. Grâce à elle, par le biais d'une nouvelle loi de la transition énergétique que « S » – Satan – aura bidouillée, La Machine restera branchée. Telle une sangsue abreuvée de votre humanité et nourrie de vos vies, elle se mettra à rêver qu'elle-même est incarnée. La Terre entière deviendra *L'île du docteur Moreau*. Du docteur Diabolo. Les robots, gardiens de ce nouveau temple, seront ses alliés. Tandis que votre humanité décrépitera, la leur augmentera. Eux aussi feront d'étranges rêves, comme celui de s'emparer de ce cœur qu'ils vous ont volé. Aujourd'hui, la science et la technologie sont au service de l'Homme. Demain, l'Homme sera à leur service. L'Homme vivant, l'Homme debout, ne sera plus qu'une fable, une légende urbaine que les machines se raconteront au coin de « feu notre Humanité ». Mary Shelley (1797-1854) n'avait que 18 ans lorsqu'elle a écrit « Frankenstein ou le Prométhée moderne ». Quand le mythe devient réalité…

Un exemple parmi tant d'autres des « bienfaits » du transhumanisme. Un rejeton, fruit de l'hymen entre la science et la technologie arrive sur le marché : la mémoire sélective personnalisée ! Ce gentil petit programme permet à l'Homme de sélectionner ses souvenirs en effaçant tout ce qui l'encombre. Un être avec lequel on s'est mal comporté et dont l'acte pèse sur notre conscience ? Effacé ! Un chagrin d'amour, une situation qui nous pousse à nous remettre en question ? Pouf, effacés ! Une morale, une croyance, une ligne de conduite léguée par des parents décidément trop vieux jeu ? Effacées ! Comme la famille elle-même d'ailleurs. Pourquoi ne pas s'en inventer une autre faite à notre image et selon nos goûts ? Telle « Alice au pays des merveilles », accompagnée par la science et la technologie, ses nouveaux parents, Fifille Mémoire se baladera dans un monde imaginaire, sans lapin ni pépin, créé selon sa convenance. Avec ce nouveau joujou, notre passé qui contribue tout autant que notre présent à faire de nous ce que nous sommes, partira en fumée. Quelle place le composite laissera-t-il à l'Esprit de Dieu ?! L'Esprit Saint est non seulement notre Défenseur mais Il nous permet de nous souvenir. Le souvenir est étroitement lié « à l'agir ». La mémoire, qu'elle soit collective – l'histoire – ou bien individuelle, est le noyau de notre humanité. Se rappeler permet d'évaluer, de choisir, de se corriger, bref, d'exister ! La mémoire est le patrimoine génétique de l'âme, une colonne vertébrale indispensable pour avancer. Lorsque cette graine hallucinogène, ce nouveau « service », sera « Démoncratisé », nous vivrons la conscience en éclats. L'absolution précédera la confession avant de disparaître.

La nouvelle religion : actuellement en gestation dans le ventre froid et sans vie de La Machine. *Scoop !*

Nous venons de recevoir une dépêche nous informant que La Machine vient de rendre les « os » ! Avant de nous faire rendre l'âme.

Le plus grand chantier que la Terre ait jamais connu a commencé. Un contrat pharaonique à faire pâlir d'envie les entrepreneurs les plus nantis et les plus fous. Du jamais vu depuis l'origine des temps ! L'Humanité entière est embauchée ! Pas de salaire – juste celui de la peur –, ni de RTT. Tous, sans exception, s'emploient à effacer la religion du globe. Celle-ci considérée comme l'ennemi de l'Homme doit disparaître, il n'y a pas d'autre alternative. Au nom de la religion, on tue, on assassine, on emprisonne. Les croisades au Moyen Âge, les attentats, etc. « *C'est de notoriété publique, la religion, quand elle ne tue pas, asservit les hommes en les privant de leur liberté.* » Dixit les puces au service de la Bête et les moutons humains au service de Panurge. Une nouvelle religion, tout droit issue des francs-maçons, est en train de naître en tuant l'Homme : la spiritualité globale. Ce monstre à la gueule d'ange compte déjà de nombreux adeptes. Ces serviteurs à visages découverts agissent en pensées masquées. Leur objectif ? Détruire l'Église. Car sans le précieux Sang du Christ pour nous racheter, il n'y a pas de Salut. Reprenant les valeurs du Christianisme, l'amour, la charité, la fraternité, cette nouvelle religion fait office de copie de « l'ancienne », à un détail près : Dieu en est exclu. C'est bien connu, c'est Dieu qui fait les guerres et non les Hommes ! C'est Dieu qui divise, qui viole, qui spécule, qui utilise, qui sabote, qui détruit, qui complote, qui asservit, pas nous. Nous, les petits saints humains, sommes parfaits. Remplis de bons sentiments, nous débordons de bienveillance à l'égard de tous. Brûlant d'amour et de respect envers nos semblables et toute la création, nous ne commettons que le Bien. Débarrassés du méchant barbu et de ses sulfureux commandements, nous pourrons enfin donner libre court à notre nature qui est d'aimer, de partager et de se sacrifier. Libéré du Père, le monde deviendra un paradis. Après avoir assassiné Abel, le juste, kaïn kaâ, « Caïn Humain » supprime Dieu. Religion parricide, émancipée de toute contrainte et de tout commandement, la spiritualité globale prône une liberté décomplexée en invitant au dépassement personnel, dans un désir de jouissance universelle. L'Homme devient son propre veau d'or. La créature se métamorphose en une divinité à laquelle on voue un culte. Pas seulement la créature Homme mais aussi la créature Arbre, la créature Chien, Chat, Poisson Rouge. Sans oublier les Éléments : Mère Terre, Poséïdon Mer avec un culte de prédilection pour Aphrodite, déesse de l'amour et pour Dionysos, dieu de l'ivresse et des fêtes ! Quels beaux préceptes que renferme cette religion ! Un ramassis de sorcelleries. C'est sûr, la spiritualité globale va connaître un vif succès ! Elle se présente à l'Homme comme une réponse à ses rêves les plus fous : devenir Dieu et jouir sans rougir. Accéder au septième « ciel » en le reniant lui-même. Ivre de plaisir et de pouvoir, baignant dans son orgueil, en contemplation personnelle devant sa propre image idolâtrée. En suivant le Diable, l'homme ne perd pas seulement l'âme mais aussi la boule ! Il y a comme un sentiment de déjà-vu. La

Machine saurait-elle aussi remonter le temps ? Adam et Ève vont-ils surgir de derrière un arbre en tenue légère ? Atlantis, Sodome, Gomorrhe, Platon vont-ils réapparaître avec la fonte des glaces ? Finalement cette nouvelle religion – qui exècre le nom de religion – n'est que le reflet de la pensée et des désirs de l'Homme moderne. De l'Homme sans Dieu. Après s'être substitué au Créateur et avoir expérimenté tous les plaisirs et les interdits, il fera le triste constat que « le bonheur n'était ni dans le pré », ni dans la créature. Ses rêves et ses graals de félicité, de jouissance et de quiétude éternelle, tomberont à l'eau les uns après les autres. Seul Dieu apporte la Paix et la Joie Éternelle. L'Homme nouveau sera un petit vieux désabusé, un nourrisson en dépression. Désenchanté, ayant perdu toute notion et tout respect de lui-même, le bébé moribond plongera tête, cœur et incarnation première, dans les bras de La Machine Rouleau Compresseur qui écrase tout sur son passage. L'Église, l'Homme, la Planète. Tandis que les robots s'humaniseront, les humains se robotiseront. En souterrain, en sous-marin, une douce dictature gagne le monde pour le conduire à sa perte. Au lieu de s'affairer à évincer Dieu et la religion, l'Homme devrait davantage chercher à combattre le Mal qui est en lui. Car la religion, comme la politique, sont autant de prétextes pour donner libre cours à son égoïsme, à sa soif de pouvoir et à sa nature violente corrompue par le péché originel. Saint Paul souligne merveilleusement le paradoxe de notre incarnation (Lettre aux Romains 7, 18) : *« Frères, je sais que le bien n'habite pas en moi, c'est-à-dire dans l'être de chair que je suis. En effet, ce qui est à ma portée, c'est de vouloir le bien mais pas de l'accomplir. Je ne fais pas le bien que je voudrais mais je commets le mal que je ne voudrais pas. Si je fais le mal que je ne voudrais pas, alors, ce n'est plus moi qui agis ainsi mais c'est le péché, lui qui habite en moi. Moi qui voudrais faire le bien, je constate donc en moi cette loi : ce qui est à ma portée, c'est le mal. Au plus profond de moi-même, je prends plaisir à la loi de Dieu. Mais, dans les membres de mon corps, je découvre une autre loi qui combat contre la loi que suit ma raison et me rend prisonnier de la loi du péché présente dans mon corps.* » Dieu a fait l'Homme à Son image mais le seul qui soit à l'image parfaite de Dieu se nomme Jésus, le Nazaréen. La seule femme à l'image parfaite de Dieu, la nouvelle Ève, c'est Marie, sa Mère. Nous tous, le genre humain, sommes invités à devenir à Son image. Pour cela, il nous faut une bonne dose de volonté et un bon coup de karcher ! Ça tombe bien, les sacrements de l'Église sont là pour ça ! Puis, il nous faut nous laisser faire, avoir confiance en Lui, croire en Son amour pour nous. C'est le reflet de la présence de Dieu en nous qui nous permettra de rayonner auprès des autres. Et d'aimer vraiment. D'aimer tout court. Ce n'est pas un livre qui vous parle – ni un algorithme ! – encore moins une donneuse de leçons mais une femme qui sur les traces de Marie-Madeleine, a arpenté la vie à la recherche du bonheur, espérant un jour croiser l'Amour. Ce « No man land » en quête d'absolu, m'a conduite un jour de printemps, entre la vie et la mort, à faire l'expérience de Dieu. Waouh, les gars, je ne vous raconte pas ! Les amateurs de sensations fortes et de

« No Limit » ne seront pas déçus. Dans les bras du Christ, les frissons d'amour sont garantis ! Et ça dure longtemps, très longtemps. En fait, ça ne s'arrête jamais ! Si ça vous tente, «*Just, do it !*».

8

Ulysse ou E-lisse ?

Il était une fois

Ulysse, la trentaine, est un homme qui en veut. D'origine modeste, il s'en sort à la sueur de son front ainsi et grâce à sa détermination. Ayant le sens de la famille, il s'est juré qu'un jour, il installerait ses parents dans une confortable maison. Après avoir passé leur vie à trimer pour leurs enfants, ils méritent bien ça ! Ulysse passe la majeure partie de son temps à bosser. Une maison ne se construit pas toute seule pas plus qu'une carrière. Certes, il y a le talent mais sans le travail, celui-ci ne sert à rien. Tout s'obtient à la force du poignet. Aussi, quand il voit arriver son jour de repos, c'est avec un plaisir goulu qu'il croque dans toutes sortes d'activités. Après avoir avalé un copieux petit déjeuner, portant encore sur lui l'odeur des toasts grillés et des croissants chauds, Ulysse démarre sa journée en faisant un jogging. Bien que vivant à l'autre bout de la cité, le jeune homme n'hésite pas à faire une heure de trajet pour aller au bois. Ce petit îlot de verdure faisant de la résistance au milieu des espaces bétonnés, lui renvoie sa propre image. Arrivé sur Terre avec une carte « Pas né du bon côté », Ulysse a dû abattre plus d'un mur pour exister. Aujourd'hui, le résultat est là. Il a un travail fixe et va bientôt être augmenté. Son patron, un chic type, le lui a promis. Et si tout va bien, dans quelques années, c'est lui qui reprendra la société. Si Dieu veut, Ulysse pourra offrir à ses parents leur havre de paix. Dans sa citadine traversée, Ulysse avance le pas et le cœur légers. Il traîne, il chine, il regarde. Ulysse est un observateur-né. C'est en regardant les autres et non soi-même que l'on apprend le plus. Dans cette odyssée goudronnée qui le conduit au hasard des rues, Ulysse fait souvent d'étranges rencontres comme Causette, cette petite chienne rencontrée un soir d'hiver. Assise à un arrêt de bus, le regard fixe, Causette scrutait l'horizon telle une femme attendant le retour de l'époux prodigue. Malgré la neige et le vent, la môme restait imperturbable. Le poil de glace, d'une concentration extrême, elle ne bronchait pas. Les week-ends s'écoulaient tandis que la petite chienne restait fidèle à son poste sans bouger. Interpelé par l'animal, un jour, Ulysse au grand cœur, traversa la rue. En s'approchant, il s'aperçut que la petite boule de poils, qui n'avait du reste que la peau sur les os, dissimulait des blessures infectées. Sa fourrure blanche rendue anthracite par la saleté, était d'une puanteur à dissuader tous les voleurs de chiens. C'était clair, tout comme la femme guettant le retour de l'être aimé qui ne reviendra jamais, la petite chienne attendait son maître. Celui-ci, sans doute un vieux monsieur, avait rejoint le « Terminus final » avant de descendre du bus. Mais comme Causette n'avait semble-t-il reçu aucun faire-part, elle attendait. Ulysse s'accroupit devant elle et lui tendit sa main. Surprise par cette patte amie, celle-ci détourna la tête pour le remercier. Malgré sa gueule cassée comme ses petits crocs, la beauté ne l'avait pas quittée. Le regard fier, d'une dignité de Femme de fer, Causette était restée noble. Aussi quand cette baronne à la fourrure pelée daigna lui tendre sa patte, ce fut pour ne plus le quitter. La Précieuse élut domicile dans la vie du jeune homme jusqu'à son ultime domicile : le paradis des chiens. Oui, la vie est faite de rencontres et d'imprévus ! C'est pour cela qu'Ulysse aime tant se mélanger au monde. L'amour, c'est cela le véritable moteur du jeune homme. Le cœur sur la main et la main à la charrue, Ulysse voyage parmi ses semblables, toujours prêt à les aider. Comme la fois où il est venu à la rescousse d'une vieille dame qui avait traversé à côté des clous et qui s'était retrouvée encerclée par un banc d'automobilistes. Tels des requins, ils étaient prêts à la déchiqueter. « Ben, quoi ? Ils étaient dans leur bon droit. Elle n'avait qu'à ne pas s'aventurer en lisière du passage piéton » ! Ulysse plongea dans la mer des carrosseries déchaînées et délivra la grand-mère d'un déluge d'insultes. Peu habituée à exister dans un monde hostile aux « vieilles machines », l'octogénaire offrit un café à son sauveur. La vieille dame qui ne payait pas de mine, possédait plusieurs biens dont un au Quartier latin qui se libérait. Touchée par l'héroïque geste d'Ulysse et par l'attention qu'il lui portait, elle le lui proposa pour une bouchée d'amitié. Plus que quelques jours avant que notre héros n'emménage. Ulysse est impatient, non seulement de conquérir les murs de l'appartement mais aussi et surtout, le cœur d'Érika, la princesse qu'il vient de rencontrer. Il en est sûr, c'est la femme de sa vie ! On peut tricher avec son c… mais pas avec son cœur. C'est une évidence pour lui ! C'est avec elle qu'il aura des enfants – plein ! La belle l'ignore encore. Qu'importe ! Il prendra son temps pour le lui faire comprendre, il prendra sa vie pour l'aimer. Cette petite fleur mérite bien tous les edelweiss de la Terre ! L'amour, le vrai, est le plus beau des challenges. Ulysse, le Vivant, le sait.

E-Lisse se réveille les traits tirés. Non pas à cause de ses deux heures de sommeil octroyées – E-Lisse veille à toujours être connecté – mais parce que son espace de vie restante s'est fait pirater par un affreux rêve. Il s'appelait Ulysse et tel un barbare, il s'accrochait aux vestiges d'un monde passé, limité à l'Humanité. E-Lisse a un chômage fixe et va bientôt être augmenté. C'est La Machine qui le lui a promis. E-Lisse jette un regard furtif à la vingtaine d'horloges qui recouvrent les murs de son unique pièce. Le temps, devenu une denrée rare, est plus recherché que l'or noir. Chaque seconde passée sans être branché est considérée comme une perte de vie. Comme tous ses semblables, E-Lisse a appris le langage des yeux. Tel un paraplégique, il s'exprime en clignant des paupières. C'est bien connu, la parole véhicule trop de sentiments et fait perdre du temps. C'est pour cela que l'E-Monde dans lequel vivent Ulysse et tous ses congénères, a décrété que le seul langage parlé serait le clignement des paupières. Quant à l'écriture, celle-ci est depuis longtemps abolie. La beauté des mots, conjuguée à l'ondulation des lettres, représente une réelle menace. Certaines phrases conduisent à l'élévation. Dans cette nouvelle société, les émotions sont bannies car anti-productives. Quant à Dieu et à l'amour, cela fait depuis bien longtemps qu'ils ont été effacés du programme. Les deux, qui ne font qu'un, incitent à la réflexion, à la remise en question et ce qui est le plus terrible, à l'ouverture aux autres. Sans parler du danger que Dieu et l'amour font encourir aux créatures : ils poussent les bribes de conscience restante à faire des choix. Comme tous les habitants de l'E-Monde, E-Lisse a perdu le goût. Aux autres, au plaisir, à la vie. Ce sont ses tuteurs, les Big Bang – bang ! – Data, pupilles du système, qui décident pour lui. Telles des mères porteuses – tueuses –, elles protègent leurs enfants des trois fléaux de l'Humanité : « Liberté, Égalité, Fraternité ». Le calendrier chrétien avec ses fêtes religieuses et ses noms de saints a été remplacé par celui de La Machine. Avec le temps, celle-ci s'est anoblie. Chaque prénom est précédé de la particule « E » en son hommage. Les jours fériés, comme tous les événements liés à l'ancien monde, ont disparu. Une seule date est à commémorer : celle où l'Humanité a prêté allégeance à La Machine. Le jour où, agenouillée à ses pieds, elle a prononcé son « vœu d'or » pour l'adorer éternellement. E-Lisse est un fervent adorateur. Installé devant son autel de données, il passe ses jours et ses nuits en prière devant le flux d'informations. En ce week-end ensoleillé, E-Lisse pressé plus que jamais, se lève d'un bond. Pas de temps à perdre, La Machine n'attend pas ! Le jeune homme, bavard et impatient, cligne une fois des yeux pour réveiller ses colocs et amies, les e-objets. Ceux-ci lui répondent par un langoureux faisceau lumineux comme s'ils s'étiraient. E-Lisse cligne une nouvelle fois des paupières, tout le petit monde est activé. Tandis que l'e-cafetière lui fait un expresso, et que l'e-gazinière, au garde-à-vous, lui prépare ses œufs bio – chimiques –, E-Lisse, prend une minidouche – l'eau rationnée sert avant tout aux machines. Sans elle, pas d'électricité. E-Lisse est un pur fruit de L'E-Monde et de Sa globale société. Un bon petit soldat comme on dit ! Pourtant derrière ce mur humain, connecté et discipliné, se cache un reste d'humanité. Au milieu de ce corps fait de pièces rapportées, une seule pièce d'origine subsiste : son cœur. Poussé par un indicible souffle, E-Lisse s'arrête devant son autel d'écrans. Il semble hésitant. Il regarde à droite et à gauche, se gratte la tête puis se dirige vers l'unique fenêtre pour la fermer. Mieux vaut ne prendre aucun risque. E-Bride, son voisin, pourrait bien le dénoncer. Le jeune homme colle son oreille au mur derrière ses reliques numériques. Inquiet, il jette un dernier coup d'œil autour de lui puis s'approche d'un vieux coffre en bois, le seul objet « vivant » de la maison. E-Lisse, en sueur, bloque sa respiration. Des perles de courage coule sur son visage. Il déglutit, souffle un bon coup et ouvre le précieux coffre. À l'intérieur, l'impensable ! Dissimulé sous une pile de câbles, un vieux tourne-disques datant des années 70. Écouter de la musique est passible d'amende et dans les cas de récidive, de prison. Invitant au rêve et sollicitant l'imaginaire, la musique, comme la poésie, est considérée comme un outil de propagande humaine. Certains résistants au système l'utilisent pour réveiller les émotions. En ce dimanche matin, le téméraire E-Lisse branche le pick-up. Sur la pointe des doigts, il s'empare d'un vieux disque en vinyle recouvert de poussière. Il souffle dessus et l'essuie avec délicatesse. Il ressemble à un petit enfant émerveillé auquel Papa Noël aurait offert le plus beau des cadeaux: un moment d'intimité. Emporté par la voix d'Annie Lennox, *« There must be an Angel »*, E-Lisse cligne du cœur. L'e-cafetière appelle la centrale pour donner l'alerte.

« Heureux qui comme Ulysse » ou bien comme « E-Lisse » ? À bon entendeur, salut !

PARTIE III

APOCALYPSE NOW

1

Jésus, Le Retour

« Il reviendra dans la gloire pour juger les vivants et les morts et son règne n'aura pas de fin. »

On l'a assassiné. IL est revenu à la vie. On a tout fait pour l'enterrer ; croyant s'en être enfin débarrassé, IL revient !

ÉVANGILE DE JÉSUS – CHRIST

Encore une fois, les apôtres sont dépassés. Encore une fois, ils ressemblent à des petits enfants. À nous. Dans un sursaut de témérité, ils osent demander à Jésus l'Heure de Son retour (Mt 24/ Lc 21/ Mc 13) : *« Dis-nous quand cela arrivera, et quel sera le signe de ton avènement et de la fin du monde ? »*

« Prenez garde de ne pas vous laisser égarer, car beaucoup viendront sous mon nom, et diront : "C'est moi", ou encore : "Le moment est tout proche." Ne marchez pas derrière eux ! Quand vous entendrez parler de guerres et de désordres, ne soyez pas terrifiés : il faut que cela arrive d'abord, mais ce ne sera pas aussitôt la fin. » Alors Jésus ajouta : « On se dressera nation contre nation, royaume

contre royaume. Il y aura de grands tremblements de terre et, en divers lieux, des famines et des épidémies ; des phénomènes effrayants surviendront, et de grands signes venus du ciel. Mais avant tout cela, on portera la main sur vous et l'on vous persécutera ; on vous livrera aux synagogues et aux prisons, on vous fera comparaître devant des rois et des gouverneurs, à cause de mon nom. Cela vous amènera à rendre témoignage. À cause de l'ampleur du mal, la charité de la plupart des hommes se refroidira. Mais il faut d'abord que l'Évangile soit proclamé à toutes les nations. Et lorsqu'on vous emmènera pour vous livrer, ne vous inquiétez pas d'avance pour savoir ce que vous direz, mais dites ce qui vous sera donné à cette heure-là. Car ce n'est pas vous qui parlerez, mais l'Esprit Saint. Vous serez livrés même par vos parents, vos frères, votre famille et vos amis, et ils feront mettre à mort certains d'entre vous. Vous serez détestés de tous, à cause de mon nom. Mais pas un cheveu de votre tête ne sera perdu. C'est par votre persévérance que vous garderez votre vie. Quand donc vous verrez installé dans le lieu saint, là où il ne faut pas, l'Abominable Dévastateur dont a parlé le Prophète Daniel – que le lecteur comprenne ! – quand vous verrez Jérusalem encerclée par des armées, alors sachez que sa dévastation approche. Alors, ceux qui seront en Judée, qu'ils s'enfuient dans les montagnes ; ceux qui seront à l'intérieur de la ville, qu'ils s'en éloignent ; ceux qui seront à la campagne, qu'ils ne rentrent pas en ville, car ce seront des jours où justice sera faite pour que soit accomplie toute l'Écriture. Quel malheur pour les femmes qui seront enceintes et celles qui allaiteront en ces jours-là, car il y aura un grand désarroi dans le pays, une grande colère contre ce peuple. Ils tomberont sous le tranchant de l'épée, ils seront emmenés en captivité dans toutes les nations ; Jérusalem sera foulée aux pieds par des païens, jusqu'à ce que leur temps soit accompli. Priez pour que votre fuite n'arrive pas en hiver ni un jour de sabbat. Il y aura une grande détresse, telle qu'il n'y en a jamais eu depuis le commencement du monde jusqu'à maintenant, et telle qu'il n'y en aura jamais plus. Et si le nombre de ces jours-là n'était pas abrégé, personne n'aurait la vie sauve ; mais à cause des élus, ces jours-là seront abrégés. Alors si quelqu'un vous dit : "Voilà le Messie ! Il est là !" ou bien encore : "Il est là !", n'en croyez rien. Il surgira des faux messies et des faux prophètes, ils produiront des signes grandioses et des prodiges, au point d'égarer, si c'était possible, même les élus. Voilà : je vous l'ai dit à l'avance. Si l'on vous dit : "Le voilà dans le désert", ne sortez pas. Si l'on vous dit : "Le voilà dans le fond de la maison", n'en croyez rien. En effet, comme l'éclair part de l'orient et brille jusqu'à l'occident, ainsi sera la venue du Fils de l'homme. Selon le proverbe : Là où se trouve le cadavre, là se rassembleront les vautours. Aussitôt après la détresse de ces jours-là, le soleil s'obscurcira et la lune ne donnera plus sa clarté ; les étoiles tomberont du ciel et les puissances célestes seront ébranlées. Les hommes mourront de peur dans l'attente de ce qui doit arriver au monde. Sur terre, les nations seront affolées et désemparées par le fracas de la mer et des flots. Alors paraîtra dans le ciel le signe du Fils de l'homme ; alors toutes les tribus de la terre se frapperont la poitrine et verront le Fils de l'homme venir sur les nuées du ciel, avec puissance et grande gloire. Il enverra ses anges avec une trompette retentissante, et ils rassembleront ses élus des quatre coins du monde, d'une extrémité des cieux jusqu'à l'autre. Laissez-vous instruire par la parabole du figuier : dès que ses branches deviennent tendres et que ses feuilles sortent, vous savez que l'été est proche. De même, vous aussi, lorsque vous verrez tout cela, sachez que le Fils de l'homme est proche, à votre porte. Amen, je vous le dis : cette génération ne passera pas avant que tout cela n'arrive. Le ciel et la terre passeront, mes paroles ne passeront pas. Quant à ce jour et à cette heure-là, nul ne les connaît, pas même les anges des cieux, pas même le Fils, mais seulement le Père, et lui seul. Comme il en fut aux jours de Noé, ainsi en sera-t-il lors de la venue du Fils de l'homme. En ces jours-là, avant le déluge, on mangeait et on buvait, on prenait femme et on prenait mari, jusqu'au jour où Noé entra dans l'arche ; les gens ne se sont doutés de rien, jusqu'à ce que survienne le déluge qui les a tous engloutis : telle sera aussi la venue du Fils de l'homme. Alors deux hommes seront aux champs : l'un sera pris, l'autre laissé. Deux femmes seront au moulin en train de moudre : l'une sera prise, l'autre laissée. Veillez donc, car vous ne savez pas quel jour votre Seigneur vient. Comprenez-le bien : si le maître de maison avait su à quelle heure de la nuit le voleur viendrait, il aurait veillé et n'aurait pas laissé percer le mur de sa maison. Tenez-vous donc prêts, vous aussi : c'est à l'heure où vous n'y penserez pas que le Fils de l'homme viendra. Tenez-vous sur vos gardes, de crainte que votre cœur ne s'alourdisse dans les beuveries, l'ivresse et les soucis de la vie, et que ce jour-là ne tombe sur vous à l'improviste comme un filet ; il s'abattra, en effet, sur tous les habitants de la terre entière. Restez éveillés et priez en tout temps : ainsi vous aurez la force d'échapper à tout ce qui doit arriver, et de vous tenir debout devant le Fils de l'homme. »

«*De même, vous aussi, lorsque vous verrez tout cela, sachez que le Fils de l'homme est proche, à votre porte.*» Quels sont les signes avant-coureurs de l'Avènement du Christ? «Faux Prophètes, guerres et rumeurs de guerres, divisions en tout genre, tremblements de terre, pestes, famines, fracas de la mer, haine des fils de Dieu, l'amour du grand nombre se refroidira – lassitude, découragement –, l'Évangile proclamé sur toute la terre, l'Abominable Dévastateur installé dans le lieu saint, Jérusalem encerclée par les armées – le peuple doit fuir –, troubles dans les astres – la lumière disparaît –, détresse et frayeur mondiale comme il n'y en a encore jamais eu et comme il n'y en aura jamais plus. Car les Puissances des cieux seront ébranlées.» Certains signes font déjà partie de notre quotidien tandis que d'autres sont en gestation. Les guerres, les famines, les tremblements de terre, la mer déchaînée, les tsunamis, les tornades sont déjà d'actualité. La nouveauté est que cela ne se limitera plus à une partie du globe mais touchera l'ensemble de la planète. Quant à la peste, avec des alliés tels que le réchauffement climatique et la fonte des glaces, elle refera surface accompagnée de perles de virus, consœurs dont on a oublié – ou ignoré – l'existence. Quels petits rejetons va donc nous révéler Mère de Glace? Et M. Réchauffement climatique? Tandis que des espèces migrent – pour aller où au bout du compte? –, et que d'autres disparaissent – animales et végétales –, de nouvelles verront le jour. Comme, peut-être, ces abominables sauterelles dont parle l'Apocalypse (9, 3)? Les tourments qu'elles causent sont semblables à ceux des scorpions. Pour une fois, nous nous passerons du transhumanisme pour fabriquer des monstres – Ben, quoi ? La nature aussi à son « maux » à dire ! La division, elle, souffle sur le monde tel un vent de folie. Division à l'intérieur des pays, des familles, des sexes et même à l'intérieur de l'église ! Les piétons sont montés contre les automobilistes, eux-mêmes montés contre les cyclistes, chauffés à bloc par les motos, elles-mêmes montées contre les radars et la police, la « police montée » contre les cités et les voitures béliers, elles-mêmes en colère contre la société. Les femmes remontées contre les hommes, les riches contre les pauvres, les pauvres contre les riches, les minorités contre la majorité, les blacks contre les blancs, les blancs qui voient rouge, etc. La vie sur Terre se transforme en une gigantesque et indigeste « pièce montée » depuis que l'Homme est remonté contre Dieu. La crapoteuse haine des fils de Dieu s'enfle de jour en jour tandis que toutes sortes de faux prophètes issus des médias, de la politique, de la culture, de la science et des religions, pullulent en propageant la doctrine de la contre-Vérité. « *L'amour du grand nombre se refroidira.* » Face à l'attitude et aux propos de certains chrétiens, force est de constater que « le sel de la terre » est plus que fadasse. Les chiffres parlent d'eux-mêmes : En 1950 plus de 30 % des catholiques allaient à la messe, alors que 95 % des enfants étaient baptisés. Aujourd'hui, seulement 3 % vont à la messe et 30 % des enfants sont baptisés. Tandis que d'autres enrôlent, les brebis somnolent. Elles trépignent du sabot lorsque des Églises sont détruites mais elles ne font rien pour les remplir. Se bougent-elles seulement l'âme pour aller à la messe ?

« La lumière du monde » semble à bout de souffle. L'attente du retour glorieux du Christ conjuguée à l'irrésistible chant des sirènes de l'esprit unique finit par avoir raison d'un grand nombre. *« Quand je reviendrai sur terre, trouverai-je encore la foi ? » (Lc 18, 8)* a dit le Maître. *« Jérusalem encerclée par les armées »*, Jérusalem, acteur privilégié de l'Avènement du Christ. La restauration d'Israël. Le sirocco de l'Esprit-Saint souffle sur ses enfants. Depuis quelques années, un phénomène nouveau apparaît, des juifs se convertissent au christianisme. Ils se font appeler « les juifs messianiques ». Le 4 novembre 2003, quelque temps avant son décès, Itzhak Kadouri, le rabbin le plus connu et le plus respecté en Israël, a dit avoir eu une apparition du Messie l'informant de son retour prochain. Le rabbin a laissé à son fils et à ses disciples une lettre à ouvrir un an après sa mort. Dans sa lettre, le grand rabbin révèle que le Christ, le Messie tant attendu par Israël, n'est autre que Jésus le nazaréen ! Cette révélation, bien que passée sous silence, a provoqué de vives réactions. Des juifs orthodoxes ont vite étouffé l'affaire en déclarant qu'il s'agissait d'un faux. Tout comme il y a deux mille ans avec la résurrection du Christ (Mt 28, 11) : *« Quelques-uns des gardes allèrent en ville annoncer aux grands prêtres tout ce qui s'était passé. Ceux-ci, après s'être réunis avec les anciens et avoir tenu conseil, donnèrent aux soldats une forte somme en disant : « Voici ce que vous direz : "Ses disciples sont venus voler le corps, la nuit pendant que nous dormions." Et si tout cela vient aux oreilles du gouverneur, nous lui expliquerons la chose, et nous vous éviterons tout ennui. » Les soldats prirent l'argent et suivirent les instructions.*

Et cette explication s'est propagée chez les Juifs jusqu'à aujourd'hui. » Notons au passage l'incohérence de ce mensonge : comment les soldats auraient-ils pu voir « les disciples voler le corps de Jésus » alors qu'ils prétendaient dormir ? ! La lettre du rabbin indique que le compte à rebours du second Avènement du Christ sera donné par la mort d'Ariel Sharon. Sharon est décédé en 2014. Si le rabbin Kadouri – la plus haute autorité en Israël –, spécialiste de la kabbale, apprécié des ultra-orthodoxes, considéré par le peuple comme un saint, a fait de telles révélations, c'est qu'il a vraiment rencontré « Le nazaréen ». Jésus-Christ. « *Détruisez ce temple et en trois jours je le relèverai.* » *(Jn 2, 19)* Jésus nous révèle combien le destin d'Israël est lié à celui de l'Église. « *Quel malheur pour les femmes qui seront enceintes et celles qui allaiteront en ces jours-là, car il y aura un grand désarroi dans le pays, une grande colère contre ce peuple. Ils tomberont sous le tranchant de l'épée, ils seront emmenés en captivité dans toutes les nations ; Jérusalem sera foulée aux pieds par des païens, jusqu'à ce que leur temps soit accompli.* » *(Lc 21, 23)* Comme nous le savons, la sainte colère de Dieu ne vise pas seulement Israël mais l'ensemble de l'Humanité. Ce texte met en parallèle les événements concernant Israël avec ceux qui vont se dérouler sur toute la Terre, jusqu'à les confondre. Les châtiments vont s'étendre au monde entier. Les chrétiens comme les juifs, détestés de tous, seront menés en captivité. Les nations, ce sont les peuples « possédés » par l'Esprit de la Bête, de « La Machine », de la Pensée Unique, les habitants de la Terre rebelles à Dieu. Les gentils politiquement corrects se transformeront en sauvageons sanguinaires. Dès lors que l'on ouvre la porte au Mal et qu'on le laisse s'installer, il se propage et se reproduit tel un cancer. Au début, il s'agit d'un problème bénin mais avec le temps la tumeur gagne toutes les cellules. L'Apocalypse de demain, on la construit aujourd'hui. Quant à la haine des fils de Dieu, on l'expérimente déjà. Il suffit d'allumer la télé, la radio, d'ouvrir simplement les oreilles et les yeux. Le chrétien porteur de l'amour du Père, inspire de la méfiance, voire de l'hostilité. Le fidèle qui ose témoigner de sa foi, passe de l'état de brave petit « poisson » – le signe des chrétiens des premiers temps –, à celui de vilain petit canard pour ne pas dire autre chose. Hier comme aujourd'hui, la Parole dérange (Actes des apôtres 6, 8) : « *En ces jours-là, Étienne rempli de la grâce et de la puissance de Dieu, accomplissait parmi le peuple des prodiges et des signes éclatants. Intervinrent alors certaines gens de la synagogue dite des Affranchis, ainsi que des Cyrénéens et aussi des gens originaires de Cilicie et de la province d'Asie. Ils se mirent à discuter avec Étienne mais sans pouvoir résister à la sagesse et à l'Esprit qui le faisaient parler. Ceux qui écoutaient ce discours avaient le cœur exaspéré et grinçaient des dents contre Étienne. Mais lui, rempli de l'Esprit Saint, fixait le ciel du regard : il vit la gloire de Dieu et Jésus debout à la droite de Dieu. Il déclara : « Voici que je contemple les cieux ouverts et le Fils de l'homme debout à la droite de Dieu. » Alors, ils poussèrent de grands cris et se bouchèrent les oreilles. Tous ensemble, ils se précipitèrent sur lui et l'entraînèrent hors de la ville et se mirent à le lapider. Les témoins avaient déposé ses vêtements aux pieds d'un jeune homme qu'on appelait Saul. Étienne, pendant qu'on le lapidait, priait ainsi : « Seigneur Jésus, reçois mon esprit. » Puis se mettant à genoux, il s'écria d'une voix forte : « Seigneur, ne leur compte pas ce péché. » Et après cette parole, il s'endormit dans la mort.* » Notons au passage que Saul, le jeune homme qui faisait partie de cette « bande anti-Christ », n'est autre que celui qui allait se convertir sur le chemin de Damas, à savoir Paul de Tarse. À Dieu, rien n'est impossible. La « casquette de disciple » est souvent agrémentée d'un costume taillé sur démesure du monde réfractaire à Dieu. Que ce soit dans sa famille, au travail et même à l'intérieur de l'Église. Bien avant mon accident et ma rencontre avec le Sacré-Cœur, j'avais été invitée par un prêtre à intervenir auprès d'un groupe de catéchumènes qui se préparaient au baptême. Une demi-douzaine d'hommes et de femmes avaient bravé la pluie et le froid pour venir au RDV de Jésus. Leur fatigue et leurs cernes en disaient long sur leur journée de labeur. Ces nouvelles conquêtes amoureuses du Christ me ravirent. « Son Amour fait des ravages, Alléluia » ! Épatée par leur désir de Dieu, je contemplais ces âmes impatientes de se plonger dans le Sang salvateur, avec des étoiles dans le cœur. Cependant le Serpent, fidèle à son poste d'infiltré, avait réussi à s'immiscer dans le groupe. Une femme, véritable caricature du monde actuel (Bobo – Brancho – Bouddhisto), vociférait de façon Love and Peace – c'est tout l'art du Serpent –, contre l'Église et les vertus du baptême. Son allergie au chrétien était telle qu'elle agressa un pauvre homme. Je prenais sur moi et attendais que le curé intervienne. Rien pas un mot, juste un sourire béat. Plus le temps passait, plus l'homme de Dieu semblait lui donner raison – au nom de la liberté d'expression. Le fragile petit groupe de chercheurs du Christ finit par être déstabilisé. Au bout d'un moment, n'en pouvant plus, stupéfaite par la réaction du prêtre et par les invectives de la femme, je décidais de mettre un terme à « sa liberté d'expression » – pardon Sainte Laïcité, j'irai me confesser demain ! Ces gens étaient venus pour entendre parler du Christ, non de Bouddha et des vaches sacrées. Que chacun reste dans son pré et les vaches – sacrées ! – seront bien gardées. À peine avais-je osé prendre la parole et marquer un premier but en faveur de l'Église, que M'sieur l'curé me balança un carton aussi rouge que ses yeux. Très vite, je me suis retrouvée hors-jeu. Accusée de faire du prosélytisme religieux par M'sieur, je fus conviée à quitter le terrain. À me taire et à ne plus revenir. Rester fidèle à l'Évangile et proclamer que Jésus-Christ est le seul Sauveur peut être mal vu à l'intérieur même de l'Église. C'est pourtant le cœur de la Bonne Nouvelle (Actes des apôtres 11, 20) : *« La Bonne Nouvelle, c'est que Jésus est le Seigneur ! »* Les chrétiens qui ne disent pas ouvertement que Jésus est le Christ, le Fils unique de Dieu, n'annoncent pas la Bonne Nouvelle de l'Évangile mais leur « bonne nouvelle » à eux. Mon pauvre Seigneur, ce n'est pas en étant une pareille Team qu'on va gagner la bataille ! L'encens de l'apostasie atteint le parvis de l'Église. Combien de fidèles, de prêtres et d'évêques mettent leur foi de côté pour revêtir l'habit de diplomates. *« Il ne faut pas bousculer les consciences et les cœurs. Chut, surtout ne faisons pas de bruit ! On ne sait jamais, certains pourraient se convertir. Restons petits et discrets. Contemplons en silence les cris d'agonie du*

Sauveur abandonné par les siens. » Le silence est de rigueur, la fausse humilité de mise. Ces Serviteurs à l'Esprit délavé sont passés à La Machine qui déteint sur les couleurs de la foi. Par leurs désirs de plaire et de contenter l'opinion publique, ils bâillonnent le Verbe Incarné, La Parole de Dieu. « *Quand vous verrez l'Abominable Dévastateur dans le lieu saint.* » Pour nos frères juifs, Le lieu saint, c'est Jérusalem. Pour nous chrétiens, où se trouve-t-il ? Quel est le lieu Saint par excellence, la demeure de Dieu ? À chacun de répondre. « *Gardez-vous des faux prophètes. Ils viennent à vous en vêtements de brebis mais au-dedans, ce sont des loups voraces.* » *(Mt 7, 15)* Dans un tel contexte, ces paroles du Christ portent particulièrement à réflexion. À réflexion mais non à accusation. Les chrétiens qui chargent la barque de l'Église font le jeu du Démon. On peut se poser des questions mais attention aux critiques toxiques. « *Tout royaume divisé ne peut subsister.* » *(Mt 12, 25)* Le spectre de l'apostasie permet à un grand nombre de sortir de sa léthargie et de se repositionner par rapport à sa foi. Des cœurs éteints recouvrent la vue et le sens de leur baptême. Grâce à l'esprit « trois en un, toutes les religions se valent », le chrétien ressuscite et fait peau neuve. « L'Abominable Dévastateur »… Son nom est à lui seul une pièce d'identité. L'Antichrist, le Démon, bref, quelqu'un de pas très « catholique ». Une entité diabolique va clairement souiller un lieu saint. « *Soyez prudents comme des serpents et simples comme des colombes* » *(Mt 10, 16)* Que l'Esprit Saint donne à chacun la grâce du discernement et de La paix du Christ. Sans la paix, on ne fait que des catastrophes. « *Quand vous verrez tout cela, sachez que le Fils de l'homme est proche, qu'il est à votre porte.* » Le Messie nous invite à scruter les signes des temps pour nous préparer à Son Avènement, non pour faire du sensationnel ou apeurer nos frères. N'oublions pas que les premiers à convertir, c'est nous-mêmes. Plus que jamais il faut redoubler de prière et avoir recours aux saints sacrements. Nous ne connaissons pas davantage la date du Retour Glorieux du Christ que l'heure de notre avènement personnel qui nous attend tous : l'heure de notre mort. Le Seigneur nous avertit sans détour sur la gravité et l'urgence de la situation : « *Tenez-vous prêts, veillez et priez car c'est à l'heure que vous ignorez que le Fils de l'homme va venir.* » Cela peut arriver demain comme dans mille ans – ce qui personnellement m'étonnerait. Il y aura des troubles dans les astres, « *les Cieux seront ébranlés* », le jour baissera en même temps que la lumière de Dieu car Ses enfants l'auront abandonné. Une horde de bêtes humaines, le visage gominé, l'âme défigurée, au service du 666, prendra le contrôle. Le mot « amour » flottera sur toutes les lèvres alors que l'Amour en Vérité aura déserté les cœurs et les consciences. Sans Dieu, sans espérance, en proie aux machines et aux catastrophes, l'Humanité vivra « *une détresse telle qu'il n'y en a pas eu depuis le commencement du monde jusqu'à maintenant et qu'il n'y en aura jamais plus.* » « *Alors apparaîtra dans le ciel le signe du Fils de l'homme* », La croix. « *Alors toutes les tribus se frapperont la poitrine* ». Alors, alors… Il sera trop tard car l'Heure du Jugement aura sonné. « *Va te réconcilier avec ton frère tant que tu es en chemin avec lui* » *(Mt 5, 24).* Convertis-toi tant que tu es vivant « *de peur que tu ne sois jeté en prison. En vérité, tu n'en sortiras pas tant que tu n'auras pas payé jusqu'au dernier centime.* » Le Seigneur est Amour, le Seigneur est miséricorde-Dieu mais le Seigneur est Juste. Que nous ne nous retrouvions pas comme ces disciples du dimanche qui s'offusquent devant la porte fermée en revendiquant leur place au Paradis (Lc 13, 25, Mt 7, 8*)*: «*Après que le maître de maison se sera levé et aura fermé la porte, quand, restés dehors, vous commencerez à frapper à la porte en disant: «Seigneur, ouvre-nous» et qu'il vous répondra: «Vous, je ne sais d'où vous êtes», alors vous vous mettrez à dire: «Nous avons mangé et bu devant toi, et c'est sur nos places que tu as enseigné»; et il vous dira: «Je ne sais d'où vous êtes. Éloignez-vous de moi, vous tous qui faites le mal. Il y aura des pleurs et des grincements de dents quand vous verrez Abraham, Isaac, Jacob ainsi que tous les prophètes dans le Royaume de Dieu, et vous jetés dehors.* » Cette Parole nous concerne directement nous cathos. Ne mangeons-nous pas et ne buvons-nous pas en présence du Messie quand nous communions à Ses Précieux Corps et Sang? Être pratiquant ne se limite pas uniquement aux sacrements. Être pratiquant, c'est aussi «pratiquer» l'Amour de Dieu qui est en nous. L'un ne va pas sans l'autre: «*Tu aimeras ton Dieu plus que tout et ton prochain comme toi-même.*» *(Deutéronome 6)* «*Ce peuple s'approche de moi, il m'honore de la bouche et des lèvres, mais son cœur est éloigné de moi et la crainte qu'il a de moi n'est qu'un commandement humain, une leçon apprise*» *(Isaïe 29, 13).* L'Amour n'est pas une leçon apprise mais une rencontre personnelle. Quant à la conversion, elle n'est pas acquise une bonne fois pour toute.

Notre conversion sera « actée » en même temps que notre acte de décès. À la toute fin de notre vie.

DEUXIÈME LETTRE DE SAINT PIERRE APÔTRE (2, 3)

« Il y eut aussi des prophètes de mensonge dans le peuple, comme il y aura parmi vous de faux docteurs, des maîtres de mensonge, qui introduiront des hérésies menant à la perdition et renieront le Maître souverain qui les a rachetés. Ils préparent pour bientôt leur perdition. Beaucoup les suivront dans leurs désordres ; à cause d'eux, suivre le chemin de la vérité fera l'objet d'outrages, ils exposeront la doctrine de la vérité à être calomniée et dans leur cupidité, ils vous exploiteront par des discours factices ; leur condamnation est en cours depuis longtemps, et leur perdition n'est pas en sommeil. Car Dieu n'a pas épargné les anges qui avaient péché, mais il les a livrés, enchaînés, aux ténèbres infernales, où ils sont gardés pour le jugement. Il n'a pas non plus épargné le monde des origines, mais, quand il a fait venir le déluge sur le monde des impies, il a protégé huit personnes, dont Noé qui proclamait la justice. Il a condamné aussi les villes de Sodome et Gomorrhe à la catastrophe en les réduisant en cendres ; il en a fait un exemple pour montrer aux impies ce qui les attend. Mais il a délivré Loth, le juste, accablé par la conduite débauchée de ces gens dévoyés : en effet, avec ce qu'il voyait et entendait, ce juste, en habitant au milieu d'eux, mettait, jour après jour, son âme de juste à la torture, à cause de leurs actions contraires à la Loi. Le Seigneur peut donc délivrer de l'épreuve ceux qui pratiquent la piété, mais les injustes, il les garde pour le jour du jugement afin de les punir, ceux-là surtout qui, par

convoitise impure, suivent les inclinations de la chair et dédaignent la seigneurie de Dieu.» «Ils subiront l'injustice comme salaire de leur injustice. Ils pensent trouver leur plaisir à vivre dans les délices en plein jour, ils ne sont que taches et défauts, en se délectant de leurs tromperies quand ils font bombance avec vous.

Ils ont les yeux remplis du désir d'adultère et sont insatiables de péchés. Ils séduisent les âmes mal affermies, ils ont le cœur exercé à la cupidité : ce sont des enfants de malédiction.» «Ces gens-là sont des sources sans eau, des brumes chassées par la tempête ; l'obscurité des ténèbres leur est réservée. En proférant des énormités vides de sens, ils séduisent, par des convoitises nées de la chair, par les débauches, ceux qui viennent à peine d'échapper aux gens qui vivent dans l'égarement. Ils leur promettent la liberté, alors qu'eux-mêmes sont esclaves de la corruption : on est, en effet, esclave de ce qui vous domine. Car si des hommes, par la vraie connaissance de notre Seigneur et Sauveur Jésus Christ, ont échappé aux souillures du monde, et qu'ils se trouvent à nouveau empêtrés et dominés par elles, leur état est pire à la fin qu'au début. Il aurait mieux valu pour eux ne pas avoir connu le chemin de la justice que de l'avoir connu et de s'être détournés du saint commandement qui leur avait été transmis. Il leur arrive ce que dit en vérité le proverbe : Le chien retourne à son vomissement, et : La truie, sitôt lavée, se vautre dans la boue.» «Sachez d'abord que, dans les derniers jours, des moqueurs viendront avec leurs moqueries, allant au gré de leurs convoitises, et disant : «Où en est la promesse de son avènement ? En effet, depuis que les pères se sont endormis dans la mort, tout reste pareil depuis le début de la création.» En prétendant cela, ils oublient que, jadis, il y avait des cieux, ainsi qu'une terre sortie de l'eau et constituée au milieu de l'eau grâce à la parole de Dieu. Par ces mêmes éléments, le monde d'alors périt dans les eaux du déluge. Mais les cieux et la terre de maintenant, la même parole les réserve et les garde pour le feu, en vue du jour où les hommes impies seront jugés et périront. Bien-aimés, il est une chose qui ne doit pas vous échapper : pour le Seigneur, un seul jour est comme mille ans, et mille ans sont comme un seul jour. Le Seigneur ne tarde pas à tenir sa promesse, alors que certains prétendent qu'il a du retard. Au contraire, il prend patience envers vous, car il ne veut pas en laisser quelques-uns se perdre, mais il veut que tous parviennent à la conversion. Cependant le jour du Seigneur viendra, comme un voleur. Alors les cieux disparaîtront avec fracas, les éléments embrasés seront dissous, la terre, avec tout ce qu'on a fait ici-bas, ne pourra y échapper. Ainsi, puisque tout cela est en voie de dissolution, vous voyez quels hommes vous devez être, en vivant dans la sainteté et la piété, vous qui attendez, vous qui hâtez l'avènement du jour de Dieu, ce jour où les cieux enflammés seront dissous, où les éléments embrasés seront en fusion. Car ce que nous attendons, selon la promesse du Seigneur, c'est un ciel nouveau et une terre nouvelle où résidera la justice. C'est pourquoi, bien-aimés, en attendant cela, faites tout pour qu'on vous trouve sans tache ni défaut, dans la paix. Et dites-vous bien que la longue patience de notre Seigneur, c'est votre salut, comme vous l'a écrit également Paul, notre frère bien-aimé, avec la sagesse qui lui a été donnée. » « *Bien-aimés, vous voilà prévenus ; prenez garde : ne vous laissez pas entraîner dans l'égarement des gens dévoyés, et n'abandonnez pas l'attitude de fermeté qui est la vôtre. Mais continuez à grandir dans la grâce et la connaissance de notre Seigneur et Sauveur, Jésus-Christ. À lui la gloire, dès maintenant et jusqu'au jour de l'éternité. Amen.* »

À la suite du Christ, l'apôtre nous met en garde contre les prophètes aux alouettes, « *les maîtres du mensonge.* » Ces égareurs d'âmes compteront parmi eux des faux docteurs de la Loi. « Apostasie, quand tu nous tiens… » Ces artisans de contre-vérité à l'engrais trompeur, pousseront sur toute la Terre, y compris sur les verts pâturages de l'Église. Leurs pesticides paroles iront même jusqu'à renier « *le Maître souverain qui les a rachetés !* » Le Messie. Le Fils du Dieu Vivant. Les fameux « *loups voraces qui portent l'habit de l'agneau* » dont parle le Seigneur. Pierre met en avant l'urgence de la conversion : « *Le jour du Seigneur viendra comme un voleur* » comme à l'époque de Sodome et Gomorrhe. Ces villes « branchées » surfaient sur le culte de l'homme et de sa soif de No Limit. Leur seule religion était la Transgression. Tout comme aujourd'hui, à un détail près : Sodome et Gomorrhe ont poussé les murs de l'Humanité pour s'étendre à l'ensemble du monde et ne former plus qu'une seule et unique terre : la globale Cité. « Sodomorrhe »… Sodo, Maso, More and More ! La taxe d'habitation risque d'être salée et surtout, elle sera éternelle. Dégâts des os, dégâts des âmes, flambée des prix : la Vie Éternelle en échange. « *À quoi cela sert-il à l'homme de posséder le monde s'il vient à perdre son âme ?* » *(Mt 16, 26)* L'Esprit du monde imbu du Diable, nous conduit au chaos. À coup de breuvages numérisés, les puces au service de La Machine réinventent le monde et changent les lois. Les codes sautent pour être remplacés par un seul et unique : le **666.** En suivant le Démon, l'Homme s'immole lui-même. « *Dans les derniers jours, les moqueurs viendront avec leurs moqueries en disant : « Où est la promesse de son avènement ? Tout reste pareil depuis le début de la création !* » Les mauvaises langues, les cyniques, les agnostiques, toujours là pour faire grandir l'Humanité ! Ils ont dû s'en donner à cœur joie quand Noé bâtissait l'arche sous le ciel azuré de l'Humanité. Lorsque le déluge les a tous emportés, les petits rigolos ont dû faire une drôle de tête ! Dommage qu'il n'y ait pas de photos. Nous, au moins, nous aurons Instagram pour immortaliser l'événement ! L'Apocalypse avec son cortège de destructions n'est nullement l'œuvre de Dieu mais celle des hommes qui le rejettent. Quelle tristesse quand on sait combien Dieu nous aime et souhaite notre Bonheur Éternel ! Le Seigneur n'a pas ses têtes. D'emblée, Il nous a tous choisis. Il vit une histoire d'Amour avec nous mais l'amour, ça se passe à deux. « *Je suis le Dieu qui est, qui était et qui vient.* » *(Ap 1, 8)* Hier comme aujourd'hui, Il veut tous nous sauver mais pour cela, Il a besoin de notre réponse. C'est pour cette raison que « les moqueurs de service » et les « chacun fait ce qu'il lui plaît » ont disparu de la carte contrairement à Noé. C'est le déluge provoqué par le refus de Dieu qui a englouti la Terre. Le déni et le mépris de Sa personne ont réduit en cendres Sodome et Gomorrhe. Pourquoi à Fatima la Vierge Marie ne cesse de nous inviter au repentir ? « *Conversion, eucharisties, prières, chapelet.* » Pour nous éviter de subir les souffrances et les châtiments qui sont l'œuvre du Démon et de l'Homme qui renie Dieu. En suivant le Christ, on devient « corédempteur ». En suivant Satan, on devient « co-destructeur ». Dieu est prêt à tout pour nous sauver. Il nous a prouvé l'infini de Son Amour. Non seulement à travers le calvaire de La croix mais aussi par celui de Son Incarnation. Son martyre a pris naissance dans la crèche. Lui, l'Amour Absolu, l'Agneau sans tache au milieu d'une meute de dégénérés assoiffés de péchés ! Il n'attend pas de nous que nous soyons saints ; son cœur brûlant d'Amour posté aux aguets de nos vies, guette la moindre étincelle de bonne volonté. Témoin Le bon larron sur La croix ainsi que Le fils prodigue. L'un se convertit au moment de rendre l'âme – difficile de faire mieux ! –, l'autre, après avoir bourlingué toute sa vie. Que fait le père ? Avant même que son fils ne revienne, il l'attend sur le perron. En fait, il n'a jamais cessé de l'attendre, d'attendre qu'il se repente de ses actes pour l'accueillir dans ses bras miséricordieux. « *Comme il était encore loin, son père le vit, et tout ému, il courut, se jeta à son cou et le couvrit de baisers.* » *(Lc 15, 11)* La prédisposition de Dieu au pardon. C'est trop mignon ! L'amour débordant du père le conduit à manifester sa joie tel un enfant. Ce sont les petits qui courent pour se jeter dans les bras des parents, non le contraire. « *Il y aura plus de joie au ciel pour un seul pécheur qui se repent, que pour 99 justes qui n'ont pas besoin de repentir.* » *(Lc, 1, 4)* Voilà ce que nous dit ce Dieu que nous avons mis en croix et que nous continuons à crucifier par notre froideur et nos péchés. Son Amour et Sa Miséricorde l'emportent sur tout. À commencer sur le Mal et sur nous. Sur le mal qui est en nous. Elle est là la toute-puissance du Très

Haut: Sa persévérance et Sa volonté à nous sauver malgré tout ce qu'on lui fait. Dieu est émouvant dans Son amour pour nous. « Ses pensées et Ses chemins » ne sont définitivement pas les nôtres. Love de Toi Seigneur, Christ Addict. Merci pour tout, pardon pour tout. D'un côté le Seigneur, de l'autre côté, « les Saigneurs », nous, qui ne cessons de mettre Son cœur en charpie. Tu ne sais plus quoi inventer pour nous sauver. Tout est prétexte au pardon. Ta Miséricorde est la plus grande entreprise de recyclage ! Si nous acceptons de nous abandonner à Toi, rien ne se perd. Tout profite à notre conversion. Nos chutes elles-mêmes peuvent contribuer à nous faire grandir. Elles nous permettent d'expérimenter Ta Miséricorde – comme Marie-Madeleine. Peu importe si nous faisons partie des *« ouvriers de la dernière heure »*. Un clignement de cils exprimant le repentir te suffit (Mt 20, 1-16) : *« Le Royaume des cieux est comparable au maître d'un domaine qui sortit au petit jour afin d'embaucher des ouvriers pour sa vigne. Il se mit d'accord avec eux sur un salaire d'une pièce d'argent pour la journée, et il les envoya à sa vigne. Sorti vers neuf heures, il en vit d'autres qui étaient là, sur la place, sans travail. Il leur dit : « Allez, vous aussi, à ma vigne, et je vous donnerai ce qui est juste. » Ils y allèrent. Il sortit de nouveau vers midi, puis vers trois heures, et fit de même. Vers cinq heures, il sortit encore, en trouva d'autres qui étaient là et leur dit : « Pourquoi êtes-vous restés là, toute la journée, sans rien faire ? » Ils lui répondirent : « Parce que personne ne nous a embauchés. » Il leur dit : « Allez, vous aussi, à ma vigne. » Le soir venu, le maître de la vigne dit à son intendant : « Appelle les ouvriers et distribue le salaire, en commençant par les derniers pour finir par les premiers.» Ceux qui n'avaient commencé qu'à cinq heures s'avancèrent et reçurent chacun une pièce d'argent. Quand vint le tour des premiers, ils pensaient recevoir davantage, mais ils reçurent, eux aussi, chacun une pièce d'argent. En la recevant, ils récriminaient contre le maître du domaine : « Ces derniers venus n'ont fait qu'une heure, et tu les traites comme nous, qui avons enduré le poids du jour et de la chaleur ! » Mais le maître répondit à l'un d'entre eux : « Mon ami, je ne te fais aucun tort. N'as-tu pas été d'accord avec moi pour une pièce d'argent ? Prends ce qui te revient, et va-t'en. Je veux donner à ce dernier autant qu'à toi : n'ai-je pas le droit de faire ce que je veux de mon bien ? Vas-tu regarder avec un œil mauvais parce que moi, je suis bon ?* Si on se retrouve en Enfer, on ne pourra pas dire que c'est à cause de Dieu ! Notre Dieu est un Dieu patient et c'est ce qui nous sauve comme le dit Pierre. « *Le Seigneur ne tarde pas à tenir sa promesse alors que certains prétendent qu'il a du retard. Au contraire, il prend patience envers vous, car il veut que tous parviennent à la conversion.* » Et l'Apôtre de nous mettre la pression : « *Voyez quels hommes vous devez être en vivant dans la sainteté et la piété.* » « *Bien-aimés, faites tout pour qu'on vous trouve sans tache ni défaut, dans la paix. Dites-vous bien que la longue patience de notre Seigneur, c'est votre salut.* » Au temps de Noé, notre bonne vieille planète a été nettoyée par les eaux du déluge. Pour le retour glorieux du Christ, ça sera par le feu : « *Alors les cieux disparaîtront avec fracas. Les éléments embrasés seront dissous, la terre, avec tout ce qu'on a fait ici-bas, ne pourra y échapper.* » « *Ce jour où les cieux enflammés seront dissous, où les éléments embrasés seront en fusion.* » Nous périrons par ce qui nous fait actuellement cruellement défaut : Le feu. Le feu de la foi. Le feu de l'amour. Le feu de Dieu.

DEUXIÈME LETTRE DE ST PAUL APÔTRE AUX THESSALONICIENS 2 Th 1, 6-12 ; 2, 1-15

« *C'est justice, en effet, que Dieu rende la détresse à ceux qui vous l'infligent, et qu'il vous accorde, à vous qui subissez la détresse, le soulagement avec nous lorsque, du haut du ciel, le Seigneur Jésus se révélera avec les anges, messagers de sa puissance, dans le feu flamboyant ; alors il fera justice contre ceux qui ignorent Dieu et à ceux qui n'obéissent pas à l'Évangile de notre Seigneur Jésus. Ceux-là subiront comme châtiment la ruine éternelle, loin de la face du Seigneur et de la gloire de sa force, quand il viendra en ce jour-là pour être glorifié dans ses saints et admiré en tous ceux qui ont cru ; or vous, vous avez cru à notre témoignage. C'est pourquoi nous prions pour vous à tout moment afin que notre Dieu vous trouve dignes de l'appel qu'il vous a adressé ; par sa puissance, qu'il vous donne d'accomplir tout le bien que vous désirez, et qu'il rende active votre foi. Ainsi, le nom de notre Seigneur Jésus sera glorifié en vous, et vous en lui, selon la grâce de notre Dieu et du Seigneur Jésus-Christ.*

Frères, nous avons une demande à vous faire à propos de la venue de notre Seigneur Jésus Christ et de notre rassemblement auprès de lui : si l'on nous attribue une inspiration, une parole ou une lettre prétendant que le jour du Seigneur est arrivé, n'allez pas aussitôt perdre la tête, ne vous laissez pas effrayer.

Ne laissez personne vous égarer d'aucune manière. Car il faut que vienne d'abord l'apostasie, et que se révèle l'Homme de l'impiété, le fils de perdition, celui qui s'oppose, et qui s'élève contre tout ce que l'on nomme Dieu ou que l'on vénère, et qui va jusqu'à siéger dans le temple de Dieu en se faisant passer lui-même pour Dieu. Ne vous souvenez-vous pas que je vous en ai parlé quand j'étais encore chez vous ? Maintenant vous savez ce qui le retient, de sorte qu'il ne se révélera qu'au temps fixé pour lui. Car le mystère d'iniquité est déjà à l'œuvre ; il suffit que soit écarté celui qui le retient à présent. Alors sera révélé l'Impie, que le Seigneur Jésus supprimera par le souffle de sa bouche et fera disparaître par la manifestation de sa venue. La venue de l'Impie, elle, se fera par la force de Satan avec une grande puissance, des signes et des prodiges trompeurs, avec toute la séduction du mal, pour ceux qui se perdent du fait qu'ils n'ont pas accueilli l'amour de la vérité, ce qui les aurait sauvés. C'est pourquoi Dieu leur envoie une force d'égarement qui les fait croire au mensonge ; ainsi seront jugés tous ceux qui n'ont pas cru à la vérité, mais qui se sont complu dans le mal.

Quant à nous, à tout moment nous devons rendre grâce à Dieu à votre sujet, frères, vous qui êtes aimés du Seigneur, puisque Dieu vous a choisis en premier pour être sauvés par l'Esprit qui sanctifie et par la foi en la vérité. C'est à cela que Dieu vous a appelés par notre proclamation de l'Évangile, pour que vous entriez en possession de la gloire de notre Seigneur Jésus-Christ. Ainsi donc, frères, tenez bon, et gardez ferme les traditions que nous vous avons enseignées. »

À la suite de Pierre, Paul dévoile que l'outil de destruction massive de la Terre et de ses habitants, sera le feu. Parle-t-il d'un global feu d'artifice au bouquet « atomique » ? Les petites puces si dévouées à La Machine en sont bien capables ! Ézéchiel (39, 9) : *« Ils alimenteront un brasier avec le matériel de guerre : petits et grands boucliers, arcs et flèches, javelots et lances ; de quoi faire du feu pendant sept ans. Ils n'auront pas à ramasser de bois dans la campagne, ni à abattre des arbres dans les forêts, car c'est avec ce matériel de guerre qu'ils feront du feu. »* Va-t-on se prendre une gigantesque météorite sur la tête ? La Terre va-t-elle imploser et vomir ses brûlantes entrailles ? Après tout ce que les Hommes lui ont fait subir, cela ne serait que justice – *« On se couche comme on fait son lit »*, dirait Mère Grand. Le tout évidemment agrémenté par de titanesques incendies de forêt. Avec le réchauffement climatique, la Terre se transforme en garrigue. Portée par le chant des « grillons », ces brasiers mobiles emporteraient des régions entières. Une véritable autoroute sans limitation où les feux se propageraient à la vitesse du vent. Peut-être même aurons-nous droit à un assortiment de toutes ces réjouissances ? Bombes atomiques, ciel chaotique, éruptions volcaniques. Rajoutons à ces festivités quelques famines et autres pestes, des ouragans et des tremblements de terre, et nous obtenons une idyllique carte postale de l'Apocalypse : *« Bon baiser de la Transgression ! Signé, l'Humanité. »* Peu importe de la façon dont cela va se passer, nous, Adam, Ève, Pierre, Paul, Jacques, savons « le pourquoi » : si nous avions été un peu plus attentifs au Père et à Sa création, nous n'en serions pas là. Un monde sans Dieu est voué à disparaître. Seul l'Amour est Éternel. L'Amour est au-delà de tout. Des lois, des frontières, des équations mathématiques. L'Amour est plus fort que tout. Plus fort que la Mort, que Satan et sa vieille Machine rongée, plus fort que nous. Car l'Amour est Dieu – l'amour en vérité – et Dieu est Amour. Le retour sur Invest de « ni Dieu, ni maître », c'est le chaos, le Diable en grandes pompes funèbres ! *« C'est justice que Dieu rende la détresse à ceux qui vous l'infligent, et qu'il vous accorde, à vous qui subissez la détresse le soulagement, lorsque, du haut du ciel, le Seigneur Jésus se révélera. »* L'Apôtre fait la distinction entre les « bons et les méchants » lors du Jugement Dernier. Ceux qui ignorent Dieu, pourront l'ignorer éternellement. *« Ceux-là subiront comme châtiment la ruine éternelle loin de la face du Seigneur. »* Ils seront éternellement coupés de Dieu. Loin de Son Amour, l'horreur ! Enfermés dans le cercle glacial d'une éternité sans aimer ni être aimés. Loin de Son Sacré-Cœur, de Sa tendresse, de Son être brûlant d'Amour pour nous. Privés de La splendeur de Dieu et du Bonheur fou de ne faire qu'un avec Lui ! À la suite du Christ et de l'Apôtre Pierre, saint Paul nous met en garde contre les faux prophètes. Le signe du retour imminent du Messie sur la Terre sera l'apostasie, l'abandon de la foi en Christ : *« Il faut d'abord que vienne l'apostasie* – c'est bien parti ! – *et que se révèle le fils de perdition, celui qui s'oppose et qui s'élève contre tout ce que l'on nomme Dieu et que l'on vénère* – l'Antichrist himself – *et qui va siéger dans le temple de Dieu* – Gloups –, *en se faisant passer lui-même pour Dieu. »* Partageant le même orgueil démesuré que son père le Serpent, le Vermisseau Dévastateur ira jusqu'à s'attribuer l'identité du Très Haut. Avec les clés de la fausse religion, La spiritualité globale, il ouvrira les portes de la contre-vérité et avec elles, les portes de l'Enfer. Des temples de l'Abomination profondément athées et hautement spirituels réunissant l'esprit des religions et des philosophies, fleuriront de par l'e-monde telle la mauvaise herbe ! À l'exemple de son père, « l'Abominable Dévastateur » puisera dans sa propre terre le mensonge. Il sèmera les graines du Mal en les faisant passer pour les semences de l'amour. Sous le prétexte de rassembler au nom de la paix et pour le bien de tous, il instaurera un ordre mondial en réunissant tous les pays et tous les peuples. Les Hommes et leur soif de liberté, deviendront de bons petits citoyens du monde dirigé par les démons et les machines. De braves moutons unis, prêts pour la rôtisserie éternelle « Chez Papa Devil » ! Bienvenue dans « La terre suinte », toxique et obscène de la « Démon-dialisation. » *« L'Homme de l'impiété qui s'oppose à tout ce que l'on nomme Dieu »*, *« Le mystère d'iniquité »* est déjà à l'œuvre. Peut-être même qu'il se trouve parmi nous. *« Il suffit que soit écarté celui qui le retient à présent. »* Jésus-Christ ! Le Fils unique du Père, l'unique Rédempteur. Quand Lui et le *« sacrifice quotidien »*, comme l'a vu le Prophète Daniel dans sa vision (Dn 8, 12) seront écartés – tout bonnement sortis de l'Église –, *« Le fils de perdition »* sera identifié. Ballottée par les vents contraires du monde force 666, en pleine tempête d'apostasie, La barque de l'Église arrivera quoi qu'il en soit à bon port. Là où Dieu l'attend. Car c'est le Saint Esprit qui la dirige et son capitaine, c'est le Christ. Peu importe si des moussaillons tombent par-dessus bord tant que la coque de l'Amour de Dieu reste insubmersible et que l'Étoile de la mer – Marie – nous conduit. Comme en témoignent Noé et Loth, les fils de Dieu ont toujours fait rigoureusement figure de cheveux sur la soupe dans ce monde anorexique à la Vérité. Mais contrairement aux gais lurons de la Terre, ils sont épargnés. Même s'ils partagent le même décor d'horreur que leurs frères lurons, ils échappent à la colère du Père et sont protégés. Parce qu'ils l'aiment, Lui, l'Unique, le Tout-Puissant, le Dieu de Miséricorde ! Ils le connaissent. Ils savent que même s'ils trébuchent sur les croche-pieds du péché, le Seigneur les relèvera parce qu'Il les aime. Parce qu'Il nous aime tous ! À la folie. Ils sont rentrés dans le projet fou d'amour de Dieu qui dépassent tout entendement – surtout humain. Comme sainte Marie-Madeleine, sainte Thérèse de Lisieux, saint Augustin, sainte Marguerite-Marie Alacoque, sainte Faustine, et tant d'autres, « ils » ont compris. « Ils » savent. Ils ne doutent pas un seul instant de Sa Miséricorde plus forte que tout. Comme un certain Saul sur le chemin de Damas parti pour exécuter des chrétiens et qui revient en « Paul de Tarse, esclave de l'amour du Christ ». Saint Pierre lui-même a trahi le Messie à trois reprises, pourtant il a eu la simplicité et l'humilité de croire au pardon de Dieu. Contrairement à Judas qui s'est fait son propre juge et qui a placé son acte de trahison au-delà de Son pardon. « Les moqueurs de service » plongeront le monde dans le doute. Utilisant la fidèle alliée du Diable, la peur, ils nous manipuleront au point de nous faire croire que Dieu nous a oubliés, que le Christ ne reviendra jamais. Certains prétendent qu'après nous avoir créés, Dieu s'est retiré de Sa création. Quelques-uns avancent que c'est à cause de la médiocrité des Hommes. En gros, on ne l'intéresserait plus. Comment peut-on véhiculer de telles idioties sachant que Dieu est Père et qu'un père comme une mère, n'abandonne pas ses enfants. Si certains le font, ce n'est pas le cas de Dieu. Il ne l'a jamais fait et ne le fera jamais. Il est Le Père dans toute la tendresse et la fidélité de Son Amour. S'il avait prévu d'abandonner Sa création, pourquoi donc aurait-il envoyé Son Fils unique pour nous sauver ? Il lui aurait épargné de souffrir le martyre et de finir crucifié par nos sales pattes sur La croix ! Comment penser que le Seigneur s'est retiré de Sa création tant qu'il y a de l'amour sur Terre ? Il est la SOURCE de l'amour ! Il est l'AMOUR ! Comment peut-on colporter de telles sornettes alors que tous les dimanches à la messe – et en semaine – le Christ, Dieu fait homme, se donne à tous à chaque Eucharistie ? Il est vraiment là, totalement incarné dans l'Eucharistie et au Très Saint Tabernacle ! Messieurs « les intellectuels », laissez-là vos réflexions et vos débats, c'est avec le cœur que l'on rencontre Dieu, non avec la cervelle. Et permettez-moi de vous suggérer de changer d'opticien, vos lunettes semblent quelque peu obsolètes. Le Christ Lui-même nous assure de Sa présence à nos côtés (Mt 28, 20) : « *Et moi, je suis avec vous tous les jours jusqu'à la fin du monde.* » Faites l'expérience de Sa présence et de Son amour, cela ne vous fera pas de mal. « *Je te loue Père, Seigneur du ciel et de la terre, de ce que tu as caché ces choses aux sages et aux intelligents, et de ce que tu les as révélées aux enfants.* » *(Mt 11, 25)*

LIVRE DE DANIEL

Chapitres 7 et 8

La première année du règne de Balthazar, roi de Babylone, Daniel eut, sur son lit, un songe et des visions dans son esprit. Alors, il mit le songe par écrit. Début du récit. Daniel prit la parole et dit : « Au cours de la nuit, dans ma vision, je regardais. Les quatre vents du ciel soulevaient la grande mer. Quatre bêtes énormes sortirent de la mer, chacune différente des autres. La première ressemblait à un lion, et elle avait des ailes d'aigle. Tandis que je la regardais, ses ailes lui furent arrachées, et elle fut soulevée de terre et dressée sur ses pieds, comme un homme, et un cœur d'homme lui fut donné. La deuxième bête ressemblait à un ours ; elle était à moitié debout, et elle avait trois côtes d'animal dans la gueule, entre les dents. On lui dit : "Lève-toi, dévore beaucoup de viande !" Je continuais à regarder : je vis une autre bête, qui ressemblait à une panthère ; et elle avait quatre ailes d'oiseau sur le dos ; elle avait aussi quatre têtes. La domination lui fut donnée. Puis, au cours de la nuit, je regardais encore ; je vis une quatrième bête, terrible, effrayante, extraordinairement puissante ; elle avait des dents de fer énormes ; elle dévorait, déchiquetait et piétinait tout ce qui restait. Elle était différente des trois autres bêtes, et elle avait dix cornes. Comme je considérais ces cornes, il en poussa une autre, plus petite, au milieu ; trois des premières cornes furent arrachées devant celle-ci. Et cette corne avait des yeux comme des yeux d'homme, et une bouche qui tenait des propos délirants. Je continuai à regarder : des trônes furent disposés, et un Vieillard prit place ; son habit était blanc comme la neige, et les cheveux de sa tête, comme de la laine immaculée ; son trône était fait de flammes de feu, avec des roues de feu ardent. Un fleuve de feu coulait, qui jaillissait devant lui. Des milliers de milliers le servaient, des myriades de myriades se tenaient devant lui. Le tribunal prit place et l'on ouvrit des livres. Je regardais, j'entendais les propos délirants que vomissait la corne. Je regardais, et la bête fut tuée, son cadavre fut jeté au feu. Quant aux autres bêtes, la domination leur fut retirée, mais une prolongation de vie leur fut donnée, pour une période et un temps déterminés. Je regardais, au cours des visions de la nuit, et je voyais venir, avec les nuées du ciel, comme un Fils d'homme ; il parvint jusqu'au Vieillard, et on le fit avancer devant lui. Et il lui fut donné domination, gloire et royauté; tous les peuples, toutes les nations et les gens de toutes langues le servirent. Sa domination est une domination éternelle, qui ne passera pas, et sa royauté, une royauté qui ne sera pas détruite. Moi, Daniel, j'avais l'esprit angoissé, car les visions que j'avais me bouleversaient. Je m'approchai de l'un de ceux qui entouraient le Trône, et je l'interrogeai sur la vérité de tout cela. Il me répondit et me révéla l'interprétation : "Ces bêtes énormes, au nombre de quatre, ce sont quatre rois qui surgiront de la terre. Mais ce sont les saints du Très-Haut qui recevront la royauté et la posséderont pour toute l'éternité." Puis je l'interrogeai sur la quatrième bête, qui était différente de toutes les autres, cette bête terriblement puissante, avec ses dents de fer et ses griffes de bronze, qui dévorait, déchiquetait et piétinait tout ce qui restait. Je l'interrogeai sur les dix cornes de sa tête, et sur cette corne qui lui avait poussé en faisant tomber les trois autres devant elle – cette corne qui avait des yeux, et une bouche qui tenait des propos délirants – cette corne qui était plus imposante que les autres. Je l'avais vue faire la guerre aux saints et l'emporter sur eux, jusqu'à la venue du Vieillard qui avait prononcé le jugement en faveur des saints du Très-Haut, et le temps était arrivé où les saints avaient pris possession de la royauté. À ces questions, il me fut répondu : "La quatrième bête, c'est un quatrième royaume sur la terre, qui sera différent de tous les royaumes. Il dévorera toute la terre, la piétinera et l'écrasera. Les dix cornes, ce sont dix rois qui surgiront de ce royaume-là. Un autre roi surgira ensuite ; il sera différent des précédents, et il renversera trois rois. Il prononcera des paroles hostiles au Très-Haut, il persécutera les saints du Très-Haut, et il entreprendra de changer la date des fêtes et la Loi. Les saints seront livrés à son pouvoir pendant un temps, des temps, et la moitié d'un temps. Puis le tribunal siégera, et la domination sera enlevée à ce royaume, qui sera détruit et totalement anéanti. La royauté, la domination et la puissance de tous les royaumes de la terre, sont données au peuple des saints du Très-Haut. Sa royauté est une royauté éternelle, et tous les empires le serviront et lui obéiront."» Ici finit le récit. Moi, Daniel, ce que je pensais m'épouvanta fortement et mon visage changea de couleur. Je gardai dans mon cœur ces événements.

La troisième année du règne du roi Balthazar, une vision m'est apparue, à moi, Daniel, après celle qui m'était apparue précédemment. Je regardai, et voici que, dans la vision, j'étais à Suse-la-Citadelle dans la province d'Élam, près de la rivière Oulaï. Je levai les yeux, et voici que je vis un bélier se tenant face à la rivière. Il avait deux cornes, deux hautes cornes, mais l'une plus haute que l'autre, et la plus haute se dressa en dernier.

Je vis le bélier donner des coups de corne vers l'ouest, vers le nord, vers le sud. Aucune bête ne pouvait tenir debout devant lui, personne ne pouvait lui échapper. Il agissait selon son bon plaisir et ne cessait de grandir. Moi, j'étais en train de réfléchir, et voici qu'un bouc arriva de l'occident, survolant toute la terre sans toucher le sol. Il avait une corne imposante entre les yeux. Il s'approcha du bélier à deux cornes que j'avais vu dressé face à la rivière et se rua vers lui de toute sa force. Je le vis atteindre le bélier et se mettre en rage contre lui, puis le frapper et briser ses deux cornes. Le bélier n'avait pas la force de lui faire face. Il le jeta à terre et le piétina. Personne ne pouvait en délivrer le bélier. Le bouc ne cessait de croître mais, au sommet de sa puissance, la grande corne se brisa. Quatre cornes imposantes poussèrent à sa place, orientées vers les quatre points cardinaux. De l'une d'elles, une toute petite corne sortit, mais qui grandit vers le sud, vers l'est, et vers le Pays magnifique. Elle grandit jusqu'à l'armée du ciel, elle terrassa une partie de cette armée et des étoiles, elle les piétina. Elle grandit même jusqu'au chef de l'armée, le sacrifice perpétuel fut retiré à celui-ci, et les fondations de son Lieu saint furent renversées. Et une armée fut postée contre le sacrifice perpétuel de façon perverse. La corne jeta la vérité par terre. Ce qu'elle entreprit, elle le réussit. Un être saint parla, je l'entendis ; et un autre saint lui répondit : « Combien de temps verrons-nous le sacrifice perpétuel retiré, la perversité dévastatrice, le sanctuaire livré, l'armée piétinée ? » Il lui dit : « Encore deux mille trois cents soirs et matins, et le Lieu saint sera rétabli dans ses droits. » Tandis que moi, Daniel, je regardais la vision en cherchant à comprendre, voici que se tenait en face de moi quelqu'un ayant l'apparence d'un homme. Et j'entendis la voix de l'homme entre les rives de l'Oulaï. Il cria : « Gabriel, fais-lui comprendre la vision ! » Il s'avança vers le lieu où je me tenais. À son approche, je fus effrayé et je tombai face contre terre. Il me dit : « Fils d'homme, comprends ! La vision concerne le temps de la fin. » Tandis qu'il me parlait, je m'évanouis, la face contre terre. Il me toucha et me fit mettre debout à l'endroit où j'étais. Il dit : « Je vais te faire savoir ce qui arrivera au terme de la colère, car la fin est pour le moment fixé. Le bélier à deux cornes que tu as vu, ce sont les deux rois de Médie et de Perse. Le bouc velu, c'est le roi de Grèce, et la grande corne entre ses yeux, c'est le premier roi. Si elle s'est brisée et que quatre ont surgi à sa place, c'est que quatre royaumes surgiront de sa nation, mais sans avoir sa force. Au terme de leur règne, quand les pécheurs auront atteint le comble de leur perversité, se lèvera un roi au visage fier, sachant pénétrer les énigmes. Sa puissance se renforcera – mais non par sa propre puissance –, il opérera des destructions prodigieuses, il réussira dans ce qu'il entreprendra, il détruira des puissants et le peuple des saints. Par son habileté, il assurera le succès de ses tromperies ; son cœur s'enflera d'orgueil et, dans la tranquillité, il détruira une multitude. Il se dressera contre le Prince des princes, mais il sera brisé sans l'intervention de personne. Ce que tu as vu et ce qui a été dit au sujet des soirs et des matins, c'est la vérité. Mais toi, garde secrète la vision, car elle concerne des jours lointains. » Et moi, Daniel, je m'évanouis et je fus malade pendant plusieurs jours.

« Je vis une quatrième bête, terrible, effrayante, extraordinairement puissante. » « Elle était différente des trois autres bêtes, elle avait dix cornes. » Une bête

dissemblable des autres, un royaume d'une autre nature qui diffère de tous ceux qui existent. Serait-ce le Royaume d'Internet et de la Technologie ? Le Royaume de La Machine ? Rien ne résiste à cette bête, *« elle dévore et piétine tout. Elle a dix cornes. »* Dans le langage biblique, la corne est symbole d'autorité, de puissance mais aussi de force d'amplification. Tel un micro, elle favorise la portée d'un message. Aujourd'hui, la corne pourrait représenter la puissance et le pouvoir de la communication. En matière de com et de portée, il n'y a rien de tel que le web : Tout, tout de suite et aux quatre coins du monde simultanément. *« La Bête dévore et piétine tout. »* Sans Internet, impossible d'avoir une vie professionnelle, ni sociale. Impossible d'avoir une vie tout court. Les résultats d'analyses médicales, les comptes bancaires, etc., tout passe par l'informatique. Même les organismes comme la CAF, pourtant destinés aux personnes « en difficultés », s'y collent ! Sans le Net, pas de RSA. Les déclarations et les accompagnements ne sont plus traités par des humains mais par des machines. Pour les étrangers, les personnes âgées et celles qui sont diminuées intellectuellement, autant dire que le montage et le suivi d'un dossier relèvent du parcours du combattant ! Dans le genre dissuasif, il n'y a pas mieux. L'État doit faire de sacrées économies ! Après tout, les vieux, ils comptent pour du beurre, les étrangers, eux, n'ont qu'à disparaître, quant aux handicapés, qu'ils restent invisibles ! Sans connection, on n'existe pas. Les marginaux d'aujourd'hui sont ceux qui vivent non plus à côté de la plaque, mais à côté du Net ! Peut-être qu'un jour le No Net sera considéré comme une rébellion, une infraction aux codes du Dieu Machine ! En attendant, ferme ta bouche et ouvre ton clavier. « *Comme je considérais les cornes, il en poussa une autre, plus petite au milieu.* » Cette petite corne prend naissance dans la Bête. Elle pousse, elle sort de la Bête. Un de ses nombreux tentacules pourrait concerner le transhumanisme. L'alliage biotechnologie reconnu d'utilité publique pour augmenter l'Homme et son ego, s'intéresse déjà à une fabrication de l'être de la tête aux pieds en passant par « les cornes ». D'où la petiote cornette qui pointe le nez. Une apparence humaine à part entière. Une apparence seulement car ne provenant pas de l'Unique Auteur de toute vie : le Père Créateur. Une matière chaude et vivante, un être au rabais privé d'âme, sans esprit et sans émotions qui mimerait la vie comme l'amour. Quel mépris l'Homme a pour lui-même ! Limiter son humanité à un assemblage de cellules, de connections et d'algorithmes ! Quand l'Homme dévalorise l'Homme, l'Accusateur a bien fait son boulot : Nous finissons par nous passer de lui pour nous dénigrer nous-mêmes. L'Homme est en passe de porter le Serpent dans ses veines. Cette petite corne, fruit de son orgueil démesuré, pourrait bien être une poupée humaine issue du vivier de La Machine au service de l'Esprit des Ténèbres. « *Sa puissance se renforcera mais non pas sa propre puissance* » nous dit le Prophète. Et pour cause : son intelligence, sa puissance et son savoir-faire, proviendront des derniers algorithmes à la pointe de la technologie. Gavé de toutes sortes de données, le rejeton câblé se fera inséminer son pouvoir par la main des hommes. La marionnette se dressera légitimement contre l'Homme son rival, et contre Dieu, l'Unique Créateur. « *Cette corne avait des yeux comme des yeux d'homme et une bouche qui tenait des propos délirants – blasphématoires. J'entendais les propos délirants que vomissait la corne.* » Daniel nous révèle qu'il l'a vu faire la guerre aux saints et l'emporter sur eux. Ça devient chaud pour les fils de Dieu ! Comme dirait l'autre, « ça craint » ! Quand le Prophète au bord de l'apoplexie – on le comprend, on le serait à moins –, demande à un Être Céleste la signification de la vision de cette quatrième bête avec la petite corne, la réponse ne se fait pas attendre : « *La quatrième bête, c'est un quatrième Royaume sur la terre qui sera différent de tous les autres.* » Rebelote ! « *Un autre roi surgira ensuite* – la petite corne –, *il sera différent des précédents* – Normal, c'est une diabolique poupée animée. « *Il prononcera des paroles hostiles au Très Haut, il persécutera les saints du Très Haut, il entreprendra de changer les dates.* » Tiens donc ! Comme sortir Noël de son contexte religieux ou bien renommer les vacances de Pâques en « vacances de Printemps » ? ! « *Il entreprendra de changer la Loi.* » Bye Bye Les 10 commandements et la Loi de Dieu ! La petite cornette greffée sur la tête de son père le Diable suit son exemple. Un modèle d'obéissance ! Orgueilleuse et haineuse comme pas deux, la petite salive à l'idée d'anéantir Le Tout-Puissant et de détruire Sa création toute entière afin de régner en unique reine aux côtés de son papa cornu. Qui sait, peut-être même que la p'tite corne voudra aussi buter son père ? Dans ce genre de famille, il faut « satan-dre » à tout. L'homicide est de rigueur ! Quant à « l'Homme-micide » de l'Humanité, il est déjà en route. « *Les saints seront livrés à son pouvoir pendant un temps, deux temps et la moitié d'un temps.* » Certains exégètes s'accordent pour dire qu'un temps est égal à douze mois, soit un an. L'addition de ces temps donnerait trois ans et demi. Ma foi. En tous cas, quand La Machine Infernale sera lancée, ça ne va pas traîner ! « *Puis le tribunal siégera et la domination sera enlevée à ce Royaume, qui sera détruit et totalement anéanti. La Royauté, la Domination et la Puissance de tous les Royaumes de la terre, sont données au peuple des saints du Très Haut. Sa Royauté est une Royauté Éternelle, et tous les empires le serviront et lui obéiront.* » Basta ! Dieu a parlé. Les petites bêtes, allez donc vous rhabiller et n'oubliez pas vos serre-têtes ! Des cornes vont tomber.

La deuxième vision de Daniel (chapitre 8) révèle un message similaire. Seuls le décor et les « bébêtes » changent mais l'histoire reste la même. « *Un bouc arriva de l'occident, survolant toute la terre sans toucher le sol.* » « Le bouc » est un gars de chez nous, de l'occident. « *Il ne cessait de croître, mais au sommet de sa puissance, sa grande corne se brisa.* » Comme une coquille d'œuf quand le poussin éclôt. Toujours l'esprit de la chrysalide. « *Quatre cornes imposantes poussèrent à sa place, orientées vers les quatre points cardinaux.* » Impossible de leur échapper. Il y a là encore, une portée universelle. « *De l'une d'elles, une toute petite corne sortit.* » Tiens la revoilà celle-là ! « *Elle grandit vers le sud, vers l'est et vers le « Pays Magnifique »* – Le Royaume de Dieu ? « *Elle grandit jusqu'à l'armée du ciel* – Les Anges et les esprits célestes. « *Elle terrassa une partie de cette armée et des étoiles* – les étoiles sont les Anges – *et les piétina. Elle grandit même jusqu'au chef de l'armée* – le Christ – « *Le sacrifice perpétuel fut retiré à celui-ci et les fondations de Son Lieu Saint furent renversées.* » Ce sacrifice perpétuel, ne serait-il pas le sacrifice quotidien, l'Eucharistie célébrée quotidiennement à la messe ? L'étau du Démon se resserre sur l'Église, sur le précieux Corps et Sang du Christ et sur le Christ Lui-même, celui dont on veut effacer le Nom et La Croix. Oui, « *Le mystère de l'iniquité* » est déjà à l'œuvre. Serions-nous en pleine Apocalypse sans le savoir ou bien, sans oser le reconnaître ? Tout va bien, youpi, Alléluia ! « *Les fondations de son Lieu Saint furent renversées, inversées, ébranlées.* » La croix à l'envers, la marque de Satan. Sa griffe est de faire le contraire de Dieu. Dieu est la Vie, il est la Mort. Dieu est Amour, il n'est que Haine. Dieu est la Vérité, il n'est que Mensonges et Manipulations. *La corne jeta la vérité par terre.* » Le fils de perdition sort le Christ de l'Église en travestissant la Vérité. « *Je suis le chemin, la vérité et la vie* » a dit le Messie. En truquant la vérité, en rabaissant le Christ au « statut » de Prophète ou en le faisant simplement disparaître de nos consciences et de nos vies, Satan et tous ceux qui tiennent ce discours, jettent la Vérité par terre et sont anti-Christ. En crachant sur La Croix, ils crachent sur le Fils, l'Unique Rédempteur et sur Dieu, Son Père Tout-Puissant. Toujours cet orgueil fou, cette soif de se substituer à Dieu. « *Pousse – toi que je m'y mette !* », l'éternelle rengaine du Diable ! Le Serpent met en place une implacable stratégie de destruction massive de l'Église. Les pièces du sabotage du Salut Éternel s'enchevêtrent les unes aux autres dans une redoutable mécanique. En premier, il s'attache à rabaisser Adam et Ève et le péché originel à un conte pour enfants et pour retardés. Par conséquent, si le péché originel n'existe plus, plus besoin de rédempteur. Exit le Christ. La notion de Bien et de Mal disparaît en même temps que le Nom de Dieu. Il n'y a plus de péché car il n'y a plus de faute et donc plus de jugement. Et surtout, plus personne à qui rendre des comptes, à part soi-même – et la Bête, mais cela, l'Homme l'ignore encore. L'Amour en Vérité, L'Amour « Agapè », est remplacé par une fausse appellation de l'amour défiguré. Employé à toutes les sauces et justifiant tous les actes, l'amour sans source, l'amour sans Dieu, épanchera notre soif de liberté outrancière. « *Une armée fut postée contre le sacrifice perpétuel de façon perverse.* Dans la bible du chanoine Crampon, il est dit (Dn 8, 12) : « *Une armée a été livrée « par infidélité », avec le culte perpétuel, et la corne a jeté la vérité par terre. Elle l'a fait et elle a réussi.* » L'Église du Christ sera-t-elle squattée par des démons habillés en agneaux, ou bien remplacée par « une nouvelle », une toute autre dont les plans sont dans les mains du « Grand Architecte de l'Univers » comme disent les francs-maçons ? L'Agneau de Dieu offert pour les péchés du monde sera-t-il confisqué aux fidèles ? « *Les invités de la noce pourraient-ils jeûner, pendant que l'Époux est avec eux ? Tant qu'ils ont l'Époux avec eux, ils ne peuvent pas jeûner. Mais des jours viendront où l'Époux leur sera enlevé; alors, ce jour-là, ils jeûneront » (Mc 2, 18).* Ce passage de l'évangile ne se limite pas seulement à l'Ascension du Christ. Dans le contexte de la fin des temps, rattaché à la vision de Daniel, il pourrait faire allusion au « *sacrifice quotidien retiré*». Au retrait de l'Eucharistie par les serviteurs du Diable, des infiltrés à l'intérieur même de l'Église. Des purs et durs mais aussi des inconscients. Des hommes et des femmes qui agissent avec un cœur sincère en croyant servir Dieu. Il ne faut pas sous-estimer la puissance de manipulation de Satan. Certains pensent œuvrer pour le Royaume alors que leurs actes contribuent à la destruction de l'Église. Ce farouche désir de vouloir rassembler tous les croyants sous le même toit peut conduire au pire. À la suppression du Saint Sacrement. L'Eucharistie est la pierre angulaire sur laquelle repose tout l'édifice. Sans l'Eucharistie, il n'y a pas d'Église. L'Eucharistie, c'est le Christ. L'Église est le corps mystique du Christ. Le Christ, l'Église, l'Eucharistie ne font qu'un. Au nom d'un œcuménisme détourné afin de réunir tous les chrétiens, la célébration eucharistique pourrait « évoluer ». Il suffit de peu pour que tout bascule. Seulement de quelques mots l'air de rien et qui changent tout. Certains fidèles ne s'en apercevraient même pas. Une nouvelle formule de consécration permettant aussi bien aux catholiques qu'aux protestants de voir midi à leur porte. Pour les uns, le pain demeurerait le précieux Corps et Sang du Christ présent dans le Sacrement, pour les autres, un pain fraternel invitant au partage de l'amour. Chaque chrétien y trouverait son compte. Après l'unité des chrétiens viendrait l'unité de toutes les obédiences religieuses et spirituelles – n'oublions pas « Les vaches sacrées ». Transformée en vaste prairie, cette Église accueillerait tous les troupeaux de la Terre peu importe leur appartenance religieuse, permettant à chacun de brouter l'herbe de sa verdoyante foi. Même les athées auraient leur enclos. Ne se sentant plus « agressés » par ce Dieu d'Amour dont le Nom aura disparu, ni par l'Agneau Rédempteur banni des cérémonies, ils s'élèveront au chant des bougies et de l'encens en parfaite harmonie avec le Dieu Cosmos ! Un lieu de culte – d'incultes – à la carte. Les frères arpenteront les allées de ce temple supermarché avec un caddy rempli de leurs croyances – « *à chacun sa vérité* » –, l'estomac vide – Dieu seul nourrit. Tandis que « les marchands du temple » se réjouiront, l'Apocalypse sortira son fouet. « *Vous avez fait de la maison de mon Père une caverne de voleurs !* », de voleurs d'âmes et de vies éternelles. Les puces humaines assoiffées de pouvoir, ces suppôts aux larges sourires et à l'âme noire, n'ont pas de limite. Ils partagent la même arrogance que Satan. Comptons sur eux pour être toujours plus « créatifs » dans leur course aux mensonges et aux innovations disruptives. Ils peuvent entraîner la masse, perdre la Terre mais ils n'inquiéteront jamais Le Père Tout-Puissant, ni le Fils car Il est « JE SUIS », ni l'Esprit Saint. L'Agneau s'est offert pour les péchés du monde une fois pour toutes. « Tout est consommé. » Sa résurrection est actée, Son précieux Corps et Sang dans le Saint Sacrement de l'Eucharistie est Éternel. Ils peuvent détruire les « pierres » de l'Église mais non son cœur qui est le Christ. L'Église, la vraie, deviendra peut-être clandestine mais elle ne sera jamais anéantie ! « *Les portes de l'enfer ne prévaudront pas contre mon Église* », a dit le Maître. Quand bien même les Églises seraient rasées et que la Gestapo Luciférienne multiplierait les descentes et les emprisonnements en tout genre, ils n'auront jamais Dieu, ni Son Église, Corps mystique du Christ. L'œuvre de notre Salut Éternel est accomplie ad vitam aeternam. Soyons patients. Restons en paix avec « nos lampes allumées » au Feu de l'Amour de Dieu et de la prière. Ce jour-là peut arriver à tout moment car c'est Dieu Seul qui décide. Notre Seigneur est positivement déroutant ! Il se révèle là où on ne l'attend pas, au moment le plus improbable. Il faut juste attendre que *« les pervers arrivent au comble de leur perversité »*. Au train – d'enfer – où ça va, le jour en question risque d'arriver plus tôt que prévu. Ce livre de Daniel est à prendre très au sérieux. Le Christ Lui-même valide les visions du Prophète : *« Quand vous verrez installé dans le Lieu Saint, là où il ne faut pas, l'Abominable Dévastateur dont a parlé le prophète Daniel – que le lecteur comprenne ! –, sachez que le Fils de l'homme est proche, qu'il est à votre porte » (Mt 24, 15).* Peu importe ce qu'il arrive et ce qui nous attend. Chaque battement de La création et chaque avancée même destructrice de l'Humain, contribuent à l'Avènement du Christ et au Règne de Dieu. Satan cherchera à nous avoir à l'usure. Comme toujours, il rebondira sur nos blessures, nos souffrances et nos peurs pour nous déstabiliser et nous entraîner à la damnation éternelle. Fils et Filles de Dieu, soyons sereins, soyons forts, non pas de nous-mêmes mais de Dieu. C'est Lui qui a gagné la partie. Il suffit juste que l'horloge « des temps » s'aligne à Son moment, qui sera notre moment et celui de la victoire de l'Amour. *« Un être saint parla et un autre répondit : « Combien de temps verrons-nous le sacrifice perpétuel* – quotidien – *retiré, la perversité dévastatrice* – le

Démon et sa bande –, *le sanctuaire livré* – l'Église –, *l'armée piétinée ?* les Anges, les êtres Célestes, et les élus de Dieu sur Terre. *« Il lui dit : « Encore deux mille trois cents soirs et matins, et le Lieu Saint sera rétabli dans ses droits. »* L'Ange Gabriel vient Lui-même éclairer le pauvre Daniel qui craque et s'évanouit au milieu de toutes ces révélations : *« Il me dit : « Fils d'homme comprends ! La vision concerne le temps de la fin. »* Tous les textes convergent pour arriver à 1 280 jours, soit 3 ans et demi. L'attente sera peut-être longue mais « l'œil du cyclone de l'Apocalypse » une fois atteint, les événements s'accéléreront considérablement. *« Je vais te faire savoir ce qui arrivera au terme de la colère, car la fin est pour le moment fixé. » « Au terme de leur règne, quand les pécheurs auront atteint le comble de leur perversité, se lèvera un roi au visage fier sachant pénétrer les énigmes. Sa puissance se renforcera – mais non sa propre puissance. »* Le chapitre 13 de l'Apocalypse ne laisse planer aucun doute sur l'identité de ce personnage. Encore une petite page et nous y arrivons. *« Il détruira le peuple des Saints. »* Ce n'est pas de la littérature, c'est de la prophétie pure et dure. Le but des textes bibliques – tout comme ce livre – n'est pas de nous décourager mais de nous préparer à ces événements dans la foi. *« C'est pourquoi, quiconque entend ces paroles que je dis et les met en pratique, sera semblable à un homme prudent qui a bâti sa maison sur le roc. La pluie est tombée, les torrents sont venus, les vents ont soufflé et se sont jetés contre cette maison : elle n'est point tombée, parce qu'elle était fondée sur le roc. » (Mt 7, 24)* Le Messie d'Israël, Ses Apôtres et les Prophètes n'ont pas cherché à nous effrayer mais à nous instruire afin de ne pas sombrer dans la peur, la lassitude ou bien le désespoir. L'arme absolue que sortira Lucifer pour déstabiliser Les Fils de Dieu qui seront sur Terre, c'est le découragement. « *Ça y est ! C'est foutu : Satan a gagné La bataille !* » Ces prophéties, au lieu de nous angoisser, doivent bien au contraire nous rassurer. Nous sommes prévenus. Lorsque le monde nous crachera à la face que Dieu a perdu et que le Diable a défoncé « l'enclos et les brebis », il ne faudra pas désespérer. C'est à ce moment-là que Notre Bien-Aimé arrivera dans la Gloire pour remettre les pendules à l'heure de Son Règne Éternel ! L'alerte sera donnée par l'Abominable Poupée de cire made in Silicon Valley. « *Il lui sera donné un cœur d'homme* » mais non une âme. Dans son cœur nourri aux hormones de l'orgueil comme « son Père », « *il se dressera contre le Prince des princes* – Le Verbe Incarné – *mais sera brisé sans l'intervention de personne.* » Fin de la rébellion. C'est Dieu le Patron ! Sans autre intervention que Sa propre volonté car « à Lui seul appartiennent le Règne, la Puissance et la Gloire pour les siècles des siècles ». Le prince de ce monde et son Bébête Show iront croupir en Enfer, le lieu qu'ils auront eux-mêmes préparé. Nous n'avons pas à nous réjouir du sort « des méchants ». Chaque âme qui se perd est une goutte de Sang du Christ souffrant qui se perd. Pour Notre Dieu d'Amour qui exulte de joie pour un « *pécheur repenti, plus que pour 99 justes* » et qui « *se jette au cou du fils prodigue pour le couvrir de baisers* », cela est intolérable. « *Cette vision concerne des jours lointains* », a dit l'Archange Gabriel à ce pauvre vieux Daniel au bord de l'évanouissement.

Et si c'était aujourd'hui ? Et si c'était demain ?

LIVRE DE L'APOCALYPSE

Alors le Dragon se mit en colère contre la Femme, il partit faire la guerre au reste de sa descendance, ceux qui observent les commandements de Dieu et gardent le témoignage de Jésus. Et il se posta sur le sable au bord de la mer.» (Ap 12, 17-18)

Chapitre 13

Alors, j'ai vu monter de la mer une Bête ayant dix cornes et sept têtes, avec un diadème sur chacune des dix cornes et, sur les têtes, des noms blasphématoires. Et la Bête que j'ai vue ressemblait à une panthère ; ses pattes étaient comme celles d'un ours, et sa gueule, comme celle d'un lion. Le Dragon lui donna sa puissance et son trône, et un grand pouvoir. L'une de ses têtes était comme blessée à mort, mais sa plaie mortelle fut guérie. Émerveillée, la terre entière suivit la Bête, et l'on se prosterna devant le Dragon parce qu'il avait donné le pouvoir à la Bête. Et, devant elle, on se prosterna aussi, en disant : « Qui est comparable à la Bête, et qui peut lui faire la guerre ? » Il lui fut donné une bouche qui disait des énormités, des blasphèmes, et il lui fut donné pouvoir d'agir pendant quarante-deux mois. Elle ouvrit la bouche pour proférer des blasphèmes contre Dieu, pour blasphémer contre son Nom et sa demeure, contre ceux qui demeurent au ciel. Il lui fut donné de faire la guerre aux saints et de les vaincre, il lui fut donné pouvoir sur toute tribu, peuple, langue et nation. Ils se prosterneront devant elle, tous ceux qui habitent sur la terre, et dont le nom n'est pas inscrit dans le livre de vie de l'Agneau immolé, depuis la fondation du monde. Si quelqu'un a des oreilles, qu'il entende. Si quelqu'un doit aller en captivité, il ira en captivité; si quelqu'un doit être tué par l'épée, il sera tué par l'épée. C'est ici qu'on reconnaît la persévérance et la foi des saints. Puis, j'ai vu monter de la terre une autre Bête; elle avait deux cornes comme un agneau, et elle parlait comme un dragon. Elle exerce tout le pouvoir de la première Bête en sa présence, amenant la terre et tous ceux qui l'habitent à se prosterner devant la première Bête, dont la plaie mortelle a été guérie. Elle produit de grands signes, jusqu'à faire descendre le feu du ciel sur la terre aux yeux des hommes: elle égare les habitants de la terre par les signes qu'il lui a été donné de produire en présence de la Bête; elle dit aux habitants de la terre de dresser une image en l'honneur de la première Bête qui porte une plaie faite par l'épée mais qui a repris vie. Il lui a été donné d'animer l'image de la Bête, au point que cette image se mette à parler, et fasse tuer tous ceux qui ne se prosternent pas devant elle. À tous, petits et grands, riches et pauvres, hommes libres et esclaves, elle fait mettre une marque sur la main droite ou sur le front, afin que personne ne puisse acheter ou vendre, s'il ne porte cette marque-là: le nom de la Bête ou le chiffre de son nom. C'est ici qu'on reconnaît la sagesse. Celui qui a l'intelligence, qu'il se mette à calculer le chiffre de la Bête, car c'est un chiffre d'homme, et ce chiffre est six cent soixante-six. »

«*Alors, j'ai vu monter de la mer une bête ayant dix cornes et sept têtes, avec un diadème sur chacune des dix cornes et, sur les têtes, des noms blasphématoires.* » Cette bête de l'Apocalypse semble être la même que la quatrième bête du Livre de Daniel – celle qui est différente de toutes les autres. La mer est le lieu où réside les forces du Mal, l'Esprit des Ténèbres. Elle symbolise le monde corrompu et hostile à Dieu. « La mer », lieu-dit du chaos, qui trouve sa source dans le cerveau de l'homme déchu. La post-génération « Adam et Ève, péché originel ». Tandis qu'Adam rentre dans le plasma de son écran pour se perdre dans le labyrinthe des logiciels serpentés, Léviathan s'en échappe (Isaïe, 27) : « *Ce jour-là, le Seigneur interviendra avec son épée acérée, énorme, puissante, contre Léviathan, le Serpent fuyant, le Serpent tortueux, il tuera le Dragon de la mer.* » Léviathan, « la bête à sept têtes » dont parle Daniel et l'Apocalypse. Une entité numérique est en train de se lever. « Ce Royaume différent » prend de jour en jour le contrôle de la Terre et de ses habitants. Sa puissance dépassant tout entendement échappe au contrôle même de ceux qui l'ont créée. D'alliée, elle se retourne contre eux. Sans elle, c'est le chaos. Initialement élaborée pour nous aider, cette chose prend la main sur nos vies. Encore allaitée par les mamelles des informaticiens, la Monstresse deviendra vite autonome. Cette entité dotée de la plus grande intelligence artificielle se passera vite des bons petits hommes qui l'ont fabriquée. Ses connaissances lui permettront sans tarder de s'émanciper de ses géniteurs. Comptons sur « La chose » pour faire trembler la planète ! Non satisfaite d'avoir conduit l'Homme à l'esclavage, elle le détruira après l'avoir dépouillé de son humanité et de son âme. Cette Bête que Jean voit monter de la mer, de « l'esprit du monde » au service de Satan son prince, pourrait bien être « La Machine ». Cette implacable mécanique de destruction mise en place par les hommes à la solde du Démon. Véritable Holding du Mal, La Machine englobe tous les services et les systèmes de pensée. Elle dispose de « sept têtes », elle est partout, rien ne lui échappe. Elle est présente dans tous les domaines, elle a la mainmise sur tout. Elle prolifère via le numérique telle une bactérie. Des mines en sucres d'orge empoisonnés posés sous nos pieds. Tous les pays, toutes les races et tous les peuples sont menacés. Cette redoutable stratégie de destruction n'est pas le fruit de la volonté d'un homme, ni d'un groupe ou bien d'un parti politique. C'est l'œuvre du Diable lui-même. C'est pour cette raison que nous sommes tous concernés. Même si certains pays semblent davantage gangrenés que d'autres, la Terre entière est infestée. Le souffle du Démon ne manque ni d'air ni de ramifications. Les postulants se ramassent à « la corne ». La plupart de ses serviteurs ignorent eux-mêmes en faire partie. C'est tout l'art du Serpent : s'entortiller autour de nous telle la plus douce des caresses afin d'étouffer notre cœur et d'avaler notre âme. Depuis Adam et Ève, l'objectif du « Dragon Machine » n'est autre que de réduire Dieu et les Hommes au néant. Faire disparaître de la surface de la Terre le Saint Nom de Dieu, Ses enfants et toute Sa Création. « La Bête » de l'Apocalypse arrivée à maturité, se matérialise en un Royaume différent de tous les autres Royaumes. « *Le dragon lui donna sa puissance et son trône et un grand pouvoir. L'une de ses têtes était comme blessée à mort, mais sa plaie mortelle fut guérie.* » Mama Transhumanisme serait-elle passée par là ? Sous le saint prétexte de soulager et de guérir les pauvres bougres que nous sommes, avec à la clé la carotte de l'immortalité, Mama cherche à donner la vie. Tout comme Dieu – le perroquet du Très Haut a encore frappé ! « *Émerveillée, la terre entière suivit la bête* » – tu m'étonnes ! « *Les hommes se prosterneront devant le Dragon et devant la Bête* », comme jadis devant le veau d'or. « *Qui est comparable à la Bête et qui peut lui faire la guerre ?* » ou bien le bis repetita copie difforme de la question posée par l'Archange saint Michel aux Anges rebelles : « *Qui est comme Dieu ?* » Une nouvelle fois, le perroquet est pris en flagrant délit de copyright sauf qu'avec lui, il s'agit toujours de copy wrong ! « *Il lui fût donné une bouche qui disait des énormités, des blasphèmes contre Dieu, contre son Nom, sa demeure et contre ceux qui demeurent au ciel.* » Une pensée pour Daniel et la vilaine petite corne de sa vision (Dn 7, 8) : « *Cette corne avait des yeux comme des yeux d'homme et une bouche qui tenait des propos délirants.* » Le rejeton de Mama Frankenstein, l'arrogant petit rat de laboratoire, le pantin désarticulé au QI « XXL » – « L » comme Lucifer – la ramène encore ! Décidément, il est comme son père, il ne s'arrêtera jamais – sauf « *au moment fixé* ». « Vilaine petite bestiole, calme-toi donc ! Tu t'emploies à salir le Très Haut alors que tu es déjà morte et que tu n'as jamais existé ! Tu n'es pas vivante : tu n'as pas d'âme. Le seul souffle que tu aies est celui du chacal. Retourne dans ta Silicon Valley de la Désolation, laisse Dieu et Sa création en paix ! Désolée de casser ton rêve mais redescends sur Terre – ou plutôt, va-t'en ! En guise d'esprit, une compile d'algorithmes, en guise de cœur, un organe sans amour, en guise de jugement, un aller simple pour Enfer Island ! D'ailleurs, seras-tu seulement jugée ? Étant donné que Le Père Créateur ne t'a pas insufflé Son Souffle de vie et que tu n'as pas d'âme, peut-être seras-tu simplement jetée aux ordures ménagères du Néant ? Le Prophète Habacuc (2, 19) ironise à ton sujet : « *Quel malheur pour celui qui dit au morceau de bois : «Réveille-toi ! », à la pierre muette : «Lève-toi ! », et qui dit : «Elle va enseigner ! » Tout cela est plaqué d'or et d'argent, sans aucun souffle à l'intérieur !* » Dieu a fait l'Homme à Son image, que fait le Démon ? Il crée l'Homme Nouveau, l'Homme de Labo, à son image. Petit problème, Dieu Seul a le pouvoir de donner la vie. Qu'à cela ne tienne, l'Antique Serpent n'allait pas se décourager pour autant ! Il tient tant à son orgueil ou plutôt, son orgueil tient tant à lui. S'il ne peut donner la vie « *à son image* », il peut au moins l'animer : « *Il lui a été donné d'animer l'image de la Bête, au point que cette image se mette à parler* » « *Il fut donné une bouche à la Bête.* » « Toi, la venimeuse poupée animée au kit ADN biochimique-techno-névrosé ; un composite de souches, de couches – de bêtises et de maquillage –, de nerfs, de circuits électriques, de circuits éclectiques. Tu as réponse à tout, tu connais tout, tu détectes tout. C'est pour cela que Daniel dit de toi (Dn 8, 23) : « *Il s'élèvera un roi au visage dur sachant pénétrer les énigmes.* » Avec la banque globale de données dont Mama Frankenstein t'aura sevrée, rien ne te résistera. En un clic de paupières siliconées, tu décoderas les mystères et les choses cachées. Seul l'amour demeurera pour toi une énigme.

Les petites puces de chercheurs et de génies du numérique ont déjà mis au point des outils permettant de scanner nos émotions. Pour notre sécurité cela va sans dire. Grâce à leur maîtrise de la biométrie, de la technologie et de leur imparable culture des traitements de données, les Big Gafa, Data, Tralala, ont créé un logiciel permettant d'identifier un individu de dos à sa façon de bouger son petit popotin ! Ces fidèles algorithmes de reconnaissance faciale initialisés pour votre bien, demain vous pourriront la vie et peut-être même, vous l'ôteront ! Il suffit que la Machine au service de Sa Majesté le Dragon, les détourne de leurs secourables fonctions pour les transformer en mouchards des opposants à la pensée unique. Sacré « roi au visage fier et dur pénétrant les énigmes ». Qu'est-ce que tu vas te régaler – sur les côtes d'Adam – lorsque tu seras en haut de La pyramide, avec le pouvoir et le contrôle de toutes choses et de tous les êtres ! « Nique, nique, nique, tralala, Big Dracula ! » Comme tu n'es pas, contrairement à Dieu qui est « JE SUIS », ce sont les petites mains de ton père – les Hommes – qui te bourreront d'amphés de logiciels et de miel de programmes de Super Héros ! « Comics », non ? Après « La cuisine au bon beurre », voici « La cuisine au bon leurre ». Même si tu « n'es pas », tu seras anéantie en même temps que ton Dragon de père dont les jours sur Terre – et dans tout l'univers ! – sont irrévocablement comptés (Ap 17, 8) : *« La Bête que tu as vue était mais elle n'est plus. »* En attendant le Big « Bang Bang » de votre disparition à tous les deux, les braves citoyens vont drôlement déguster ! *« Il lui fut donné d'agir pendant quarante-deux mois. »* Trois ans et demi nous dit l'Apocalypse, comme Daniel. Durant ces quarante-deux mois, ces quarante-deux lunes et ces « 666 soleils », tu vas faire la misère au monde, la « guerre aux saints et tu vas les vaincre ». Enfin, en apparence, car encore une fois, c'est Dieu le plus fort. Quand Son plan sera achevé, vous disparaîtrez tous, ton père, la smala et toi ! Une sombre vapeur dans le chaos de votre éternité. Et avec vous, les ennemis de Dieu. Tout ça pour un bout de pomme et d'ego. Fallait y penser avant les gars !

La deuxième Bête de l'Apocalypse

« Puis j'ai vu monter de la terre une deuxième Bête ; elle avait deux cornes comme un agneau, et elle parlait comme un Dragon. » (Ap 13, 11) Sans aucune hésitation, il s'agit d'une femme ! Qui parle mieux « le dragon » qu'une femme ?! Un peu d'humour ne fait pas de mal. Gloups ! Et si c'était réellement une femme ? Cette Bête vient de la terre, c'est donc un fils d'homme, un humain, pas une « poupée de cire et de son ». *« Elle produit de grands signes et égare les habitants de la terre. »* Elle fascine, elle subjugue, elle émerveille ! Difficile de lui résister. Elle apparaît comme un soleil de nuit, une réponse aux ténèbres de l'Humanité. Plus l'Homme s'éloigne de Dieu, plus il s'égare, et plus il devient une proie prête à tomber dans n'importe quel filet de pensée. Sa foi peut vaciller mais non son désir de spiritualité. Il est inscrit dans ses gènes. Dans un tel contexte de perte de sens, de repères et de Dieu, en apnée d'amour, abreuvé de sur-consommation et sous perf du numérique, les fesses entre deux claviers et le

cœur à l'écran, comment ne pas sombrer dans une folie collective ? En ces jours-là – on y arrive –, l'Homme deviendra incapable de faire la distinction entre le monde réel et le monde virtuel. Cette deuxième Bête amène le monde à « dresser », à fabriquer, une image en l'honneur de la première Bête, Satan, le Dragon. « *Il lui a été donné d'animer l'image de la Bête.* » Et Dieu créa l'Homme à Son image ! Et le Diable de répliquer en fabriquant le Gnome à son image. À l'image de la Bête, de La Machine, de l'esprit du monde. L'E-Monde aux commandes du Monde ! L'Esprit du Mal donnant naissance à un rejeton en carton-pâte sorti tout droit des larges et démesurées hanches de l'orgueil de « Mama Frankenstein Transhumanisme ». Adam et Ève au bout du rouleau mettant bas un monstre siliconé dont la télécommande est dans les sabots du Diable ! Un pur scénario de film de science-fiction ! Comment ne pas succomber aux charmes et à la verve de la deuxième Bête, de ce démon faisant les yeux doux comme un agneau, qui nous entraînera à adorer l'Image de la Bête ? Nous avons bien adoré un veau d'or, pourquoi pas une machine animée ? Elle opérera de grands « prodiges » – non de grandes « choses », la différence est essentielle. Le peuple, éloigné de la véritable et unique Source Dieu, fasciné par la Bête, sera assoiffé de palliatifs de contre-vérités. Au bord de rendre l'âme, il la perdra. « Priest-agitateur » charismatique, le cœur sur la main et la main sur la détente, maniant le verbe comme le sensationnel, ce Faux Prophète à l'humilité souriante, entraînera les habitants de la terre dans la corne de la contre-vérité et du blasphème absolu en faisant croire que la Vie n'est pas le propre de Dieu. On peut se passer de Lui. « L'Homme Dieu » se passe de Lui. l'Homme est Dieu. L'Homme hait Dieu – l'homme sous l'emprise du Mal. La Vie sur commande, la Vie on Line. Un nouveau service verra le jour, la VOD de la posthumanité : Vie On Demand. Fils adoptif du Démon, *« exerçant le pouvoir de la Bête en sa présence »*, ce ravissant loup ravisseur déguisé en agneau s'efforcera non seulement de saboter l'Église mais d'y introduire l'Esprit des Ténèbres. Peut-être deviendra-t-il l'investigateur du nouveau Temple prenant sa source dans le néant des narines du Dragon ? Le Faux Prophète peut véritablement s'avérer être une femme. Tout comme un homme d'Église. L'angoisse ! Un serviteur du Diable revêtu des apparences de « l'Agneau ». Lucifer dans les couloirs du Vatican ! Il peut aussi s'agir d'un prophète issu du sanctuaire des Big Data. Un héros du numérique, ou bien d'un médecin ? Un homme juste, rêvant d'éradiquer la souffrance et la mort. Une copie dénaturée du docteur Schweitzer. Lui, chrétien, se battait pour la vie, l'autre, l'imposteur, se battra pour la mort. Sanctifié par le chant des sirènes – l'unique voix – émanant de La Machine, les habitants de la terre le déifieront. Quoi qu'il en soit, dans son tableau de contrefaçons à l'envers, Satan pourrait bel et bien rajouter une femme. Quelle fonction pourrait-il lui attribuer ? Peut-être celle-ci : *« L'Ange du Seigneur apporta l'annonce à Marie et elle conçut du Saint Esprit. »* Renversée, à la mode Diavolo, cette annonce deviendrait : *« L'Ange du Démon a soufflé à « X » de concevoir grâce à l'intelligence de l'homme, une créature made in Transhumanisme, concoctée à l'image de la Bête.* » À l'image de « l'Homme déchu habité par le Serpent et Son orgueil ». La GPA du siècle ! Une fille d'Ève fécondée par La Machine via une insémination artificielle ! L'Esprit Saint qui recouvre Marie et qui donne la Vie à Son Fils Jésus dans le ventre de la Vierge, remplacé par un savant cocktail « High-Tech-Toc » biotechnologique ! Un nouvel esprit, un « nouveau royaume différent de tous les autres » comme le clame Daniel ! **À la place de l'Esprit Saint,** « Esprit de Vie, de Vérité et de Sainteté », **l'Esprit de l'Intelligence Artificielle.** Le Cornu placerait sa bombe artisanale, vivante et sans âme, fruit de la copulation entre le cerveau malade de l'Homme et de La Machine, dans le ventre de la Diablesse – la fausse réplique de la Vierge Marie ! Le Dragon, la Bête, La Machine, l'ombre d'un leurre trinitaire. Le Père, **le Dragon**, le Fils, **l'Image Animée**, l'Esprit, **La Machine**, matérialisée par l'immense toile du net **www 666.** Une bombe atomique d'informations et de données scrutant chaque individu et capable de leur souffler leurs désirs les plus intimes. De la manipulation à l'état pur ! Machiavélique. Les trois 6 apparaîtraient comme une écriture codée de la diabolique trinité ! « *Sans le nom de la Bête ou sans le chiffre de son nom* », l'économie s'arrête, la vie devient impossible. « L'anti-choix, l'anti-liberté », la patte du Démon. Programmée par Lucifer par l'intermédiaire des Hommes pour faire disparaître ces misérables auxquels il doit son départ précipité de l'Éden. Quoi de plus jubilatoire que de se servir de Ses créatures chéries, de Ses enfants pour attaquer Le Père Éternel ? La perversion extrême. L'amère revanche du Serpent : « *Tu vois, je te l'avais* *bien dit que tes créatures ne valent rien ! Non seulement elles t'ignorent mais voilà que maintenant, elles veulent prendre ta place ! Moi je n'ai fait que leur permettre de se révéler telles qu'elles sont. Sur La croix, j'ai été le marteau mais ce sont elles qui ont planté les clous dans la chair de Ton Fils.* » L'Accusateur des premiers temps, toujours là. « *Pourquoi ne pas les abandonner une fois pour toutes ? Je te promets d'en prendre bien soin pour l'Éternité.* » Il est vrai que c'est nous qui avons cloué le Christ sur La croix. Tout comme aujourd'hui. Par notre détachement, notre froideur et nos péchés, nous continuons à Le crucifier dans Son Cœur brûlant d'amour pour nous. Par notre désinvolture et notre indifférence à Sa personne, nous tressons chaque jour une couronne d'épines que le Démon s'empresse d'enfoncer sur Son visage souffrant. Et Jésus de répliquer toujours la même chose : « *Père, pardonne-leur, ils ne savent pas ce qu'ils font.* » Oh Seigneur, je te demande pardon en mon nom et au nom de tous mes frères. Pardonne-nous notre mépris de Toi, pardonne-nous nos péchés qui sont des plaques de boue et d'excréments jetés sur Ta croix, sur Ton cœur et au visage de Ta mère. Elle qui n'a offert aucune résistance à la Volonté de Dieu. Sa vie n'a été qu'un chapelet de « Oui » égrené par amour. Pardon Marie. Pardon et merci. Nous avons bafoué, maltraité, assassiné ton Fils et tu continues à t'inquiéter et à prier pour nous ! Jésus, Fils unique du Père Éternel, Jésus, Fils unique de La Vierge Marie. Jésus, notre Amour. Tu as donné Ta vie pour nous et nous l'avons piétinée. Alors que nous t'avons insulté, torturé et mis à mort, Tu continues aujourd'hui à t'offrir à nous dans l'Eucharistie ! Comme si de rien n'était. Comme si nous n'étions pas les petits salopards que sommes. Pardon pour ce carnage que nous faisons avec Ton Amour. Père, Tu nous as créés à Ton image afin de nous associer à Ton bonheur et à Ta gloire Éternelle. En faisant de nous des fils et filles, Tu nous invites à partager Ton intimité. Même si nous ne croyons pas en Toi, Tu continues Toi à croire en nous. Ta patience envers nous n'a d'égale que Ton espérance. Tu crois en l'Homme, Tu espères en l'Homme jusqu'à lui donner Ton Fils unique. Jusqu'à aller à la rencontre de tous Tes fils prodigues. Tu ne sors pas seulement de la maison pour nous accueillir, Tu devances nos pas. C'est toujours Toi qui viens vers nous. Le seul homme à Ton image, c'est Jésus, le Nazaréen. Pardon Père, pardon Fils, pardon Esprit Saint. Pardon Vierge Marie. L'Homme a beau lâcher Dieu, Dieu Lui, ne le lâchera jamais. Par le sacrifice Perpétuel de l'Agneau, Il a conclu avec Ses enfants une Alliance Éternelle. Ce même sacrifice que Satan et sa bande d'Images Animées vont chercher à geler. Mais on ne gèle pas plus l'Amour du Père, que celui du Fils et du Saint Esprit.

Dans le féerique paysage de l'Apocalypse, ce n'est plus l'Esprit du Seigneur qui habitera le cœur de l'Homme mais l'Esprit du Suprême Algorithme. Il ne sera plus question de se sauver mais de se sauvegarder – comme un programme. Les avancées de la science et de la technologie tendent à démontrer que l'Homme créé à l'image de Dieu, n'est en réalité qu'une addition de connections de circuits nerveux et d'algorithmes reliés les uns aux autres. Idem pour nos amies les bêtes. Dorénavant vous ne verrez plus votre gentil « chien-chien » du même œil. Au lieu de vous émerveiller de ses prouesses olfactives détectrices de joujoux, ou de ses talents d'incollable chercheur capable de trouver l'unique croquette planquée derrière le frigo, vous serez ébahi par ses joyeuses facultés algorithmées ! L'Intelligentsia superficielle – l'Homme – finira bien un jour par nous faire gober que nous sommes tous issus de La Matrice Machine, et qu'en réalité, nous n'avons pas d'âme. Les Hommes passeront pour des algorithmes romantiques et fleur bleue, vêtus d'os et de sang, qui un bref instant, ont fait le songe d'être humain et de s'appeler Fils de Dieu. D'où les vertigineuses avancées du transhumanisme pour repousser les limites de notre « hors circuit », de notre mort. Leur solution ? Nous renvoyer en gestation dans le ventre de « notre mère », La Machine. Quelle touchante image ! Le Monde entier transformé en nurserie prénatale sous l'œil échographié du Démon. Ce travail de « bien public » visant à la démystification des êtres vivants, pensé à la lettre par **666**, prépare en douceur les hommes et « leur fardeau de conscience restante », à se familiariser avec l'idée que l'Homme créé par Dieu – auquel on ne croira plus – n'est autre qu'une déclinaison de l'Homme Nouveau créé en labo. Un moyen détourné pour faire valider à l'Humanité la fabrication de ces créatures d'un nouveau genre. L'Homme de Néanderthal aura pour cousins des Images Animées. Les Néants-derthal. Des bouts de chairs sans passé, sans patrimoine génétique et sans âme gesticulant tels des asticots sur la charogne de l'Humanité. En suivant la pensée unique et en s'en remettant aux machines, le mouton humain creuse sa tombe. Quand la Terre se transforme en abattoir… Remplacé par les si « gentils et si serviables » robots qui travaillent pour une bouchée de connections, L'Homme de Cro-Magnon, l'Homme grognon, cet éternel insatisfait, ronchon et hors de prix, se retrouvera au global chômage. Ça tombe bien, il disposera davantage de temps pour fricoter avec Dame Machine ! Comptons sur l'Amante Religieuse pour lui bouffer le cerveau et le travailler au corps. Assommé par les images, accro aux stimulations en tout genre, sous dépendance permanente du numérique, sa libido lui fera défaut autant que son cerveau. Perdu dans un monde sans Dieu, sans amour, sans famille et sans travail, il se débattra au milieu d'une Terre devenue hostile à sa présence. Le bon petit diable n'aura qu'un seul objectif : être connecté. Repousser toujours plus loin les limites de la mort afin de prolonger une vie mortelle ! Dans ce tableau enchanteur de « comptes et d'effets », où puiser l'envie de se reproduire ? L'Homme « fait à l'image de Dieu », à bout de Souffle Divin, va s'éteindre petit à petit. De quoi sera composé ce bien étrange Royaume si différent de tous les autres ? Le Livre de L'Apocalypse nous donne des indices concrets pour nous protéger (Ap 13, 16) : « *À tous, petits et grands, riches et pauvres, elle* – la Bête – *fait une marque sur la main droite ou sur le front, afin que personne ne puisse acheter ou vendre, s'il ne porte cette marque-là : le nom de la Bête ou le chiffre de son nom.* » La marque de

Dieu et de Ses enfants est le signe de La croix. La marque du Démon et de ses fils est le 666. Étant donné que l'Homme se sera lui-même rabaissé au stade de marchandise, cette marque pourrait être le logo ou le code-barre d'un nouveau programme ou bien d'une puce électronique. Une sorte de Sésame Ouvre-toi. Sans cette marque, sans ce mystérieux code, *« les habitants de la Terre ne pourront ni vendre, ni acheter »*. Aujourd'hui déjà, sans connection et sans Internet, on ne peut « ni vendre, ni acheter ». On est exclu de tout. L'Apocalypse nous révèle que c'est « un chiffre d'homme » et que ce chiffre est « six cent soixante-six ». Ce « chiffre d'homme » est un précieux élément. Il laisse penser que c'est une œuvre humaine, fruit de l'addition des compétences des hommes. Cette clé révolutionnaire à l'allure de solution à tous nos maux aura de désastreux effets secondaires. Comme, par exemple, entraîner à la damnation éternelle. Apocalypse (14, 9-12) : *« Si quelqu'un adore la Bête ou son image, s'il en reçoit la marque sur le front ou sur la main, il boira lui aussi du vin de la fureur de Dieu, versé sans mélange dans la coupe de sa colère et il connaîtra les tourments dans le feu et le soufre, devant les saints Anges et devant l'Agneau. La fumée de leur tourment s'élève des siècles des siècles, et ils n'ont de repos ni le jour ni la nuit, ceux qui adorent la Bête et son image, et quiconque reçoit la marque de son nom. »* De même que le baptême est un sacrement invisible à l'œil nu – il n'est pas inscrit en fluo sur le front du baptisé –, la marque de la Bête peut être elle aussi invisible. Le front et la main seraient des images. Le front représenterait la

« demeure » de son esprit, ses convictions et appartenances, la main droite, ce qui régit sa vie – son travail, son implication. Le si pratique *« ni oui ni non, j'hésite »* n'aura pas sa place à la fin des temps. Il faudra trancher. L'Apocalypse est l'Heure du choix final. La dernière marche avant la révélation de toutes choses. Personne ne pourra s'y soustraire. D'un côté de la balance, un pseudo-bonheur éphémère jouant les prolongations dans une fausse vie à rallonge conduisant à la damnation, de l'autre, prendre sa « croix » – sa vie – pour suivre Jésus sur le chemin d'une Éternité d'Amour et de Bonheur sans fin. N'oublions pas que la conversion se joue jusqu'au bout et qu'elle s'achève en même temps que notre vie. Ézéchiel (18, 21-28) : *« Le juste, s'il se détourne de sa justice et fait le mal en imitant toutes les abominations du méchant, il le ferait et il vivrait ? Toute la justice qu'il avait pratiquée, on ne s'en souviendra plus : à cause de son infidélité et de son péché, il mourra ! Et pourtant vous dites : « La conduite du Seigneur n'est pas la bonne. » Écoutez donc fils d'Israël : Est-ce ma conduite qui n'est pas la bonne ? N'est-ce pas plutôt la vôtre ? Si le juste se détourne de sa justice, commet le mal et meurt dans cet état, c'est à cause de son mal qu'il mourra. » Oracle du Seigneur.*

La suite des chapitres l'Apocalypse donne des sueurs froides. Je laisse au lecteur le soin de découvrir par lui-même les « réjouissances » qui l'attendent. Au milieu des fléaux, des famines, des guerres et des démons qui se baladeront sur la Terre en taillant la bavette avec les hommes et leur chair, La Machine régnera en maîtresse des lieux sur les humains restants. Un exemple parmi d'autres (Ap 16, 1) : « *Alors j'entendis une voix forte venant du sanctuaire, qui disait aux Sept Anges : « Allez répandre sur la terre les sept coupes de la fureur de Dieu. » Le premier partit et répandit sa coupe sur la terre : il y eut un ulcère malin et pernicieux sur les hommes qui portaient la marque de la Bête, et sur ceux qui se prosternaient devant son image.* » Même si cela nous effraie, même si ce n'est pas notre volonté, nous le savons bien, un jour ou l'autre, l'Homme devra céder le pas à la Machine. Le moment vient et il est déjà là, où les humains ne pourront plus se passer d'elle. Tout cela est allé trop loin et trop vite. Les dés de la destruction sont jetés. C'est l'Homme lui-même qui les a jetés. En voulant jouer au « grand », en voulant jouer à Dieu. À une époque où la majorité des Hommes auront cédé aux avances du couple le plus glamour et le plus destructeur de l'Histoire de l'Humanité, le Transhumanisme et la Technologie, cet « ulcère pernicieux » fleurira bien plus que le sida dans ses heures de gloire. « Les connectés », ceux qui auront livré leur vie corps et âme à La Machine, deviendront des cibles privilégiées. Les greffes d'organes flambant neufs que nous proposeront les amants terribles, en séduiront plus d'un. Imaginez à la place du Viagra, un organe tout frétillant tournant à 6 000 volts ! Certains mâles risquent fortement de succomber aux charmes de Déesse Transe – humanisme. Et la nouvelle génération, la génération vidéo – vie sans idéaux –, la génération « *hashtag, smile, phone, mdr* », se posera en victime idéale. La Machine ne fait déjà d'eux qu'une bouchée. De parfaits gentils petits clients. Les manipulations mentales chauffent la place aux manipulations génétiques. On nous prépare à dire « Oui », à exécuter la volonté d'une poignée de gens sans foi ni loi qui s'apprêtent à changer le monde et nous avec, et cela sans notre consentement. L'entonnoir du Mal est en place. Nous obéissons à l'Esprit Unique qui n'est autre que le Dragon de l'Apocalypse. Quand le plus grand nombre aura copulé avec la Technologie jusqu'à vivre à travers elle, alors *« les ulcères malins et pernicieux »* s'abattront sur le monde. Entre les bugs informatiques, les petits génies du web – les hackers – et les psychopathes, le Serpent trouvera plus d'une écaille à sa cause. Rançons, maltraitances, manipulations en tout genre feront partie du bouquet des connectés. La contagion de cette maladie se propagera à la vitesse d'un mail. Il suffira d'un clic pour faire « couic ». Au Royaume de La Machine qui tiendra nos vies entre ses mains, les cyberattaques ramasseront les Hommes à la pelle. L'angoisse grandira en même temps que le nombre d'abonnés. Sans parler du nombre de contaminés. Les rejetons de Darknet, ce réseau underground parallèle au Net – véritable plate-forme squattée par des maîtres chanteurs numériques – vont s'en donner à cœur joie ! Aujourd'hui, ils monnayent des données personnelles contre une poignée de dollars, demain cela concernera notre santé. *« Hello ! Vous avez 24 heures pour virer sur mon compte "off sure" quelques milliers de dollars. Bitcoins accepted. »* Ces pirates des temps modernes vont rouler sur l'or. Dans ce marché – très – noir, tout se vend, tout s'achète sauf la dignité. Ça va être la valse des virus, un tango universel. Zombieland ! La Machine fredonnera nos noms tandis qu'elle comptabilisera les actes de décès. La question à cette charnière époque ne sera plus « *y a-t-il une vie après la mort ?* » mais « *existe-t-il une vie avant la mort ?* » Étant donné que le système entier sera à la solde de La Machine qui sera elle-même à la solde du Diable, les postulants incubateurs de la mort prêts à injecter n'importe quels virus, ne manqueront pas. Certaines puces au pouvoir n'hésiteront pas à s'en servir afin d'avoir davantage la mainmise sur nos vies. À commencer par la « Poupée Animée », le Fils du Diable, qui tiendra le monde par Sa queue. La cinquième coupe de la colère de Dieu pourrait bien concerner cet étrange Royaume (Ap 16, 10) : « *Le cinquième répandit sa coupe sur le trône de la* Bête – la Machine et ses membranes numériques : « *Son royaume en fut plongé dans les ténèbres. Les hommes se mordaient la langue de douleur : Ils blasphémèrent le Dieu du ciel* – pourquoi préciser « le Dieu du ciel », y en aura-t-il d'autres ? – *à cause de leurs souffrances et de leurs ulcères, mais ils ne se repentirent pas de leurs œuvres.* » Dans un tel environnement, imaginez un peu quels seraient les effets d'une « globale panne de courant » ! Plus qu'un royaume plongé dans le noir, un royaume plongé dans les ténèbres de ses œuvres en tête-à-tête avec le Diable et ses angoisses ! Tout s'écroulerait, à commencer par nous-mêmes. Aujourd'hui, si tous les ordinateurs de la planète tombaient en panne, que ferions-nous ? Le ciel et les avions nous tomberaient sur la tête ! Les trains dérailleraient en même temps que les hommes tandis que les fauves incarcérés dans les prisons zoos seraient libérés. Les accidents de la – dé – route se multiplieraient. L'homme joue au « fort », l'homme fait son arrogant mais sa puissance comme sa vie ne tiennent qu'à un fil. Quelle joie que ce nouveau Royaume sans Dieu ! Nous baignons enfin dans le bonheur et la liberté. Nous n'avons jamais été aussi libres, c'est une évidence. Nous le sentons, nous l'expérimentons. Nous découvrons chaque jour les bienfaits d'un monde sans Dieu ! Nous nous levons le matin joyeux et rayonnants, impatients de vivre ! Quelle paix de vivre sans amour, sans famille, sans but – à part ceux qui sont lucratifs –, sans obligation – à part celles d'obéir à des machines sans âme et des patrons sans cœur. L'homme barbote dans la quiétude tandis que la Terre nage dans le bonheur. Il n'y a jamais eu autant d'entente et de solidarité entre les peuples que depuis la disparition de Dieu. L'amour se répand dans les rues de la vie inondant l'Humanité entière de coulées de tendresse. Plus de violence, plus d'angoisse. L'Unité ! Toutes ces mauvaises choses étaient le fruit de la religion. Une vraie renaissance enfin ! « En fin » de vie.

Livre de l'Apocalypse (18, 7-14) : « *Babylone la Grande dit dans son cœur : « Je trône, je suis reine, je ne suis pas veuve, je ne verrai jamais le deuil* » – parce que les limites de la mort seront repoussées. « *C'est pourquoi des fléaux en un seul jour, viendront sur elle : mort, deuil, famine et elle sera brûlée au feu, car il est fort le Seigneur Dieu qui l'a jugée.* » *Alors, ils pleureront et se lamenteront sur elle, les rois de la terre qui se sont prostitués avec elle et qui ont partagé son luxe, quand ils verront la fumée de son incendie. Ils se tiendront à distance par peur de ses tortures et ils diront : « Malheur ! Malheur ! La grande ville, Babylone, ville puissante : en une heure ton jugement est arrivé !* » Une heure seulement pour remettre les pendules à l'heure. Tout est dans les mains de Dieu. Nous, nous ne sommes rien. Le seul prix que nous avons, c'est à Ses yeux à Lui. Notre seule valeur, c'est d'être Ses enfants à Lui. Notre Dieu est fou d'Amour pour continuer à nous supporter. Seul l'amour « encaisse » tout. « *Les marchands de la terre pleurent et prennent le deuil à cause d'elle, puisque personne n'achète plus leur cargaison : cargaison d'or, d'argent, de pierres précieuses... épices, parfums... blé, bestiaux, moutons, chevaux, chariots, esclaves et marchandise humaine.* » « Marchandise humaine » mais qu'est-ce donc ?? Dans la Bible de Crampon, on peut lire à la place de « *marchandise humaine* » – qui est déjà loin d'être rassurant ! –, « *des corps et des âmes d'hommes !* » La Trinité Diabolique, Satan (Père), l'Image Animée (Fils), l'Intelligence Artificielle (Esprit), ira-t-elle aussi loin ? Bien sûr que oui ! Grâce à La Machine et à ses adorateurs, la vie de l'homme se résumera à un commerce et à son esprit, à des données. Quant à son âme, elle apparaîtra comme un improbable gadget qui fera saliver la génération de Poupées Animées – Les Rats-Boys de labo. Afin d'être en tous points semblables à Papy Sapiens – l'homme –, ces bestiaux convoiteront son âme. Le Fils du Diable, le premier d'entre eux, pourrait mettre au point un système informatique permettant de faire des « captures d'âmes » comme on fait des « captures d'écran » ! Au moment de trépasser, le jeune et vermoulu défunt se ferait flasher l'âme comme pour un excès de vitesse ! Une prison numérique captant l'énergie à l'instant même où celle-ci s'échappe du corps. Des essaims de radars drones voleraient « au secours » des mourants pour leur piquer leur âme au moment fatidique ! Comptons sur des entrepreneurs pour investir dans un tel bizness hautement rentable ! En faisant tourner la boutique de l'horreur, le budget du Global État ne s'en portera que mieux. Ce nouveau Royaume verra naître une nouvelle économie. La Fashion Tendance pour Les Rats-Boys sera alors de tenir en laisse un humain tandis qu'ils siroteront son âme pour en partager les émotions ! L'Humano Teste succédera à l'alcootest ! Fini les bad trip liés à la drogue. Le must du diablement correct sera de remplacer le raï de coke par un sniffe d'âme ! Selon l'humeur du jour, les aliens changeront d'âme comme on change de tenue. « *Tiens aujourd'hui, il fait maussade* – comme tous les jours car le soleil de Dieu aura disparu. « *Quelle âme vais-je bien pouvoir porter ?* » Réjouissons-nous chers habitants de la Terre, cette âme qui nous pèse tant, Satan a trouvé un moyen de nous en débarrasser ! Les e-permarchés rivaliseront de promotions pour allécher le chaland mutant. En vitrine, « *de la marchandise humaine. Des corps et des âmes d'hommes* ».

« Ne ratez pas notre offre exceptionnelle :
« Caviar humain à déguster » !

Vivant ou mort ?

« Babylone, la Grande », Terre du Seigneur, Jardin d'Éden, défiguré par le péché. Qu'as-tu fait de Dieu et de l'Homme ? » Apocalypse (18, 23) : *« Tes marchands étaient les magnats de la terre, et tes sortilèges égaraient toutes les nations ! »*

Le Jugement arrive.

2

Le Troisième secret de Fatima et le Livre de Daniel

Le troisième secret de Fatima pourrait bien être la confirmation des visions du Prophète Daniel. La similitude entre les deux est plus que troublante. La Vierge Marie intercède pour nous, mais pour combien de temps encore ? Jusqu'à quand pourra-t-elle retenir « le bras du jugement » ? « *Maintenant vous savez ce qui retient le fils de perdition, de sorte qu'il ne se révélera qu'au temps fixé pour lui. Il suffit que soit écarté* – de Son Église – *celui qui le retient à présent* » – Le Christ – répond saint Paul. « *Le Sacrifice perpétuel !* » surenchérit Daniel : L'agneau de Dieu immolé pour les péchés des Hommes et Son précieux Corps et Sang dans l'Eucharistie. Voici un extrait de la lettre de sœur Lucie décrivant les révélations faites par Marie concernant la fin des temps.

Après les deux parties que j'ai déjà exposées, nous avons vu sur le côté gauche de Notre Dame, un peu plus en hauteur, un Ange avec une épée de feu dans la main gauche ; elle scintillait et émettait des flammes qui semblait-il, devaient incendier le monde – la destruction de la planète par le feu dont parlent Pierre et Paul ; *mais elles s'éteignaient au contact de la splendeur qui émanait de la main droite de Notre Dame en direction de lui ; l'Ange, indiquant la terre avec sa main droite, dit d'une voix forte : « Pénitence ! Pénitence ! Pénitence ! » Et nous vîmes dans une Lumière immense qui est Dieu, : « Quelque chose de semblable à la manière dont se voient les personnes dans un miroir lorsqu'elles passent devant », un Évêque vêtu de blanc, « nous avons eu le pressentiment que c'était le Saint Père », divers autres Évêques, Prêtres, religieux et religieuses monter sur une montagne escarpée, au sommet de laquelle il y avait une grande Croix en troncs bruts, comme s'ils étaient en chêne-liège avec leur écorce ; avant d'y arriver, le Saint-Père traversa une grande ville à moitié en ruine et, à moitié tremblant, d'un pas vacillant, affligé de souffrance et de peine, il priait pour les âmes des cadavres qu'il trouvait sur son chemin ; parvenu au sommet de la montagne, prosterné à genoux au pied de la grande Croix, il fut tué par un groupe de soldats qui tirèrent plusieurs coups avec une arme à feu et des flèches ; et de la même manière moururent les uns après les autres les Évêques, les Prêtres, les religieux et religieuses et divers laïcs, hommes et femmes de classes et de catégories sociales différentes. Sous les deux bras de la Croix, il y avait deux Anges, chacun avec un arrosoir de cristal à la main, dans lequel ils recueillaient le sang des Martyrs et avec lequel ils irriguaient les âmes qui s'approchaient de Dieu. »*

« *Pénitence ! Pénitence ! Pénitence !* » crie l'Ange en désignant la Terre. Ce message s'adresse à l'ensemble de l'Humanité, mais plus particulièrement à l'Église. « L'Évêque vêtu de blanc », le Saint Père. L'Église catholique gravit péniblement la montagne escarpée du monde truffée de pièges. Elle se traîne et semble à l'agonie. Au sommet de la montagne, « une Croix en troncs bruts ». L'Église primitive, l'Église léguée par le Christ enracinée dans le dogme de la foi en Lui, le Verbe Incarné, l'unique Sauveur. L'Église de la Terre portée par les Hommes doit se remettre en question et cheminer pour retourner aux sources de la vraie Foi. « L'Église Christ, l'Église authentique », et non pas une Église séductrice qui se prostitue pour plaire aux Hommes. « Le Saint Père traverse une grande ville à moitié en ruine jonchée de cadavres. Est-ce l'état – spirituel – du Vatican « berceau de l'Église » ou bien « Babylone », le monde ? « Affligé de souffrance et de peine, il prie pour les âmes des cadavres rencontrés en chemin. » Peut-être s'agit-il des âmes des fidèles que l'Église a entraînées dans sa chute par l'abandon de la Vérité ? « Les pasteurs aveugles » dont parle le Messie (Mt 23, 13) : *« Malheureux êtes-vous, scribes et pharisiens hypocrites, parce que vous fermez à clé le royaume des Cieux devant les hommes ; vous-mêmes, en effet, n'y entrez pas, et vous ne laissez pas entrer ceux qui veulent entrer ! »* La souffrance et la peine du Pape seraient-elles liées à sa responsabilité dans la mort des âmes ? « Parvenu au sommet de la montagne, du chemin de croix, il est tué par un groupe de soldats qui tire avec une arme à feu et des flèches. » Les flèches peuvent représenter les coupantes paroles de l'Ennemi – le Diable – provenant de « l'arme », La Machine, « la corne qui vomit la Vérité ». Ces soldats ne sont pas nécessairement des militaires. Il peut s'agir de serviteurs du Démon. À l'extérieur de l'Église comme à l'intérieur. La sainte Église Catholique prise en « otage », le dogme « gelé » par des loups déguisés en agneaux. « Des Évêques, des prêtres, des religieux et des laïcs sont tués avec le Pape. » Le Peuple de Dieu resté fidèle au dogme de l'Église catholique. Le retour du martyre des disciples du Christ. « Sous les deux bras de la Croix, deux Anges, chacun avec un arrosoir de cristal dans lequel ils recueillent le sang des Élus pour irriguer les âmes qui s'approchent de Dieu. » La transmission de la véritable foi ainsi qu'une pluie de grâces amenée par le sang des martyrs dans la communion des saints. La moisson des larmes ensemençant la terre des fidèles. La conclusion revient à Benoît XVI interviewé par la presse au sujet des apparitions de la Vierge Marie à sœur Lucie : « Au-delà des souffrances du Pape, ce sont les souffrances de l'Église qui sont annoncées. Les attaques contre le Saint Père et contre l'Église ne viennent pas seulement de l'extérieur mais aussi de l'intérieur même de l'Église. Du péché qui existe dans l'Église. Les pasteurs, les religieux et les fidèles doivent réapprendre l'essentiel : « La conversion, la prière, la pénitence et les vertus théologales. »

Maintenant, allons faire un tour du côté des visions de Daniel (7, 21 / 8, 10-13) :

« *Je l'avais vu* – la corne de la contre-vérité – *faire la guerre aux saints et l'emporter sur eux, jusqu'à la venue du Vieillard qui avait prononcé le jugement en faveur des saints du Très Haut.* » « *Elle grandit jusqu'à l'armée du ciel. Elle terrassa une partie de cette armée et des étoiles, elle les piétina. Elle grandit même jusqu'au chef de l'armée, le sacrifice perpétuel fut retiré à celui-ci, et les fondations de son Lieu Saint furent renversées. Et une armée fut postée contre le sacrifice perpétuel de façon perverse. Un être Saint parla : « Combien de temps verrons-nous le sacrifice perpétuel retiré, la perversité dévastatrice, le sanctuaire livré, l'armée piétinée ? »*

La vision de sœur Lucie à Fatima ressemble étrangement à celle de Daniel. En réalité, elles préviennent des mêmes dangers. Une guerre spirituelle livrée entre les Fils de Dieu et ceux de « La corne de la contre-vérité ». Le peuple saint persécuté, des martyrs, une armée postée au pied de la Croix de façon perverse afin d'en empêcher l'accès. L'accès au Salut Éternel par la foi au Christ Rédempteur. Le sanctuaire – l'Église – livré au Diable ; l'armée des fidèles piétinée ; le sacrifice perpétuel – l'Eucharistie, le Christ Agneau offert pour les péchés du monde – retiré. Tout cela opéré en douceur pour « le bien public ». La meilleure façon de gagner la guerre, c'est de ne pas la déclarer. Avancer en souterrain avec bienveillance, le cœur rempli d'explosifs. C'est ainsi que pourrait être « installé dans le Lieu Saint, là où il ne faut pas, l'Abominable Dévastateur » dont parle le Christ (Mt 24, 15). La prière de réparation enseignée par la Vierge Marie à Lucie, Jacinthe et François, les petits voyants de Fatima, laisse présager les virulentes attaques qui attendent l'Eucharistie, précieux Corps et Sang du Christ :

« Très Sainte Trinité, Père, Fils et Saint-Esprit, je vous adore profondément et je vous offre le très précieux Corps, Sang, Âme et Divinité de Jésus-Christ, présent dans tous les tabernacles de la terre, en réparation des outrages, sacrilèges et indifférences par lesquels Il est Lui-même offensé. Par les mérites infinis de Son très Saint Cœur et du Cœur Immaculé de Marie, je vous prie pour la conversion des pauvres pécheurs. »

« Le Corps et Sang présent dans tous les tabernacles de la terre » avant d'être supprimé comme l'a vu le Prophète Daniel. Cette autre prière récitée tous les matins par les mêmes enfants révèle combien l'Eucharistie va souffrir : « Béni et loué soit le Très Saint Sacrement de l'Eucharistie, Fruit béni et sacré de la Vierge très pure, Sainte Marie ! » On ne peut attaquer le fruit des entrailles de l'Immaculée Conception sans l'attaquer Elle-même.

Le troisième secret de Fatima ou bien l'abandon de la Vérité par le clergé, avec pour conséquence, le rassemblement de toutes les Églises sous le même clocher – peut-être même de toutes les religions ? L'œcuménisme défiguré.

Le troisième secret de Fatima ou bien le limogeage du Fils Unique du Dieu Vivant, Seul Rédempteur et Sauveur.

Le troisième secret de Fatima ou bien la falsification – la sortie insidieuse – de l'Eucharistie par l'armée ennemie postée dans l'Église.

Le troisième secret de Fatima ou bien la vision de Daniel.

Le troisième secret de Fatima ou bien l'ombre de Satan au Vatican.

« *La fumée de Satan est entrée dans le peuple de Dieu. Une puissance adversaire est intervenue dont le nom est le Diable* », dixit le Pape Paul VI…

«*Tu es Pierre, et sur cette pierre, je bâtirai mon Église; et la puissance de la Mort ne l'emportera pas sur elle*» (Mt 16, 18), affirme le Christ. La montée est douloureuse et remplie de pièges, des mines seront posées çà et là, mais c'est la victoire qui attend l'Église au sommet de la montagne, non la mort. Car il n'y a pas de plus grande preuve d'amour que de donner sa vie pour Celui que l'on aime. Le Démon ne peut rien contre l'Amour. Face aux vents contraires et aux flots déchaînés, Pierre ne cesse de s'enfoncer, mais le Christ est toujours là pour le repêcher. Sacrée barque de l'Église ! Les évangiles la présentent comme l'anti-héroïne. Peu importe les textes, elle boit toujours le bouillon ! Chez Marc (4, 35), le contraste entre Jésus et ses apôtres est saisissant, pour ne pas dire comique. Tandis que de violentes vagues se jettent sur la barque submergée par les flots, et que les apôtres l'interpellent en disant «*Maître, nous sommes perdus; cela ne te fait rien ?*», Jésus, à l'arrière sur un coussin, dort paisiblement ! Et pour cause : le Fils, « Dieu fait homme », sait que « Dieu, le Père Éternel» est plus fort que tout. Il n'y a aucune peur à avoir. Quoi qu'il advienne, nous ne devons en aucun cas quitter l'Église. Seuls les rats quittent le navire. Saint Jean (6, 16-21) résume en quelques lignes l'apocalypse qui frappera l'Église : «*Le soir venu, ses disciples descendirent jusqu'à la mer. Ils s'embarquèrent pour gagner Capharnaüm, sur l'autre rive. C'était déjà les ténèbres, et Jésus n'avait pas encore rejoint les disciples. Un grand vent soufflait, et la mer était agitée. Les disciples avaient ramé sur une distance de vingt-cinq ou trente stades (c'est-à-dire environ cinq mille mètres), lorsqu'ils virent Jésus qui marchait sur la mer et se rapprochait de la barque. Alors, ils furent saisis de peur. Mais il leur dit: "C'est moi. N'ayez plus peur." Les disciples voulaient le prendre dans la barque; aussitôt, la barque toucha terre là où ils se rendaient.* » Le Christ marche sur la mer. Il soumet toutes les puissances démoniaques. Il est le Tout-puissant. C'est au tout dernier moment, en pleines ténèbres, lorsque tout semble perdu, que le Christ revient. Tandis que les apôtres veulent le prendre avec eux, « *la barque touche terre là où ils se rendaient* ». Le retour du Christ, son second avènement, provoque l'arrivée immédiate de la barque. Fin du voyage de l'Église: Elle est arrivée à bon port. C'est la parousie, la manifestation universelle et éclatante du règne de Dieu. Remplis de foi, d'amour et de confiance, demandons à Jésus de nous faire une place à côté de Lui, à l'arrière de la barque. Le coussin de Sa Miséricorde est assez grand pour accueillir la multitude.

3

« L'Apple-Calypse »

La « pierre angulaire » sur laquelle repose l'Apocalypse est la Machine et l'Esprit des Ténèbres qui la dirige. L'Apple-calypse a bel et bien commencé[1]. Charmant le petit logo de la marque avec « La pomme croquée ». Un clin d'œil lancé par la Bête à nos ancêtres Adam et Ève. Satan a de l'humour – noir. Voilà où l'E-Monde d'aujourd'hui nous conduira demain. Vers un immonde Royaume. Une planète qui se meurt aux côtés d'Humains agonisants. La Terre transformée en chambre froide, en chambre obscure, en antichambre de l'Enfer avec la peur comme veilleuse. « *Épouvantés par le fracas de la mer* », par les guerres et les famines, les tremblements de terre, les épidémies en tout genre, épouvantés par nos semblables et terrorisés par l'Antichrist et son bataillon de démons, nous nous échouerons sur les doux rivages de la Mort Éternelle sous le regard satisfait du père que nous aurons choisi : Satan. Son fils, l'Image Animée – l'Antichrist –, torturera les Hommes devant les robots intrigués qui prendront des notes. La liberté, l'amour et la joie, auront déserté

1. Apple est une image. Elle symbolise l'ensemble des trusts numériques et technologiques.

la planète en même temps que les naissances. Seuls quelques fous d'humains oseront encore s'accoupler. La question étant « *que vont-ils faire de nos enfants ?* » Étant donné que la communication ne se fera plus que par La Machine, rien ne pourra plus lui échapper. Cet œil de Caïn Universel « scrutera nos cœurs et nos reins » vingt-quatre heures sur vingt-quatre. Que va-t-il advenir des personnes âgées ? Y aura-t-il une place pour elles dans « ce nouveau Royaume » ? Appliqueront-ils leur mode de sélection et de contrôle des naissances aux anciens ? Un contrôle des décès ? Ceux qui seront nantis seront mis à part tandis que les pauvres... Les plus riches, heureux d'avoir trouvé « la fontaine de jouvence » tant espérée, l'anxiolytique à leurs angoisses de vieilles chairs qui se flétrissent, se transformeront en Robocops grisonnants. Peut-être même que les enfants leur serviront de garde-manger ? Les enfants de familles défavorisées bien sûr – C'est toujours les mêmes qui trinquent. Papy et Mamy « génération Machine » deviendront les vampires des temps modernes ! Quant aux fauchés... Que vont-ils bien pouvoir faire des vieux sans le sou ? Les supprimer ? Pas assez rentables et trop coûteux pour la Global Society. Et polluants en plus car les petits vieux, ça respire et parfois même, ça ne manque pas d'air ! Comme dans *Soleil vert*, ce film de Richard Fleischer avec Charlton Heston, ou bien *La planète des singes*. Encore avec Charlton ! Décidément, il avait le nez pour choisir les bons films. Des films qui avaient du sens, des films qui mettaient en garde, pas ceux d'aujourd'hui qui nous caressent dans le sens du poil et qui nous donnent à manger des mets empoisonnés.

À bien y réfléchir, cet E-Monde de demain pourrait être un mélange des deux. Avec en bonus, des accents de Terminator et de Minority Report. Dans ce dernier, on y pratique l'arrestation par anticipation de criminels présumés avant même qu'ils ne commettent le moindre délit. Que fait-on des personnes qui changent d'avis au dernier moment ? Celles qui ne passent pas à l'acte ? Même enseigne : zigouillées ! Les machines qui singent l'Homme, le feront marcher à coup de clics ! Dans cet idyllique « Royaume Enchanté », la vie en tant que telle, en tant que don de Dieu, ne représentera plus rien. Le suicide et l'euthanasie seront monnaie courante. Quant à l'avortement, il se pratiquera telle une extraction de dent. Une prime d'encouragement pour « allègement de la planète qui se meurt » sera-t-elle attribuée ? Les citoyens soucieux de sauvegarder l'environnement par une interruption de grossesse seront-ils récompensés ? On ne cesse de nous le répéter : « On est trop nombreux et trop polluants ! » Back stage l'Homme ancien ! Vive la Post Humanité ! Pour les avortements, il y aura bien un gentil robot qui se déplacera à domicile pour faire le job. Dans la froideur d'un monde sans Dieu, les si dévoués robots nous donneront la chaleur humaine que nos semblables nous refusent. Certaines personnes finiront par les préférer aux humains : « *Qu'est-ce qu'il a bon cœur mon androïde ! Il porte la bonté sur son visage siliconé.* » On ne quittera plus son mari pour le prof de gym mais pour le robot d'à-côté. Ézéchiel (16, 17-18 / 16, 26) : « *Tu as pris tes bijoux d'or et d'argent que je t'avais donnés ; tu t'es fabriqué des idoles masculines, tu t'es prostituée avec elles. Tu as pris tes vêtements chamarrés et tu les en as recouvertes. Mon huile et mon encens, tu les as déposés devant elles. Tu t'es prostituée aux fils de l'Égypte, tes voisins au corps puissant.* » La Machine est là pour notre bien commun, ne l'oublions pas. Sa seule préoccupation, notre bonheur ! En bonne Samaritaine, elle ne vise qu'à nous alléger du fardeau de nos vies et de celles des autres – Franchement les vieux, à votre place, je me ferais du souci ! Un seul Roi : le Diable. Une seule pensée : la sienne. Un seul gouvernement : le sien. Un seul esprit : celui de La Machine. Une seule Terre : la nôtre – en lambeaux. Une seule religion : l'adorer ! Avec comme gâterie, une pléiade de virus informatiques chopés à La Machine et circulant dans nos corps conta-minés. « *L'ulcère malin et pernicieux sur les hommes qui portent la marque de la Bête.* » Nos organes, notre ADN reliés de manière permanente à La Machine, nous rendront complètement dépendants de son bon vouloir. – Je préférais l'époque de « E.T. », le gentil extraterrestre, celle de « l'E-Vie » n'est guère engageante. Le Royaume de la Bête étant opérationnel, l'Antichrist – l'Image Animée – ne va pas tarder. Peut-être même existe-t-il déjà ? Qui sait ? Sommes-nous d'ores et déjà entourés de robots aux souches humaines sans que nous ne le sachions ? Votre si sympathique secrétaire qui vous fait le café tous les matins et qui roule des yeux en même temps que des fesses, en fait peut-être partie ? C'est un synthé ! Un être synthétique qui bosse non pas pour le KGB mais pour le 666, le goulag des goulags ! Rappelez-vous la série *Les envahisseurs*, avec David Vincent. Comme quoi il faut vraiment prendre les auteurs au sérieux. Pendant la guerre du

Golfe, Bush avait sollicité des scénaristes afin d'imaginer plusieurs dénouements possibles liés au conflit. Les artistes ont des antennes hypersensibles, ce qui leur permet de « capter » et d'anticiper des événements avant les autres. Ne redoutant pas d'être pris pour des fous – c'est de notoriété publique ! –, leur imaginaire et leur créativité n'ont pas de limites. Face à cette analyse de l'Apocalypse, certains peuvent penser que la scénariste et réalisatrice que je suis, a pris le dessus, que « je me fais un film ». Qui sait ? Peut-être que oui, peut-être que non ? L'avenir nous le dira. Une chose est sûre, nous allons entrer dans l'ère de la « Globale Parano ». Comme le Démon se nourrit de nos peurs, comptons sur « la Bête à sept têtes » pour alimenter toutes nos frayeurs et nos angoisses. Avec sept têtes – 7 étant le chiffre de la plénitude – le bestiau aura des yeux et des oreilles partout. Son armée – ordinateurs, téléphones cellulaires, objets connectés, caméras à chaque coin de vie, et bientôt la puce électronique qu'ils vont nous injecter – n'attend que son feu vert. Inutile d'avoir des poux pour être passé au peigne fin. Sous analyse permanente, la Bête n'aura qu'à consulter le relevé de nos données – rythme cardiaque, alimentation, sorties... – pour connaître notre état. Celles qui un jour de spleen se consoleront avec une tablette de chocolat seront fichées ! De nature « excessive », elles seront considérées comme potentiellement dangereuses. Mesdames, c'est le moment ou jamais de vider vos placards ! Régalez-vous, offrez-vous des douceurs avant que cela ne soit un crime ! Pour revenir à ces aliens synthétiques, ces robots qui nous ressembleront comme deux gouttes d'eau, une chose pourtant leur fera cruellement défaut : L'amour. Ils auront beau mimer nos sentiments et paraître encore plus humanisés que nous, c'est à leur absence d'amour que nous les reconnaîtrons. La marque de Dieu, c'est l'amour. La marque du Démon, c'est le non-amour. Rappelez-vous l'histoire du Roi Salomon (1 Rois 3, 16-28). Deux femmes vivant sous le même toit, accouchent au même moment d'un fils. L'un d'eux décède. La mère du défunt échange son bébé avec celui qui est vivant. Les deux mères comparaissent devant le Roi Salomon en revendiquant l'une et l'autre la maternité du bébé. Le Roi qui a une idée de génie, réplique : « *Coupez en deux l'enfant qui est en vie et donnez-en la moitié à chacune.* » *La femme dont le fils était vivant fut remplie de compassion pour son fils et elle dit au roi,* « *Ah ! Monseigneur, donnez-lui l'enfant qui est en vie, ne le faites pas mourir.* » *Mais l'autre répliqua :* « *Il ne sera ni à moi ni à toi. Coupez-le !* » *Prenant la parole, le roi dit alors :* « *Donnez l'enfant qui est en vie à la première femme, ne le faites pas mourir, c'est elle qui est sa mère.* » C'est à cela que l'on nous reconnaîtra nous humains, « à l'amour ». Dans l'Évangile, le Seigneur ne cesse de parler de Lui en répétant « Le Fils de l'homme ». Dans quel but souligne-t-il cette référence, cette appartenance à l'Homme ? Pourquoi autant insister sur Sa filiation au genre humain ? OK, il y a Adam et Ève, nos insatiables héros de l'infernale chute dont le Messie est venu effacer la faute, mais est-ce la seule et unique raison ? Saint Matthieu (Mt 1, 1-18) passe au crible tous les descendants d'Adam et Ève afin d'arriver jusqu'à Jésus, « fils d'adoption de Joseph, descendant direct de David ». La généalogie du Christ ne laisse planer aucun doute sur Ses ancêtres. Le Verbe s'est incarné dans l'Homme, créature vivante du Père. Pour quelle raison les Évangiles comme l'Apocalypse font-ils une distinction entre les fils de Dieu et « les habitants de la terre » ? La réponse pourrait se trouver chez Isaïe (13, 12). « *Dans les derniers temps* » nous dit le Prophète, « *Dieu rendra les hommes plus rares que l'or fin, les mortels plus rares que l'or d'Ophir.* » Les poupées animées vont-elles proliférer au point de dépasser en nombre les Humains ? ! Toujours le même Isaïe (5, 26) nous parle d'une bien étrange nation : « *Il dresse l'étendard vers une nation lointaine, il siffle pour l'appeler des extrémités de la terre, et la voici, rapide et alerte, qui vient. Aucun ne flanche, aucun ne trébuche, aucun ne somnole, aucun ne s'endort ; pas une ceinture qui tombe des reins, pas une courroie de sandale qui se rompe. Ses flèches sont aiguisées, tous ses arcs, tendus ; les sabots de ses chevaux, comme du silex, et les roues de ses chars, un cyclone. Elle rugit comme une lionne, elle rugit comme les fauves, elle gronde et saisit sa proie, elle l'emporte, et personne qui délivre.* » Seules les machines ne connaissent pas la fatigue. Les androïdes vont-ils nous faire la guerre ? Oui, « un tout autre Royaume » se profile. Les traceurs, les caméras, les mouchards – humains et mécaniques – auront vite raison de notre liberté. Croyez-vous réellement que Les puces dirigeantes ne vont s'en servir que pour le bien de l'Humanité ? Ne sentez-vous pas cette forte odeur de soufre et de souffrance qui attend l'Homme ? Ces outils de surveillance et ces logiciels destinés à lutter contre les vilains criminels servent déjà à nous épier. Ne perdons pas de vue que l'objectif du Diable est d'éradiquer toute forme de résistance à sa pensée unique. Le transhumanisme, cette « divine science » permettant de greffer des cœurs en plastique et des jambes de rêve aux bimbos avides de silicone, sera à l'origine d'abominations et d'injustices innombrables. Cet explosif mélange de médecine et de technologie conduira l'Homme à l'asservissement le plus complet et au bout du compte, à son extinction. Dans un premier temps, à l'extinction de ses sentiments, dans un second, à l'extinction de l'Humanité toute entière. Voici des propos tenus par David Pearce, un virulent défenseur du transhumanisme : « *Si nous voulons vivre dans un paradis, nous devrons l'élaborer nous-mêmes. Si nous voulons la vie éternelle, nous aurons besoin de réécrire notre code génétique truffé de bogues* – de défauts de conception – *et devenir semblables à Dieu.* » Et le type d'ajouter : « *Seules les solutions de haute technologie peuvent éradiquer les souffrances du monde. La compassion seule ne suffit pas.* » Ce monsieur est également un porte-parole de « L'impératif hédoniste », une idéologie visant, par le biais des nanotechnologies et de l'ingénierie génétique, à abolir toute forme de souffrance sur les êtres vivants. En gros, pour « vivre heureux, vivons robots ! » Une de ses carottes de séduction pour faire passer la pilule de l'horreur, concerne nos amies les bêtes. Ce « saint homme », voyez-vous, défend la cause animale. Je suis la première à défendre la cause animale, mais la cause animale comme toutes les bonnes causes « en vérité », dépend d'une seule et même cause : celle de Dieu. En défendant « les droits de Dieu », nous défendons les droits des hommes, ceux des animaux et de la nature. Le Créateur est le plus fervent des écologistes ! Notre Père Tout-Puissant, qui n'est qu'Amour, ne cherche que le BONHEUR de toutes Ses créatures. Si infimes et insignifiantes soient-elles aux yeux des hommes. Au final, ce que souhaite abolir cette idéologie, c'est l'amour dans le cœur de l'Homme. La présence de Dieu. Alors, que préférez-vous ? « Vivre en robot joyeux » ou bien en « homme libre » ? Tiens, ce soir, je vais poser la question à mon chien. « *Dis-moi Pépère… Afin de ne plus être importuné par ces vilaines pupuces qui font du jogging entre tes poils, préfères-tu éradiquer toutes sensations et émotions, et par conséquent, de ne plus sentir la caresse de ta Saracco de maîtresse, ou bien continuer à être "vivant". Aimer et être aimé.* » Je crois connaître la réponse, mon chien est loin d'être « bête » !

Fils de Dieu, n'ayons pas peur ! Parés de la tête au cœur avec Jésus et Marie comme bouclier, nous ferons front. Sachant ses jours comptés, Satan se déchaînera mais que peut-il contre nous si Dieu est avec nous ? Certes Ses enfants seront la cible des Hommes et des démons. Une déferlante de haine anti-Christ soufflera sur le monde. « On nous persécutera, on nous emprisonnera, on nous mettra à mort. » Le martyre sera le lot des chrétiens. Les gueux du Mal nous traiteront en pestiférés. Des lépreux vivant dans des cavernes. Nous serons parqués et marginalisés. « Sans la marque de la Bête, nous ne pourrons ni vendre, ni acheter », interdits de tout commerce. Pas de structure, pas de vie sociale. Nous laisseront-ils nous organiser entre nous ? Ces ombres humaines au service du Mal auront-elles le bon goût de rouvrir les camps de concentration ?

Les brebis vont vivre des temps douloureux et difficiles. Mais qu'est-ce qu'un moment de douleur face à une éternité de délices ? Dans le Magnificat, la Vierge Marie ne dit-elle pas de façon prophétique, « *tous les âges me diront Bienheureuse* » ? Elle a pourtant vécu une existence de souffrance : veuve, sans le sou, avec un fils unique mis à mort sous ses yeux ! Difficile de faire moins joyeux. Cependant Marie exulte de joie : « *Mon âme exalte le Seigneur, exulte mon esprit en Dieu unique mon sauveur ! Il s'est penché sur son humble servante ; désormais tous les âges me diront bienheureuse. Le Puissant fit pour moi des merveilles ; Saint est son Nom !* » La joie éternelle de Dieu l'emporte sur tout. Marie rayonne de Son amour brûlant. Celui de Dieu et le sien. Ce n'est qu'un avant-goût, une minuscule mise en bouche du Bonheur Éternel qui l'attend Elle et les brebis. Nous, Ses enfants. En matière de souffrance, les fils de la Terre, ceux qui se sont donnés au Mal, ne seront pas en reste. L'Apocalypse leur réserve quelques douceurs. Tandis que le Seigneur veille sur Ses petits, le Cornu dégomme les siens. En plus des guerres, des famines, des maladies, des tornades et du ciel qui leur tombera sur la tête, ils auront droit à un traitement de faveur. Satan a élaboré rien que pour eux des gadgets de tortures « gestapotiques » à faire pâlir d'envie le Führer lui-même. En plus de « l'ulcère malin » qui touchera les porteurs de sa prestigieuse marque, ils auront les démons à leurs trousses ! Une trompette loin d'être festive, les attend au chapitre 9 de l'Apocalypse : « *Le cinquième ange fit sonner sa trompette : Je vis une étoile précipitée du ciel sur la terre. Et il lui fut donné la clé du puits de l'abîme. Elle ouvrit le puits de l'abîme et il en monta une grande fumée, comme celle d'une grande fournaise. Le soleil en fut obscurci ainsi que l'air. Et de cette fumée, des sauterelles se répandirent sur la terre. Il leur fut donné un pouvoir pareil à celui des scorpions de la terre. Il leur fut défendu de faire aucun tort à l'herbe de la terre, à rien de ce qui verdoie, ni à aucun arbre, mais seulement aux hommes qui ne portent pas sur le front le sceau de Dieu. Il leur fut permis non de les faire mourir, mais d'être leur tourment cinq mois durant. Et le tourment qu'elles causent est comme celui de l'homme que blesse un scorpion. En ces jours-là, les hommes chercheront la mort et ne la trouveront pas. Ils souhaiteront mourir et la mort les fuira.* » « *Elles ont comme roi l'ange de l'abîme qui se nomme en hébreu, Abbadon et, en grec, porte le nom d'Appollyon.* » Dans le judaïsme, « Abbadon » signifie « destruction, perdition – noir absolu. Cet ange exterminateur est un « gradé » si proche du Diable qu'il pourrait presque se confondre avec lui. L'abîme, c'est l'Enfer et les sauterelles, ce sont les démons. Quant aux réjouissances qui attendent nos frères qui auront fait le mauvais choix, no comment. Si par peur des tourments, d'indécises brebis étaient prêtes à virer leur cuti et à passer du côté des forces obscures, elles sauront au moins ce qui les guette.

« Tenez-vous prêts. C'est à l'Heure que vous ignorez que le Fils de l'homme va venir. » Mt 24, 44.

4

Les signes de l'Apocalypse

« Mais le Fils de l'homme, quand il viendra, trouvera-t-il la foi sur la terre ? » Luc 18, 8.

1 – L'apostasie

Un curieux vent de sable, de modes et de pensées, souffle sur la barque de saint Pierre. L'Église couve une embolie pulmonaire d'une rare envergure : minimiser le Christ Rédempteur. Réduire le Verbe de Dieu à celui de « ponctuation ». La question posée par le Christ sur l'état de la foi à Son retour concerne en premier les chrétiens. Chers frères et sœurs, c'est l'heure du bilan. Un check-up de l'âme s'impose – profitons tant qu'il nous en reste une ! *« France, qu'as-tu fait de ton baptême ? »* Cette interrogation s'étend au monde entier : « Chrétien, qu'as-tu fait de ton Christ ? » La question nous est adressée à tous, qui que nous soyons. « Mon peuple, qu'as-tu fait de moi ? » nous demande aujourd'hui le Seigneur. *« Tu vois la paille dans l'œil du voisin et non la poutre dans le tien ! »* Qu'en est-il de nos poutres aussi grosses qu'un chalutier ? Prennent-elles racine dans nos vies jusqu'à se fondre en elles ? *« Je suis baptisé, je suis sauvé ! Je vais à la messe tous les dimanches. Je mène une existence rangée, etc. Je remplis toutes les cases du « Bon petit Castor Junior Catho ! »* Et pourtant, il me manque l'essentiel : l'Amour. Ce discours si rassurant vis-à-vis de nos petites personnes ressemble étrangement à celui tenu dans l'Évangile par le pharisien. Ce brave homme qui rend grâce à Dieu de ne pas être comme ce vilain petit canard de publicain qui prie en larmes au fond du Temple en se frappant la poitrine (Lc 18, 9-14). Par de tels discours, les chrétiens se comportent comme ces pharisiens et ces scribes dégoulinant de distinctions religieuses et d'orgueil ! Eux se reposaient sur les « lauriers d'Abraham », nous, sur ceux de notre baptême. Chrétiens, quels sont les fruits que nous portons ? *« Toutes leurs actions, ils les font pour se faire remarquer des hommes. Ils élargissent leurs phylactères et allongent leurs franges. Ils aiment à occuper les premières places dans les dîners et les premiers sièges dans les synagogues. » « Malheureux êtes-vous scribes et pharisiens hypocrites, vous qui versez la dîme de la menthe, du fenouil et du cumin, alors que vous négligez ce qu'il y a de plus grave dans la loi : La justice, la miséricorde et la fidélité. Guides aveugles qui arrêtent au filtre le moucheron et avalez le chameau ! » (Lc 11, 42)* Ces paroles du Christ sont adressées « au gratin religieux » de l'époque. Que nous dirait-il à nous aujourd'hui ? La même chose, à savoir que bien souvent nous négligeons ce qu'il y a de plus important dans la Loi : la justice, la miséricorde et la fidélité. En matière de « justice », comme le dit saint Paul, *« c'est la foi en Christ qui justifie »*. C'est le don gratuit de Dieu fait aux Hommes par la Croix Glorieuse du Christ qui nous sauve, non pas nos actes – si

« saints » soient-ils. En matière de miséricorde, aimons-nous vraiment nos frères comme le Christ nous a aimés ? *« À ceci tous vous reconnaîtront pour mes disciples : à l'amour que vous aurez les uns pour les autres. » (Jn 13, 35)* À l'intérieur même de l'Église se développe le germe de la compétition, du pouvoir et des clans. Particulièrement en cette époque où le chrétien navigue dans les eaux troubles du « pour ou contre », du progressisme ou du traditionalisme. Le Serpent doit se frotter la langue de nous voir ainsi. L'amour rassemble, en aucun cas il ne divise. C'est le Démon qui divise. Quand il y a des problèmes au sein d'un couple, si on laisse faire l'amour, si on lui donne le dernier mot, alors c'est la réconciliation. L'amour pousse l'homme à l'écoute et à la paix. Les avis peuvent diverger sans pour autant que la tension ne monte. L'amour prédispose d'emblée à une attitude bienveillante et ouverte. Si avant même d'écouter une personne, je suis remonté à bloc contre elle, non seulement je ne vais pas l'entendre mais en plus, il y a de fortes chances pour que ça dérape. L'Église « Ecclesia » est une assemblée, pas un rassemblement de clones à notre image. Acceptons nos différences les uns les autres. Laissons l'Esprit Saint nous travailler au feu de Son Amour. Si j'aime en vérité, je ne crains rien. Je vais dans la bonne direction. Je vais vers Dieu car Dieu est Amour et Miséricorde. En matière de « fidélité », l'Église doit-elle pactiser avec l'esprit du monde ? Doit-elle brader le Christ Sauveur au profit d'un suffrage universel ? Pour ne pas déranger l'Assemblée des Hommes, doit-elle renier le Messie et annoncer que *« nous irons tous au Paradis ? »* Sans baptême, sans conversion, juste d'un coup de baguette magique ? Blesser Dieu, blasphémer Son Saint Nom, faire pleurer les Très Saints Cœurs de Jésus et de Marie pour ne pas « perturber » les citoyens ? Placer l'opinion publique avant celle du Très Haut ? Peuple de Dieu, que fais-tu de ton Église ? Église des Hommes, que fais-tu de l'Église de Dieu ? *« Sans moi, vous ne pouvez rien faire. Je suis la porte qui mène jusqu'à Dieu. » « Malheureux êtes-vous scribes et pharisiens hypocrites, parce que vous fermez à clé le Royaume des Cieux devant les hommes ! » (Jn 10 / Mt 23)* Paroles du Christ. Si les vents contraires frappent si violemment l'Église, c'est à cause du manque de foi des fidèles. Si les chrétiens avaient foi en la Parole du Christ, le souffle pervers de l'apostasie et de l'abandon de la Vérité irait souffler ailleurs ! Mais pour croire en la Parole, il faut d'abord la lire. Un petit audit spirituel de la bergerie s'impose. Combien de brebis gambadent-elles sur les verts et riches pâturages de la lecture biblique ? Combien d'entre elles ont lu les Évangiles du début à la fin, ne serait-ce qu'une fois dans leur vie ? Pour savoir de quoi on parle, il faut d'abord savoir de quoi « Il » parle. Oh, c'est « le Verbe de Dieu qui s'est fait chair » ! Pas une chansonnette de bal musette ! Le Verbe avec des paroles, des commandements et des actes. Notre religion n'est pas une légende urbaine, une fable pour enfants. La Parole de Dieu est précise. Si les brebis ne sont pas enracinées dans la lecture de l'Évangile, elles broutent à côté de la plaque ! Surtout actuellement où tout le monde raconte n'importe quoi sur n'importe qui, et particulièrement sur le Christ ! Quel drôle de troupeau que le nôtre : d'un côté, il y a les brebis qui préfèrent se la couler douce sous le soleil de la miséricorde – pas besoin de conversion –, et de l'autre, les brebis qui se taisent par discrétion ou par peur de se faire mal voir par l'abattoir du monde. « *Si le sel de la terre vient à s'affadir, qu'est-ce qui donnera du goût ?* » Mt 5, 13. Nos frères ont faim ! Ils ont faim de Dieu mais ils ne le savent pas. Ils ont faim de Son Amour mais ils ne le connaissent pas. Ils ne demandent en réalité que ça, « aimer et être aimés ». Si le monde s'endurcit et que son cœur devient sec, si les péchés tombent en même temps que les bombes de haine, c'est parce que l'Homme est déçu. Il se sent trahi par cette promesse de vie qu'il a reçue à sa naissance. La promesse d'une vie remplie d'amour, de tendresse et de joie. Qu'est-ce qui illumine le regard d'un nouveau-né ? L'amour de ses parents ! C'est rare qu'un gamin fasse la gueule quand il se sent aimé. Petit, on croit en l'amour, on croit en l'Homme. On ne voit pas le mal jusqu'au jour où celui-ci vient frapper à la porte. Pour certains, c'est plus tôt que pour d'autres. C'est à ce moment-là que l'on se referme et s'endurcit. Au lieu d'épancher leur soif de bonheur et d'amour dans « Le beau », dans ce qui élève, beaucoup plongent tête première dans la spirale du Mal, de la colère, et du péché. Ils perdent la foi en eux-mêmes, en les autres, en la vie. Consciemment ou inconsciemment, ils en veulent à Dieu. Cela parce qu'ils ne le connaissent pas. Ils n'ont pas compris, ils ne savent pas que le Mal, la souffrance et la Mort ne viennent pas de Dieu mais du Démon. Ils ignorent que tous leurs malheurs sont la conséquence du péché originel. À nous chrétiens de leur dire, par amour pour Dieu, par amour pour eux.

Si le monde devient de plus en plus égoïste, odieux et cruel, c'est parce qu'il est en souffrance. C'est pour cette raison que le Seigneur ne lâche pas l'affaire avec nous. Même sur la croix : « *Père, pardonne-leur : ils ne savent pas ce qu'ils font* » *(Lc 23, 34)*. Ils sont, « nous sommes », paumés, fragiles. Humains. C'est pour cela que les brebis doivent descendre dans la plaine du monde pour témoigner de l'amour de Dieu, de cette Bonne – et folle ! – Nouvelle. Nous ne sommes ni seuls ni orphelins. Dieu est là, Il nous aime ! Le sens de la vie, ce n'est pas de s'en prendre plein la gueule et de crever mais d'aimer et d'être aimé, en Dieu, par Dieu et avec Dieu. Avec à la clé, une éternité de délices. « Tu vois, petit enfant devenu adulte, la vie ne t'a pas « trahi », tu l'as juste abandonnée le jour où tu as délaissé ton Père pour suivre « le père du Mensonge ».

« *Quand je reviendrai sur terre, trouverai-je encore la foi ?* » Aux chrétiens de répondre.

2 – Effacer le Nom de Dieu

Le paganisme, « le Retour » !

L'homme ne croit plus en Dieu mais il adore des vaches sacrées.

L'homme ne croit plus en Dieu mais il multiplie les divinités.

L'homme ne croit plus en Dieu car il n'y a de place que pour un seul Dieu : lui – l'homme.

La foi en notre Dieu Unique disparaît pour laisser place à toute une cohorte de faux dieux en carton-pâte ! L'homme quitte l'habit de l'Agneau pour se revêtir des attributs du veau d'or. La société toute entière est passée sous le contrôle de la pensée unique anti-christ, anti-Dieu. Le monde est devenu allergique au Créateur. Tel un adolescent se sentant écrasé par l'imposante carrure de son père, Adam cherche à tuer Dieu. Tuer le père afin de s'émanciper et d'exister. De la psychanalyse à deux balles et 6 cornes ! Le « JE SUIS » de l'Éternel Tout-Aimant fait de l'ombre au « MOI JE » de l'Homme tout-Puissant. Décidément, le Diable ne se renouvelle guère. Cette histoire fait étrangement penser à celle de nos ancêtres Mister A et Miss E. Le petit hic, c'est que l'enfant qui se libère de son père, n'en demeure pas moins un enfant. Fragile, avec sa peur du noir qui lui colle à la peau comme ses couches-culottes, il avance en tâtonnant, s'accrochant à n'importe quelle guirlande de lumière susceptible de le guider. Mûr pour suivre le veau d'or, jouant au grand alors qu'il ne sait même pas marcher seul, l'Enfant Humain invente toutes sortes de béquilles de substitution. Rose fluo, rose sexe, rose bio, rose people, rose fric, rose virtuel, rose bonbonnes de gaz prêtes à lui exploser à la figure ! L'hystérie collective provoquée par la disparition des stars parle d'elle-même. La nature a horreur du vide. Si le bovin d'or est de retour, c'est qu'il y a un manque à combler. Celui de Dieu. Ces manifestations, ces cérémonies d'un tout autre genre sont le signe d'un réel besoin de spiritualité. L'Homme n'est pas fait pour avancer seul. L'Homme est fait pour avancer avec Dieu. Ces rassemblements autour de stars vivantes ou décédées, révèlent à quel point la société est pauvre et en souffrance. Ce ne sont pas les Hommes qui sont pauvres. Les Hommes sont riches de Dieu. Fils et Filles de Roi, ce sont des Princes et des Princesses qui s'ignorent. L'Esprit des Ténèbres qui recouvre la Terre comme l'eau le fond de l'océan, appauvrit l'Homme en le séparant de son Père Créateur. Plus l'Homme s'éloigne de Dieu, plus il s'éloigne de lui-même et de ce qui fait sa grandeur et son bonheur : Dieu. Le Père nous a faits par amour, pour aimer. C'est l'Homme debout, l'Homme heureux qui réjouit le cœur du Seigneur et non l'Homme brisé, asservi, rampant. « Sapiens » est un inconscient : Il rompt avec un Dieu d'Amour qui le respecte et le laisse libre, pour batifoler avec un Serpent haineux et despotique qui n'a d'autre but que de le réduire en esclavage ! Le genre d'idylle qui vous conduit sur la paille éternelle. Quitter la vie pour la mort, la guérison pour le palliatif, le bonheur pour la damnation. Le paradoxe de l'Humain : afin de « s'alléger du fardeau d'un Dieu », il s'en colle une multitude ! Quelle foi pour honorer toutes ces divinités ! L'argent, le sexe, le pouvoir, les stars, les drogues, sans parler du Veau d'or XXL, le numérique. Renoncer au Dieu d'Amour et à Son Église salvatrice pour un bric-à-brac religieux trouvant sa source dans le vide, la spiritualité globale. En ce doux printemps du Règne de la Bête, on voit déjà ses petites pousses sortir de terre. Comptons sur le climat anti-Christ pour que celles-ci prolifèrent. Effacer le Nom de Dieu du globe, tel est l'objectif suprême du Diable. Les codes religieux de substitution sont déjà là. Combien de fois entendons-nous parler de « célébration, de communion et de recueillement », alors qu'il n'est nullement question d'office religieux. Les hommages et les cérémonies se multiplient en même temps que les bougies. On remplace Dieu par des bonbons Haribo. On opère en douceur, sans faire de bruit, la transition vers une religion sans Dieu. Les petits démons en culottes courtes, les puces dirigeantes au service du Dragon, sortent insidieusement du vocabulaire de l'Homme, des mots-phares nous rappelant la présence du Tout-Puissant. Pour ces diablotins de supermarché déguisés en chefs de file, le premier des « maux » à bannir du langage courant et des consciences atrophiées, se nomme Dieu. Petit à petit, nous gommons le Nom de Dieu : *« J'ai évité le pire grâce à « ma bonne étoile ». Je remercie « la vie ». « Le miracle de l'amour » a fait que. « L'énergie positive. » « Les ondes réparatrices. »* Même les chrétiens s'y collent. Quelle est donc cette fâcheuse tendance à remplacer « Dieu » par « Providence » ? Dans ce cas, il faut parler de Providence Divine du Cœur de Jésus, pas de « providence » tout court. Cela prête à confusion. Elle peut être associée au hasard. Si nous, nous savons que la « Providence » est d'origine Divine, les non-croyants eux l'ignorent. En faisant cela nous contribuons à effacer le Nom de Dieu. À la sortie de mon livre *« Pour ses beaux yeux »*, j'ai sollicité un pote journaliste afin de passer dans son émission. Cette personne pourtant bien placée dans le tiercé de l'audimat, m'a rétorqué : *« Saracco, tu planes ! Comment pourrais-je t'inviter à parler de ton bouquin alors qu'il commence par « J'ai vu le Sacré-Cœur pleurer et le Tribunal Céleste ! »* Il y a peu de temps, j'ai rencontré une femme brillante, agent artistique de son état. Son analyse à propos de la créativité et de la liberté d'expression est d'une implacable et triste réalité.

– Natalie, vous avez la pêche, vous êtes drôle et passionnée et vos propos sonnent juste. Cependant, cependant…, répéta-t-elle la gorge rayée comme un disque.

Ce « cependant » était à lui-même une conclusion.

– Cependant, n'attendez aucun soutien autre que celui d'organisations et de médias religieux. Il suffirait juste que vous remplaciez le mot « *Dieu* » par « *amour* » et là vous connaîtriez un vif succès ! Le monde est en attente, le monde a besoin de gens « vivants » comme vous. Cessez de Le nommer ouvertement. Votre amour pour Dieu se dresse devant vous comme la pire des barrières.

Mon pauvre Seigneur, après t'avoir renié, fouetté, craché dessus, crucifié et « re-renié », voilà que maintenant, il faut t'effacer !

– Il y a quelques années poursuivit-elle, cela aurait pu passer mais plus maintenant. Depuis les attentats, plus personne ne souhaite être associé à une œuvre ou à un artiste à caractère religieux.

– Justement, le Christ ne parle que d'amour et de miséricorde ! Son message est vital plus que jamais !

– Vous ne comprenez pas. À ce jour, la foi peut être perçue comme du fanatisme et le croyant comme un incitateur au trouble, un potentiel danger pour la société.

– Alors, poser un acte de foi revient à poser « une bombe » ?

Mettre Dieu à la porte de Sa création, raser Son Église et conduire l'Homme à la damnation, tels sont les plans du Démon depuis l'origine. Pour cela le Serpent utilise l'Homme lui-même en le transformant en tueur « adage » de la Vérité. Il le réduit à l'état de petit soldat télécommandé. Nous combattons le terrorisme, nous luttons contre le fanatisme alors que nous préparons le pire attentat de tous les temps : celui d'éliminer le Père avec comme conséquence le génocide de l'Humanité. On s'inquiète de la planète et du réchauffement climatique et pas de notre Éternité ! Réveille-toi Homo sapiens, ton Seigneur t'aime tant ! En bannissant Dieu de nos vies et de nos consciences, nous confions à Satan les clés de notre Éternité. Tel un fauve affamé, il se tapit dans le désert de notre humanité attendant le moment opportun pour nous donner le coup de disgrâce. Avec ses légions de diablotins en costumes-cravaches, il réinvente la société, nos besoins et notre façon de penser. Il nous empêche d'aimer en vérité. Il échafaude une toute autre réalité et interfère jusque dans nos rêves : « Se la couler douce dans le plasma de son E-Monde Royaume **666**. De quelle manière le Nom de Dieu peut-il être sanctifié s'il est effacé de la surface de la planète ?

« Notre père qui es aux cieux,
Que ton Nom soit sanctifié,
Que ton Règne vienne,
Que ta Volonté soit faite sur la terre comme au ciel. »

Comment Son Règne peut-il venir, de quelle façon Sa volonté peut-elle être faite si on le raye de la Terre ?

Le Nom de Dieu est une prière et une bénédiction à Lui seul ! Le Nom de Dieu le place au-delà de toute création et de toute créature, car le Nom de Dieu surpasse tous les noms. C'est pour cela que le Diable cherche à l'évincer. Dans la Bible, le nom donné par Dieu à Ses enfants définit la mission de chacun. Le nom fait office de carte d'identité. L'écho de Son Saint Nom est un supplice pour les oreilles du Cornu. Faire le signe de la croix en prononçant « au Nom du Père, du Fils et du Saint Esprit » est pour lui insoutenable ! Le murmure de Son Saint Nom réduit le Démon et son orgueil au néant. Quant au Nom de Marie, c'est un insecticide redoutable pour faire fuir les bêbêtes démoniaques les plus coriaces ! Si vous rajoutez à cela une pincée d'eau bénite agrémentée d'un bon vieux crucifix et de l'Eucharistie, c'est du pain bénit ! Pensons à la nouvelle génération. Comment peut-elle croire en Dieu si elle n'entend pas parler de Lui ? Au train où cela va, bientôt plus personne ne se posera la question de la foi. Nous assistons aujourd'hui au « grand nettoyage » du monde fait par Satan via La Machine – encore plus efficace que les mafieux dans les films ! Cette farouche volonté d'éliminer les signes « ostentatoires » comme « ils » disent, en est la preuve manifeste. Cela fait déjà de nombreuses années que la p'tite Bête est à l'œuvre. C'est une véritable chasse aux sorcières anti-Christ qui se mène aujourd'hui dans le monde. « And The winner is… Europa ! » Maline, la p'tite Bête cornue noie le poisson – chrétien – en le logeant à la même enseigne que toutes les autres religions. C'eût été trop flagrant de faire sauter les croix des écoles et des places publiques sans titiller

Mame Burka. C'est une implacable stratégie, un business plan d'Enfer que Satan met en place sur toute la planète. L'infernale Machine déferle sur la Terre et ses habitants sans que personne – ou presque – ne réagisse. L'Homme se sait menacé plus que jamais. Il sent au plus profond de lui-même que cette Machine de destruction référence 666 va l'anéantir, pourtant il arbore toujours le même sourire. Celui de son cœur de cire. Des agneaux faisant la queue et tapant du sabot, impatients de prendre un ticket pour l'abattoir. Ils désobéissent à Dieu en chantant, pour obéir au doigt et à la corne à Satan. Rien de tel que la Globale Lobotomie ! Son effet va au-delà de toute espérance ! Bientôt pour « notre sécurité », ils fermeront les églises ! Les mites politiciennes ne sont pas à ça près. Pour la protection des citoyens, un couvre-feu pourrait bien voir le jour. Afin de ne pas nous exposer aux attentats, tous rassemblements seraient interdits. La puissance de manipulation du Diable est telle qu'il peut faire en sorte que ce couvre-feu soit l'œuvre des citoyens eux-mêmes. Entre les fiches « S » se baladant en libre parcours, et les pauvres migrants errant comme des âmes en peine, plus personne n'osera sortir. Rattrapé par ses terreurs nocturnes, l'Homme « tapis », vivra retranché dans le bunker de ses peurs. Sa vie deviendra une prison librement consentie. Comptons sur la prolifération de palettes de services et de e.commerces pour nous garder à domicile. Notre enfermement fera leur bonheur en même temps que leur chiffre d'affaires. Ils nous dorlotent déjà. Toutes les enseignes s'y mettent. Désormais l'avenir de l'Humanité passe par le Net ! Impossible de ne pas rentrer dans la – macabre – danse. Pourquoi se déplacer au musée quand on peut toucher du doigt un Van Gogh ou rentrer dans la Joconde en se substituant à elle par le biais d'outils informatiques défiant toute concurrence avec la réalité ? Le virtuel décuplera nos sens au point de le préférer au réel. Lucifer, l'Archange de toutes les connections. Lucifer, l'Archange déchu de la Lumière. Lucifer nous inondera de – fausses – lumières subliminales. Leur pouvoir sera tel qu'elles confondront notre cerveau. À l'abri des regards, fondu dans le numérique, Satan concocte sa propre création : la réalité virtuelle. Son appellation elle-même est un non-sens. La réalité n'a rien de virtuel. Il n'y a rien de simulé dans la réalité. Elle est, un point c'est tout. Il n'y a pas d'artifice en elle. Tout comme la vérité. Il n'y a pas de vérité virtuelle ou relative. Le Maître de l'illusion pousse les hommes dans les méandres d'un mirage collectif. À côté des couleurs et des saveurs réinventées, des émotions extrêmes, l'arc-en-ciel paraîtra terne et dépassé. Tout comme notre vie, nos amis et nos conjoints. Pourquoi « l'Homme de croronchon » supporterait des amis en retard, une épouse acariâtre et une vie passée au placard d'une triste réalité, alors que Wonder Woman en string frapperait tous les soirs à la porte de son clavier ? Enfin, « clavier », demain, ils disparaîtront tous. Il suffira de penser pour concrétiser. La frontière avec le réel s'estompera peu à peu en même temps que l'Humanité. Satan n'a qu'une idée en corne : nous faire vivre en « séparés » afin de tous mourir ensemble ! Pour cela, il nous plonge dans la peur et la suspicion les uns des autres. Diviser pour mieux dévorer. La seule personne fiable sera La Machine. Un nouveau Credo d'un tout nouveau genre apparaîtra. Le « *Croyez-vous en Dieu, à Son Fils Jésus-Christ le sauveur, à l'Esprit qui habite en vos cœurs ?* » sera remplacé par « *Croyez-vous en La Machine, à l'Image Animée – l'Antichrist – à l'Esprit Suprême de l'Algorithme ?* » Le Dragon lui-même nous posera la question. Quand l'homme répondra « *Oui, j'y crois* », Adam et Ève plieront bagage.

3 – Inversion du Bien et du Mal

Le mal, la souffrance et la mort gangrènent la création depuis le péché originel. Aucune créature n'est épargnée. Tous nous peinons sous le poids de la croix. Certaines sont visibles, d'autres sont dissimulées mais non moins lourdes à porter. Le bon grain et l'ivraie sont appelés à pousser ensemble jusqu'à la moisson finale. Le monde a toujours regorgé de sales types comme de personnes exceptionnelles. Au Moyen Âge, on tuait et on égorgeait comme on festoyait. Le viol était monnaie courante et les orgies faisaient offices de sorties du dimanche. Les enfants et les femmes étaient traités comme du bétail. En comparaison, notre bon XXIe siècle pourrait paraître comme « l'Âge d'or » de l'Humanité. En réalité, il en est tout autrement. Sous une épaisse couche de trompe-l'œil, de sensibleries, de causes et d'associations bubble gomme de tout acabit, on efface l'essentiel. L'unique référence inscrite dans nos gènes : le bien et le mal. Pas la peine d'être croyant ni d'avoir lu la Bible, en hébreu, en latin et en grec, pour sentir au plus profond de soi quand on commet un acte bon ou mauvais. Mais voilà, le sournois et silencieux tumulte de la Bête qui avance incognito, change les donnes. Sous forme de dialyse sociale, intellectuelle et spirituelle, La Machine nous transfuse de nouveaux « sang-timents » provenant directement de son A-D-Haine de Dieu et des Hommes. Aucun pays, aucune terre n'est épargnée. Les gaz toxiques de la contre-vérité sont lâchés. L'odeur du soufre circule dans les tranchées et s'attaque à l'Humanité. Telle une sombre vapeur, elle se propage à l'intérieur de nos consciences privant nos poumons de l'air salvateur de la Vérité. Après l'ère de la confusion, voici venir l'ère de la confirmation. Les Illustres Puces vendues à La Machine-Satan, déclarent ouvertement que Dieu n'a jamais existé. Par conséquent, le bien et le mal sont des leurres qui ralentissent l'épanouissement de l'espèce. L'implacable mécanique de destruction de l'Humanité est enclenchée. Son impact et sa rapidité nous surprendront de plein fouet. Désormais, le relativisme fait figure de grand-père à moitié gâteux. Le p'tit vioque est dépassé par un nouveau concept sorti tout droit du programme de La Machine : l'inversion totale du Bien et du Mal. Jusqu'à présent, le Bien et le Mal étaient distincts et clairement identifiés. Ce qui laissait à l'homme le choix et la couleur de ses actes : « *Black or white ?* » Je choisis le positif ou le négatif ? Je croque dans la pomme ou pas ? (relire Deutéronome 30, 15-20 ci-dessous)

> « 15Vois, je te propose aujourd'hui vie et bonheur, mort et malheur. 16Si tu écoutes les commandements de Yahvé ton Dieu que je prescris aujourd'hui, et que tu aimes Yahvé ton Dieu,

> que tu marches dans ses voies, que tu gardes ses commandements, ses lois et ses coutumes, tu vivras et tu multiplieras, Yahvé ton Dieu te bénira dans le pays où tu entres pour en prendre possession. [17]Mais si ton cœur se détourne, si tu n'écoutes point et si tu te laisses entraîner à te prosterner devant d'autres dieux et à les servir, [18]je vous déclare aujourd'hui que vous périrez certainement et que vous ne vivrez pas de longs jours sur la terre où vous pénétrerez pour en prendre possession en passant le Jourdain. [19]Je prends aujourd'hui à témoin contre vous le ciel et la terre : je te propose la vie ou la mort, la bénédiction ou la malédiction. Choisis donc la vie, pour que toi et ta postérité vous viviez, [20]aimant Yahvé ton Dieu, écoutant sa voix, t'attachant à lui ; car là est ta vie, ainsi que la longue durée de ton séjour sur la terre que Yahvé a juré à tes pères, Abraham, Isaac et Jacob, de leur donner. »
>
> Traduction Bible de Jérusalem 1975

« *Le bon, la brute et le truand* » sont en passe de disparaître des écrans de nos consciences. Les repères religieux moraux et familiaux sautent les uns après les autres sur les bombes de la pensée unique. Des fables en fin de vie destinées à être rangées dans la boîte du passé. Si le Bien est appelé Mal et si le Mal est appelé Bien, comment choisir, par quel biais s'en sortir ? Avant, le test de bassesse de la majorité, se vérifiait à la banalisation d'un acte ainsi qu'à sa popularité. Aujourd'hui, ça va plus loin : le « clair-obscur » propre au relativisme, cède la place au « noir-lumière ». Le Diable est une référence, ses attributs, source de vie. Face au « Démon-Inversion » et à ses subterfuges quotidiens, se dressent La Vierge

Marie et le chapelet. Seul l'Esprit Saint et la prière permettent d'accéder au discernement. Cette totale inversion de valeurs a comme un parfum d'Apocalypse. Isaïe (5, 20-21) : « *Malheur à ceux qui appellent le mal bien et le bien mal, qui changent les ténèbres en lumière, et la lumière en ténèbres, qui changent l'amertume en douceur, et la douceur en amertume ! Malheur à ceux qui sont sages à leurs yeux et qui se croient intelligents !* » Depuis la chute liée au péché originel et nos premiers pas sur la Terre, cette inversion de la Vérité ne frappait que de manière isolée et ponctuelle des individus ou des villes. Aujourd'hui, c'est l'ensemble de l'Humanité. Perdu dans ce putride décor où le Beau est défiguré et détourné au profit du Mal, l'Homme sans Dieu ne peut que se noyer.

4 – Le règne de la division

Là où le Serpent passe souffle la division. Après avoir croqué la pomme, Adam et Ève se dressent l'un contre l'autre. « *Ce n'est pas moi, c'est la femme.* » Jaloux d'Abel, Caïn assassine son frère. Sous la domination de la Bête, le monde connaîtra une division telle qu'il n'en a jamais connue. « *Ils se livreront les uns les autres, ils se haïront entre eux.* » « *Vous serez livrés par vos pères et mères, par vos frères, vos parents et vos amis.* » « *Les enfants se dresseront contre leurs parents et les feront condamner à mort.* » *(Mt 24, 10 / Lc 21, 16 / Mc 13, 12)* Le témoin du Mal, c'est la discorde. La montée de la Globale Haine est déjà palpable. Les tensions dans les pays, les familles et les communautés augmentent de jour en jour. La guerre des sexes est déclarée. Hommes contre

Femmes. C'est le combat des moitiés. Adam et Ève en Place de Grève[1]. « Le Prince de ce monde » affûte le tranchant couperet. L'étendard de l'hostilité est levé. La colère et la violence parfument les États – d'âme – et les Royaumes. Plus personne ne se comprend. La suspicion a pris le pas sur la confiance, l'égoïsme sur l'amour. La solidarité entre les Hommes – la vraie – disparaît. C'est le sacre de l'individu. L'Esprit des Ténèbres, l'opposé de la Pentecôte, trône en prince héritier. L'Esprit Saint rassemble, le Serpent divise.

5 – Jérusalem encerclée par les armées (Lc 21, 20 / Mt 24, 15 / Mc 13, 14)

« *Quand vous verrez Jérusalem encerclée par les armées, sachez que sa dévastation est proche.* » « *Ils tomberont au fil de l'épée. Ils seront emmenés captifs dans toutes les nations, Jérusalem sera foulée aux pieds par les nations jusqu'à ce que soit accompli le temps des nations.* » Jérusalem témoin de Dieu depuis toujours. Jérusalem, Jacob, Israël. Le peuple juif. Les premiers à rencontrer ce Dieu Unique. Les premiers à l'annoncer. Jérusalem, acteur-phare du retour glorieux du Christ. Le peuple en guerre. Jérusalem détruite par les nations païennes. « *Malheureuses celles qui seront enceintes et celles qui allaiteront.* » La menace nucléaire pointe l'ogive. Les radiations dues à la bombe atomique ont fait leurs preuves. Malformations, contaminations, empoisonnements. « *Ceux qui sont en Judée, qu'ils fuient dans les montagnes, ceux qui sont à l'intérieur de la ville, qu'ils en sortent, ceux qui sont*

1. Place au bord de la Seine où avaient lieu les exécutions capitales à Paris, jusqu'au XIXe siècle.

dans les campagnes, qu'ils n'entrent pas dans la ville!» Jérusalem, cible à abattre. La Techno-crazy va pouvoir s'en donner à cœur joie! La Technologie transforme les militaires en chirurgiens. Une précision d'Enfer! Une précision au service de la mort. À coups de scalpels numériques, ils souffleront les vies. «*Et hop, un missile envoyé*»*!* De leur salon, ils bombarderont. Sur l'ordre du chef de service, le Dragon-Machine, l'infirmière Transhumanisme volera au secours des blessés. Elle qui vomit l'Humanité les comblera de «gerbes» de fleurs. Sur chaque tombe poussera un Homme Nouveau. La bombe atomique ronronne, Satan à ses côtés. Mais Dieu est là et Dieu est le plus fort.

6 – La Terre qui crache sa colère

Tremblements de terre, tremblements des hommes, réchauffement climatique, refroidissement de l'Homme, montée des eaux, abaissement de la créature, soleil de plomb, cœurs d'acier.

7 – L'Homme qui se hisse jusqu'à Dieu

Attaquer frontalement Le Tout-Puissant dans ce qui le définit: La Vie. Jouer au Créateur. Prétendre donner la vie et devenir immortel par ses propres moyens. Se prendre pour Dieu est une routine pour l'Homme. Se «substi-tuer» à Lui est une première.

Cette liste de signes qui témoignent de l'Apocalypse est loin d'être exhaustive. Il eût fallu tout un autre ouvrage afin de les énumérer.

5

La place de Marie dans l'Avènement

L'apparente discrète présence de L'Immaculée aux côtés de son Fils durant sa vie terrestre, se retrouve à la fin des temps. Alors que Marie est LE TÉMOIN de « Dieu fait homme » – dès l'Incarnation du Fils en elle, elle était aux premières loges ! – et qu'elle n'a pas cessé d'être à ses côtés, la Vierge fait un tantinet figure de figurante. C'est à peine si l'on entend le son de sa voix. Marie occupe pourtant une place majeure dans l'histoire de notre Salut. Elle est l'unique fille d'Ève ayant correspondu à toutes les grâces de Dieu – sans elle, on attendrait encore Jésus. Elle est pour l'éternité dans le « carré VIP » de Son Dieu Bien-Aimé. Marie nous forme et nous guide afin qu'à Son retour, Il nous trouve propres comme des sous neufs, coiffés de Sa parole et vêtus des sacrements de l'Église, sans aucun « lacet de l'âme » qui traîne. Elle est le vase dans lequel il fait bon puiser le nectar des grâces divines. Marie connaît mieux que quiconque la route qui conduit jusqu'au Très Haut. En passant sa vie à dire « OUI » au Seigneur, elle n'a jamais trébuché ni pris des chemins de traverse. Suivre son exemple en suivant ses pas, protège des déviations qui conduisent droit dans l'épineuse fosse du péché. Chacun sait après combien il est difficile d'en sortir.

Flash-back sur la première Bête de l'Apocalypse (13, 6) : *Elle ouvrit sa bouche pour proférer des blasphèmes contre Dieu, pour blasphémer son Nom, et son tabernacle, et ceux qui habitent dans le ciel.* » Comme nous le savons, l'Église, lieu de la présence mystique du Christ, est le Tabernacle du Très Haut. « *Qui me voit, voit le Père.* « *Mon Père et moi nous sommes UN* ». « *JE SUIS* », proclame Jésus dans l'Évangile de Jean. « L'Église, Tabernacle de Dieu » n'en oublie pas pour autant un autre. Le Tabernacle des Tabernacles, le Tabernacle originel : « La Vierge Marie », Tabernacle du Saint Esprit[1]. L'Immaculée Conception qui a porté le Christ dans ses entrailles. Sa personne tout entière est « Terre Sainte ». Marie est née immaculée mais Elle est librement demeurée immaculée. Elle aussi avait le libre-arbitre. Les tentations et pièges que dressait le Démon devant Elle, étaient à la hauteur des grâces reçues : Énormes. Et Elle n'a jamais péché ! Pas l'once ni l'ombre d'une transgression. C'est inimaginable pour nous « les pécheurs de service ». Son Assomption témoigne du respect et de la place unique que l'Éternel, le Seul Trine, lui a attribuée pour l'Éternité. Elle est la nouvelle Arche d'Alliance Éternelle entre le Créateur et Ses créatures. « *Et le Temple de Dieu dans le ciel s'ouvrit, et l'arche de l'alliance apparut dans son Temple. Un grand signe apparut dans le ciel : Une femme, vêtue du soleil, la lune sous les pieds, et sur la tête une couronne de douze étoiles.* » *(Ap 11,*

1. Parole du Curé d'Ars : « La Trinité contemple la Sainte Vierge. »

9 / 12, 1) Marie, « l'ennemie public n° 1 » du Démon, hier comme aujourd'hui. Et pour cause : l'humilité est à Marie ce que l'orgueil est à Satan. Marie, la toute-petite, l'obéissante, Marie la dévouée, l'abandonnée. Tellement obéissante, confiante et abandonnée, qu'elle n'a jamais cherché à entraver, ni même à remettre en question La Volonté du Très Haut. « *Qu'il me soit fait selon Ta volonté.* » Une fille de la Terre lui faisant de l'ombre à Lui, à l'Archange Lucifer ! C'est inconcevable !! Quelle humiliation ! C'est une abomination pour lui !!! Par Son Immaculée Conception et par Sa vie entière passée sans jamais commettre le moindre péché, Marie est le diamant qui rayonne de la splendeur de la création Divine menée à sa perfection. Marie, non pas « nouvelle Ève » mais Marie véritable Ève, celle que le Seigneur attendait. Sa présence éclatante de la Sainteté de Dieu renvoie à Satan la plénitude de son être défiguré par l'orgueil et le péché. Elle est l'Étoile qui reflète la Lumière de Dieu. « *Il me montra la ville sainte, Jérusalem, qui descendait du ciel d'auprès de Dieu, brillante de la gloire de Dieu, et l'astre qui l'éclaire est semblable à une pierre très précieuse, à une pierre de jaspe transparente comme le cristal* » *(Ap 21, 10-12)*. Alors que Marie-Madeleine est la pionnière des créatures sanctifiées par le Sang du Christ – parce que pécheresse –, la Vierge Marie, elle, est l'Unique, l'Élue du Cœur du Père, Sa fille Bien-Aimée. « *La comblée de grâces* » est la seule à avoir répondu Oui à chacun des dons reçus et des désirs de Dieu. Jusqu'à offrir son fils unique sur la croix. Jusqu'à prier pour nous ses tortionnaires. La petite Marie de Nazareth n'a cessé d'utiliser son libre-arbitre pour faire fructifier les grâces de Dieu dans son petit cœur brûlant d'Amour pour Lui. Avant l'Avènement du Christ, l'Abominable bouche cariée qui « vomit sur la Vérité », inventera toutes sortes de calomnies afin de salir la Vierge Marie et le Ciel tout entier. Avec l'aide d'une science détournée à la solde du Diable, la Bête nous inondera de fausses preuves à l'appui. Elle se dressera face à l'Esprit Saint, l'Esprit de Vérité afin d'usurper Son identité. En se substituant au Créateur, la Bête deviendra l'unique référence de la vérité. Ceux qui ne connaissent pas Dieu et qui n'ont aucune vie de prière ne pourront que tomber dans le panneau. « *Celui qui entre par la porte, c'est le pasteur, le berger des brebis. Le portier lui ouvre, et les brebis écoutent sa voix. Ses brebis à lui, il les appelle chacune par son nom, et il les fait sortir. Quand il a poussé dehors toutes les siennes, il marche à leur tête, et les brebis le suivent, car elles connaissent sa voix. Jamais elles ne suivront un étranger, mais elles s'enfuiront loin de lui, car elles ne connaissent pas la voix des étrangers.* » *(Jn 10, 2-5)* « Les brebis écoutent Sa voix, les brebis connaissent Sa voix », elles la reconnaissent car elles sont habituées à l'entendre. Elles ont tissé des liens avec le Christ. Celles qui ne l'ont jamais rencontré ou qui croient le connaître mais qui n'ont en réalité aucune relation profonde avec Lui, ne feront aucune différence entre Sa voix et celle d'un autre. Elles seront incapables de distinguer la Vérité émanant de Dieu et la mascarade issue de La Machine : la contre-vérité aux allures d'oracle. Dans sa deuxième lettre aux Thessaloniciens (9, 10), saint Paul nous révèle que « ceux qui n'ont pas l'amour de la Vérité » – l'amour de Dieu – se perdront. Aimer une personne, c'est la connaître, anticiper sur ses propos et ses réactions. On sait comment l'autre fonctionne. La voix à laquelle le Christ fait référence est une voix par anticipation. La voix de la foi inscrite dans le cœur des brebis qui connaissent le Berger. C'est pour cela qu'elles ne suivront aucune voix étrangère. Leur intimité avec Jésus est leur assurance vie et leur protection. *« C'est l'heure de la persévérance et de la foi des saints » (Ap 13, 10).* L'oracle de la contre-vérité par la bouche de la Bête via La Machine, va chercher à confondre une par une les œuvres de Dieu.

Des chercheurs ont réussi à isoler une cellule-souche pluripotente adulte aux vertus de « résurrection ». Cette cellule possède la faculté de redonner vie à un organisme en état de mort cérébrale en permettant sa totale régénération. Non seulement celle de ses tissus et de ses organismes mais aussi du cerveau. Le principe ? Injecter la cellule-souche dans le mourant tout en lui balançant une décharge électrique comme Frankenstein ! Cela ne concernerait que certains animaux, nous dit-on. Depuis la découverte des cellules-souches embryonnaires sur les souris en 1981 et sur les hommes en 1998, les scientifiques n'ont pas perdu une minute. De telles avancées en si peu de temps laissent présager le pire pour demain. Maintenant, ils ne sont plus seuls, l'Esprit de l'Algorithme Suprême est à leurs côtés. L'appel d'offres de l'Enfer – geler la mort – va séduire plus d'un Transhumanocrate. Peu importe si leurs noms s'effacent du Livre de Vie tant qu'ils scintillent au firmament de la science. Dans peu de temps, ils passeront à l'acte sur des Humains. « Babylone la grande ne connaîtra plus le deuil » (Ap 18, 7). Jusqu'au moment où l'Éternel Tout-Puissant frappera du poing sur la table de la Création. Mes frères, soyons forts, soyons courageux mais surtout, soyons plus que jamais enracinés en Dieu. La Machine Oracle de la Bête prononcera toutes sortes de contre-vérités et commettra des abominations visant à perdre le monde et à nous déstabiliser dans notre foi. Elle n'hésitera pas à faire passer Dieu pour une « Fake news » en faisant croire qu'elle aussi peut donner la vie et ressusciter les morts à l'égal de Dieu. Sauf que Dieu est la Vie et l'Origine de toutes vies tandis qu'elle ne fait que bidouiller des cellules déjà existantes. « Des restes » d'énergie. Elle pourra s'affairer à toutes sortes de trafics et de manipulations génétiques, mais elle ne réussira jamais à donner la Vie ni à insuffler une âme. Si certains par peur de la mort étaient tentés par l'expérience d'une fausse résurrection proposée par La Machine, qu'ils se rappellent les paroles du Christ (Lc 9, 24) : *« Celui qui veut sauver sa vie la perdra ; mais celui qui perdra sa vie à cause de moi la sauvera. »* Du reste, dans quel état se réveilleront les défunts shootés par La Machine ? Auront-ils toute leur mémoire et leur tête ? Reconnaîtront-ils leurs proches ? Seront-ils des morts-vivants joyeux ou bien furieux, que rien ni personne ne pourra maîtriser ? *« Ils n'ont de repos ni le jour ni la nuit, ceux qui se prosternent devant la Bête et son image, et quiconque reçoit la marque de son nom. » (Ap 14, 11)* Que de belles choses en perspective pour ce monde sans Dieu ! Si « la maison » est correctement construite sur le roc de la véritable foi en l'Église et sur une authentique et quotidienne relation d'amour avec le Seigneur, les vents, les tempêtes et les venimeux « desseins animés » du Cornu n'auront aucune prise sur elle.

6

Happy end, Happy land!

«Alors j'ai vu un ciel nouveau et une terre nouvelle, car le premier ciel et la première terre s'en étaient allés et, de mer, il n'y en a plus.» (Ap 21, 1)

« Ce jour et cette heure, nul ne les connaît, ni les anges des cieux, ni le Fils, personne sinon le Père, et lui seul.» (Mt 24, 36)

«Le septième ange sonna de la trompette et, l'on entendit dans le ciel des voix fortes qui disaient: «L'empire du monde est passé à notre Seigneur et à son Christ, et il règnera aux siècles des siècles.» (Apocalypse 11, 15-16)

«Il y eut un combat dans le ciel: Michel et ses anges combattaient contre le dragon; et le dragon et ses anges combattaient mais ils ne purent vaincre, et leur place même ne se trouva plus dans le ciel. Et il fut précipité le grand dragon, le serpent ancien, celui qui est appelé le diable et satan, le séducteur de toute la terre, il fut précipité sur la terre et ses anges furent précipités avec lui. Et j'entendis une voix forte dans le ciel qui disait: «Maintenant le salut, la puissance et l'empire sont à notre Dieu et, l'autorité à son Christ; car il a été précipité l'accusateur

de nos frères, celui qui les accuse jour et nuit devant notre Dieu. Eux aussi l'ont vaincu par le Sang de l'Agneau et par la parole à laquelle ils ont rendu témoignage, et ils ont méprisé la vie jusqu'à mourir. » (Apocalypse 12, 7-12)

« Puis je vis le ciel ouvert et il parut un cheval blanc ; celui qui le montait s'appelle fidèle et véritable ; il juge et combat avec justice. Ses yeux étaient comme une flamme ardente ; il avait sur la tête plusieurs diadèmes, et il portait un nom écrit que nul ne connaît que lui-même ; il était revêtu d'un vêtement teint de sang ; son nom est le Verbe de Dieu. Les armées du ciel le suivaient sur des chevaux blancs, vêtues de fin lin, blanc et pur. De sa bouche sortait un glaive effilé (à deux tranchants), pour en frapper les nations ; c'est lui qui les gouvernera avec un sceptre de fer, et c'est lui qui foulera la cuve du vin de l'ardente colère du Dieu tout-puissant. Sur son vêtement et sur sa cuisse, il portait écrit ce nom : Roi des rois et Seigneur des seigneurs. » « Et je vis la bête et les rois de la terre avec leurs armées, rassemblés pour faire la guerre à Celui qui était monté sur le cheval et à son armée. Et la bête fut prise et avec elle le faux prophète qui, par les prodiges faits devant elle, avait séduit ceux qui avaient la marque de la bête et ceux qui adoraient son image. Tous les deux furent jetés vivants dans l'étang de feu où brûle le soufre ; et le reste fut tué par le glaive qui sortait de la bouche de Celui qui était monté sur le cheval ; et tous les oiseaux se rassasièrent de leurs chairs. » (Apocalypse 19, 11-21)

« Et je vis un nouveau ciel et une terre nouvelle, car le premier ciel et la première terre avaient disparu, et il n'y avait plus de mer. Et je vis descendre du ciel, d'auprès

de Dieu, la ville sainte, une Jérusalem nouvelle, vêtue comme une nouvelle mariée parée pour son époux. Et j'entendis une voix forte qui disait: « Voici le Tabernacle de Dieu avec les hommes: il habitera avec eux et ils seront son peuple; et lui-même il sera le Dieu avec eux, il sera leur Dieu. Et Dieu essuiera toute larme de leurs yeux, et la mort ne sera plus, et il n'y aura plus ni deuil, ni cri, ni douleur, car les premières choses ont disparu. » Et celui qui siégeait sur le Trône déclara: « Voici que je fais toutes choses nouvelles. » Et il ajouta: « Écris, car ces paroles sont sûres et véritables. » Puis il me dit: « C'est fait! Je suis l'alpha et l'oméga, le commencement et la fin. À celui qui a soif, je donnerai gratuitement de la source de l'arbre de la vie. Celui qui vaincra possédera ces choses; je serai son Dieu et il sera mon fils. Mais pour les lâches, les incrédules, les abominables, les meurtriers, les impudiques, les magiciens, les idolâtres et tous les menteurs, leur part est dans l'étang ardent de feu et de soufre: c'est la seconde mort. » (Apocalypse 21, 1-9)

« Alors l'un des sept anges qui tenaient les sept coupes pleines des sept dernières plaies, vint me parler et me dit: « Viens, je te montrerai la nouvelle mariée, l'Épouse de l'Agneau. Et il me transporta en esprit sur une grande et haute montagne, et il me montra la ville sainte, Jérusalem, qui descendait du ciel d'auprès de Dieu, brillante de la gloire de Dieu, et l'astre qui l'éclaire est semblable à une pierre très précieuse, à une pierre de jaspe transparente comme le cristal. » « Je n'y vis point de temple car le Seigneur Dieu tout-puissant en est le temple, ainsi que l'Agneau. La ville n'a besoin ni du soleil ni de la lune pour l'éclairer, car la gloire de Dieu l'illumine, et l'Agneau

est son flambeau. Les nations marcheront à sa lumière, et les rois de la terre y apporteront leur magnificence. Ses portes ne seront point fermées chaque jour, car il n'y aura point de nuit. On y apportera ce que les nations ont de plus magnifique et de plus précieux ; et il n'y entrera rien de souillé, aucun artisan d'abomination et de mensonge, mais ceux-là seulement qui sont inscrits dans le livre de vie de l'Agneau. » « *Puis il me montra un fleuve d'eau de la vie, clair comme du cristal jaillissant du trône de Dieu et de l'Agneau, au milieu de la rue de la ville ; et de part et d'autre du fleuve des arbres de vie qui donnent douze fois leurs fruits, les rendant une fois par mois, et dont les feuilles servent à la guérison des nations. Il n'y aura plus aucun anathème, le trône de Dieu et de l'Agneau sera dans la ville ; ses serviteurs le serviront, et ils verront sa face, et son nom sera sur leur front. Il n'y aura plus de nuit, et ils n'auront plus besoin, ni de la lumière de la lampe, ni de la lumière du soleil, parce que le Seigneur Dieu les illuminera ; et ils règneront aux siècles des siècles.* » *(Apocalypse 21, 1-12 + 22-27) + (Apocalypse 22).*

Les textes parlent d'eux-mêmes ! Après « les souffrances et les douleurs de l'accouchement », c'est que du bonheur qui nous attend ! La « tumulte-tueuse » histoire d'amour entre Dieu et les hommes va enfin prendre son envol pour ne plus jamais redescendre ! Il nous en aura fallu du temps pour reconnaître que Dieu seul est Dieu, qu'Il est Le Père Tout-Puissant et que nous, nous ne sommes que des enfants. Mais pas n'importe lesquels : les Siens ! Que de larmes, que de crêpages d'âmes, que de désobéissances pour comprendre qu'Il n'est qu'Amour, Pardon et Miséricorde. Oui, le Seigneur vit une véritable passion pour nous et Il ne désire que notre Bonheur comme en témoignent les Noces de Cana (Jn 2, 1-10). Si dans le langage humain « noces » riment parfois avec « os » et complications – voire plus si « désaffinités » –, dans le langage biblique, elles symbolisent la parfaite alliance entre le Créateur et Ses créatures. C'est pour cela que le Verbe s'est fait chair. Pour nous sauver et ne faire qu'un avec nous. À Cana tout allait bien dans le meilleur des mondes – comme au Paradis avec Adam et Ève. La fête battait son plein jusqu'à ce que Le troubleur de fête – toujours le même – intervienne. En plein milieu du repas, c'est la panne sèche, il n'y a plus de vin ! Marie, présente aux noces, intercède pour nous les pécheurs de service, *« ils n'ont plus de vin »*.

« *Femme, que me veux-tu ?* », répond le Christ. «*Mon heure n'est pas encore venue.* » L'heure de la croix. De Son précieux Corps et Sang offert pour la multitude en rémission des péchés. Cette Heure unique et primordiale qui nous ouvre les portes du Bonheur Éternel auprès de Lui. L'Heure des Noces accomplies, consommées, parfaites qui seront scellées à jamais par le retour glorieux du Messie sur Terre. La réponse du Christ à Sa mère, met en avant leur étroite intimité. « Mon heure n'est pas encore venue », révèle la profondeur des liens qui les unissent, bien au-delà des apparences. Elle montre la proximité de Jésus et de Marie. Un simple clignement de cœur leur suffisait pour se comprendre. Seule Sa mère pouvait le décoder. Elle seule savait qu'il s'agissait de l'heure de la croix. L'Immaculée est au cœur des mystères de Dieu. Pour finir, le Christ transforme l'eau en vin à l'intérieur même des jarres destinées au rituel de purification des péchés. Cela est loin d'être anodin. Son Sang nous lave de nos péchés par l'eau du baptême. La réaction du maître du repas est plus que réjouissante : « *Tout le monde sert le bon vin en premier, et lorsque les gens ont bien bu, on apporte le moins bon. Mais toi, tu as gardé le bon vin jusqu'à maintenant.* » Oui mes chers frères et sœurs, le meilleur reste à venir ! Après la pluie du monde, viendra le beau temps éternel ! Les douleurs de l'enfantement seront éclipsées par le sourire radieux de l'Agneau Vainqueur ! Le Seigneur est brûlant de Tendresse pour nous tous, hommes et bêtes. Chaque créature dans laquelle Il a insufflé Son souffle de vie, est appelée à une Éternité d'Amour auprès de Lui, comme le révèle ce cher Isaïe (11, 4-10) : « *Le loup habitera avec l'agneau, le léopard se couchera près du chevreau, le veau et le lionceau seront nourris ensemble, un petit garçon les conduira. La vache et l'ours auront même pâturage, leurs petits auront même gîte. Le lion comme le bœuf, mangera du fourrage. Le nourrisson s'amusera sur le nid du cobra, sur le trou de la vipère l'enfant étendra sa main. Il ne se fera plus rien de mauvais ni de corrompu sur ma montagne sainte ; car la connaissance du Seigneur remplira le pays comme les eaux recouvrent le fond de la mer.* » Tout être vivant a du prix pour le Seigneur. Chacun à son rang. C'est l'Homme qui a été créé à l'image de Dieu et non le singe – même si parfois l'Homme excelle en singerie. Les animaux, les petites bestioles, les insectes, totalement insignifiants à nos yeux, comptent au regard de Dieu : « *Est-ce que l'on ne vend pas cinq moineaux pour deux sous ? Or, pas un seul n'est oublié au regard de Dieu. À plus forte raison, les cheveux de votre tête sont tous comptés* » *(Mt, 10, 29)*, a dit le Christ. Parce que toute vie provient de Dieu, toute vie est sacrée. Les humains en premier, les animaux après ; témoin, l'Arche de Noé. Chaque espèce était présente ; les girafes, les chevaux et les puces qui trottent sur leurs dos ! Livre de la Genèse (9, 8-15) : « *Dieu dit à Noé et à ses fils : « Voici que moi, j'établis mon alliance avec vous, avec votre descendance après vous, et avec tous les êtres vivants qui sont avec vous : les oiseaux, le bétail, toutes les bêtes de la terre, tout ce qui est sorti de l'arche. Oui, j'établis mon alliance avec vous : aucun être de chair ne sera plus détruit par les eaux du déluge, il n'y aura plus de déluge pour ravager la terre.* » *Dieu dit encore : « Voici le signe de l'alliance que j'établis entre moi et vous, pour les générations à jamais : je mets mon arc entre moi et la terre.* » Ça va faire du monde au Ciel ! Ça tombe bien, le Cœur du Père est infini. L'Apocalypse n'est autre que la pleine révélation du Seigneur de l'univers, de Ses desseins et de l'Histoire de l'Humanité, qui a pris racine avec Adam et Ève, « La vivante », pour se terminer – ou plutôt pour « commencer » – dans le Royaume d'Amour de Dieu. Les créatures rentreront dans l'éternité en passant par le Jugement en Vérité du Père et du Fils dans l'éclatante Lumière de l'Esprit Saint. Les douleurs de l'accouchement seront vite éclipsées par la Joie et le Bonheur Éternel d'être aimé de Dieu et de l'aimer pleinement sans les interférences du péché ni les épines du Mal. Un tête-à-tête sans fin avec ce Dieu d'AMOUR dans la communion de l'immensité du Peuple des Saints. Une Big Teuf Éternelle sans l'ombre du Serpent ni la menace « des douze coups de Minuit ». Finies les citrouilles et les peaux de banane ! La jouissance absolue, l'extase grandissante. Personnellement, je n'ai rien contre.

PARTIE IV

AUX ÂMES CITOYENS !

1

L'obsession de se débarrasser de Dieu

Livre des Martyrs d'Israël (1,10-15/ 41-43/ 54-57 / 62-64)

«*À cette époque surgirent en Israël des hommes infidèles à la Loi, et ils séduisirent beaucoup de gens, car ils disaient: «Allons, faisons alliance avec les nations qui nous entourent. En effet depuis que nous avons rompu avec elles, il nous est arrivé beaucoup de malheur.» Ce langage parut judicieux et quelques-uns dans le peuple, s'empressèrent d'aller trouver le roi. Celui-ci leur permit d'adopter l'usage des nations. Ils construisirent un gymnase à Jérusalem selon la coutume des nations; ils effacèrent les traces de leur circoncision, renièrent l'Alliance sainte, s'associèrent aux gens des nations et se vendirent pour faire le mal. Le roi Antiocos prescrivit à tous les habitants de son royaume de ne faire désormais qu'un seul peuple et d'abandonner leurs coutumes particulières. Toutes les nations païennes se conformèrent à cet ordre. En Israël beaucoup suivirent volontiers la religion du roi, offrirent des sacrifices aux idoles et profanèrent le sabbat. Le quinzième jour du neuvième mois, en l'année 145, Antiocos éleva sur l'autel des sacrifices l'Abomination de la désolation, et dans les villes de Juda autour de Jérusalem, ses partisans élevèrent des autels païens. Ils brûlèrent de l'encens aux portes des maisons et sur les places. Tous les livres de la Loi qu'ils découvraient, ils les jetaient au feu après les avoir lacérés. Si l'on découvrait chez quelqu'un un livre de l'Alliance, si quelqu'un se conformait à la Loi, le décret du roi le faisait mettre à mort.* »

« Toute ressemblance avec des personnages existants et des faits similaires est totalement fortuite. » Les similitudes avec ce passage de la Bible et ce que nous vivons aujourd'hui, sont impressionnantes. La même volonté de se débarrasser de Dieu : Un seul roi, une seule terre une seule économie, une seule – fausse – religion et bientôt un seul sexe. L'Esprit de la mondialisation planait déjà sur les eaux troubles de l'Humanité. Pur fruit de La Machine, la mondialisation – ou globalisation – est une tueuse qui se goinfre sur les côtes des Hommes. Ce Goliath dévore tout sur son passage, à commencer par l'Humain. Appelée à se fondre dans la masse, la personne ne compte plus, elle est avalée par le groupe. L'identifiant succède à l'individu et les machines à l'Homme. La mondialisation va bien au-delà de l'économie et de la politique. Elle n'a aucune frontière, pas même humaine – et encore moins morale. La spiritualité globale flottante et la théorie du genre sont ses œuvres. La mondialisation-globalisation n'aspire qu'à une chose : l'uniformité. Il n'y a plus de différence, donc plus de complémentarité. Elle transforme l'Homme en anonyme errant. Les repères sautent en même temps que lui. Il n'est plus question d'êtres humains, mais de compétences. « *Une seule terre, un seul homme* », une seule puissance, démoniaque. Ce cancer emportera l'Humanité bien avant sa disparition. «*Ils effacèrent les traces de leur circoncision et renièrent l'Alliance sainte*», tout comme aujourd'hui. Combien de personnes renient leur baptême et abandonnent le Seigneur! «*Ils s'associèrent aux gens des nations* – les païens – *et se vendirent pour faire le mal.*» Croire en Dieu est de plus en plus mal vu, porter une croix devient de la provoc, pratiquer est perçu comme du fanatisme et témoigner frise l'attentat! Souhaiter un «Joyeux Noël» le 25 décembre est limite insultant. À moins d'être «le simplet du Global Village» qu'est devenue notre bonne vieille Terre, impossible de ne pas constater de tels faits! Ce n'est pas une invention, c'est factuel. Il suffit d'allumer la télé, la radio, l'ordi, d'ouvrir les yeux pour s'en rendre compte. La haine du Roi Antiocos et de ses partisans à l'égard de Dieu fait réfléchir. Non satisfaits de brûler les Livres Saints, ils les «lacèrent» avant! Ils vont jusqu'à mettre à mort tous ceux qui ne pensent pas comme eux. Les opposants au Mal. D'où vient donc cette haine farouche? Du Démon. À l'époque d'Adam et Ève, d'Antiocos et d'Hérode, hier comme aujourd'hui, c'est toujours le même adversaire qui frappe à travers la main de l'Homme. Il revêt divers visages et habits et se cache derrière de séduisantes idéologies. Il connaît notre misère et sait parfaitement comment nous manipuler. Les faux bons sentiments proviennent de son cépage: le Millésime **666**. À force de trinquer avec lui, l'Humanité boit la tasse. L'Homme moderne est déprimé, l'Homme moderne a la gueule de bois du cœur, mais l'Homme moderne continue, encore et toujours. Il s'enivre de la parole du Diable jusqu'à la faire sienne. Jusqu'à réinventer sa nature et son Histoire. Il titube sur la réalité et redessine l'Humanité. Il n'a plus de limite. Abreuvé de forces obscures, il court à la catastrophe. Il court à l'Apocalypse.

2

Aux Âmes Citoyens !

La Guerre des Étoiles a commencé. Face à Dark-Démon-Vador, les fils de la Lumière sont appelés à se rassembler. Le Christ a remporté la victoire mais la bataille est loin d'être finie ! Oui mes chers frères et sœurs, c'est une véritable guerre spirituelle qui se joue sur Terre et dans nos cœurs. Depuis « l'An Adam », l'An Zéro, l'An Nul, l'An nous. Aujourd'hui, elle bat son plein. Le retour glorieux du Christ y mettra un terme définitif. En attendant, Il compte sur nous. Réjouissons-nous, nous ne sommes pas seuls, Il est et sera à nos côtés « jusqu'à la fin des temps ». Oyez, oyez, partisanes brebis, c'est le moment ou jamais de se réveiller ! Que chacun sorte de sa torpeur, de sa tiédeur. L'enjeu de cette guerre, c'est nous-mêmes. Nos âmes que Satan prévoit de ravir à Dieu ! Le Seigneur va l'anéantir lui et toute sa clique, mais nous, Ses enfants, Il nous laisse libres. C'est pour cela que notre consentement au Salut qu'il nous offre, lui est indispensable. Il ne suffit pas de dire « oui », encore faut-il se bouger intérieurement. Plus exactement, « se laisser bouger ». Mieux vaut attacher sa ceinture, à Ses côtés, ça déménage ! Les fils de Dieu sont des voyageurs. Le zèle de leur foi leur procure la Liberté contrairement aux espèces païennes qui sont fossilisées. Leur refus de croire les cloue au sol. À nous de les faire planer jusqu'à Dieu ! Avec bienveillance et sans jugement. Le combat auquel le Seigneur nous invite, ne consiste pas à faire de la misère à nos frères. Ce combat concerne l'Auteur du péché, de la souffrance et de la mort : le Diable. Les Castor-Brebis-Junior – et senior ! – sont appelés à rejeter le péché, non les pécheurs – dont nous faisons largement partie. Satan dispose d'une palette de pièges pour les petites souris que nous sommes, grignotées par l'orgueil et la conviction de se croire du « bon côté ». Une de ses tapettes à chrétiens est de nous faire croire que nous sommes mieux que les autres. Peut-être est-ce pour cela que nous revêtons si facilement le costume de redresseur de torts ? Le seul vêtement dont nous devons nous vêtir est celui de l'Agneau. Un agneau n'a rien d'un guerrier ni d'un loup. Il possède un cœur d'enfant ; il aime par définition. Il ne juge pas, de peur d'être jugé. *« On vous jugera avec la mesure dont vous mesurez » (Mt 7, 1).* Ce n'est pas en se positionnant au-dessus de nos frères que nous allons les amener à Dieu. Pas davantage en leur faisant d'interminables discours moralisateurs. On n'explique pas Dieu, on le rencontre. Le Messie a-t-il converti les foules en leur faisant de longues tirades ? C'est en posant Son regard sur Matthieu et Marie-Madeleine qu'Il a fait chavirer leur cœur. Un regard d'amour, plein de compassion et sans jugement. Un regard qui en dit long sur l'infini de la Miséricorde du Père. Si le chrétien se transforme en Père Fouettard et part en croisade avec l'épée du jugement, c'est foutu. « *Tous aux abris:* « *Canaille Cat* » – Canaille Catholique – *en vue !* » Le but n'est pas de faire fuir nos frères mais de leur donner l'envie de Dieu. Soyons les entremetteurs de leur rencontre amoureuse avec Lui ! Dressons la table du partage, mettons les couverts de la paix. Allumons des bougies de joie ! Ouvrons le meilleur cru : celui de notre cœur. Que l'encens de notre espérance parvienne jusqu'à eux ! Regardons nos frères comme le Seigneur nous regarde. « *Laissez venir à moi les petits enfants.* » Le pécheur est fragile même si parfois il joue les arrogants. Il faut le prendre avec délicatesse sinon il se casse davantage. On ne sermonne pas une femme qui s'est fait avorter, on l'accueille. Elle souffre même si elle ne le montre pas, même si elle ne le sait pas. La Loi de Dieu est inscrite dans nos gènes. Notre esprit peut refuser Dieu mais pas notre âme. Elle est connectée à Lui. Notre âme est en souffrance quand nous faisons le Mal car elle sait que Dieu existe. « *Où sont-ils ceux qui t'ont condamnée ? Moi non plus, je ne te juge pas. Va et ne pèche plus* », a dit le Christ à la femme adultère alors que « les religieux » voulaient la lapider (Jn 8). Qu'a-t-elle fait par la suite ? S'est-elle convertie ou bien est-elle retournée dans le lit du péché ? Peu importe, c'est l'affaire de Dieu, pas la nôtre. Après une telle rencontre, il y a de fortes chances qu'elle ait succombé à Ses charmes – ceux du Christ, pas ceux du bonhomme. En habile styliste de Dieu, saint Paul nous livre la tenue du gladiateur chrétien

(Éphésiens 6, 11-17) : « *Revêtez l'équipement de combat donné par Dieu, afin de pouvoir tenir contre les manœuvres du diable. Car nous ne luttons pas contre des êtres de sang et de chair, mais contre les Dominateurs de ce monde de ténèbres, les Principautés, les Souverainetés, les esprits du mal qui sont dans les régions célestes. Pour cela, prenez l'équipement de combat donné par Dieu ; ainsi, vous pourrez résister quand viendra le jour du malheur, et tout mettre en œuvre pour tenir bon. Oui, tenez bon, ayant autour des reins le ceinturon de la vérité, portant la cuirasse de la justice, les pieds chaussés de l'ardeur à annoncer l'Évangile de la paix, et ne quittant jamais le bouclier de la foi, qui vous permettra d'éteindre toutes les flèches enflammées du Mauvais. Prenez le casque du salut et le glaive de l'Esprit, c'est-à-dire la parole de Dieu.* » Avec l'Apôtre, lançons la « collection conversion » ! Avec une telle tenue vestimentaire, nous sommes à l'abri du froid de l'apostasie et de la fournaise du péché. C'est une idée qui pourrait bien plaire à Jean-Paul Gaultier. La Parole du Christ est véridique. Faire l'impasse sur le sens de la vie et sur Dieu témoigne d'une profonde inconscience. Il s'agit juste de notre Éternité ! Aux dernières nouvelles, il semblerait que l'Homme ait mieux à faire que de se préoccuper de son âme. Ce n'est pourtant pas son smartphone, ni sa voiture à crédit qui auront la vie éternelle mais lui ! Jeunes, vieux, beaux, moches, riches, fauchés, épanouis, frustrés, tous sont concernés. Comment jouer la carte du Joker et dire, « *On verra bien après* » ? Après, ça sera trop tard ! « Game Over » ! Sauf que le « Game » durera éternellement. Les disciples du Christ avaient des métiers, des responsabilités, une famille. « Ils avaient mieux à faire. » Que ce soit Matthieu, percepteur d'impôts – je sais, on n'est pas trop fan de ce métier –, Luc, médecin, Pierre, pêcheur, Paul, lettré ou bien Marie-Madeleine, cette beauté riche et indépendante, véritable « femme actuelle » de son époque. Croyez-vous qu'ils auraient tout plaqué si tout ça était bidon ? « *La religion, l'opium du peuple* »... Mon pauvre Marx, va prendre tes gouttes ! Ces gens-là, ceux qui ont suivi le Christ, ont fait une rencontre, une vraie. Bien plus belle que celles que nous vendent « les tours opérateurs de faux bonheurs ». Les politiciens, les stars et tous ceux qui exercent sur les masses une quelconque fascination. Ceux-là n'ont qu'une obsession : « Contempler leur reflet et celui de leur audimat dans les yeux de millions d'adorateurs qui leur donnent l'illusion du pouvoir dont ils se repaissent. » Aucune cause, aucune idéologie, aucune expérience humaine n'est capable d'apporter la paix, ni de conduire au bonheur. Au Vrai. Seul l'Amour guérit, apaise, répare, rend heureux. Seul l'Amour de Dieu. Moi-même, alors que j'avais tout le kit du bonheur, je traînais ma vie sous une épaisse couche de maquillage et de sourires. J'avais comme compagne une gentille petite boule d'angoisse qui ne me quittait jamais. Jusqu'au jour où j'ai rencontré Jésus. Intimement. Amoureusement. Mes angoisses, mes peurs et mes manques ont sauté les uns après les autres comme des quilles. Le Seigneur a littéralement fait un strike avec mon cœur ! Si on regarde bien, les seuls vrais moments de bonheur que nous avons dans la vie, c'est quand on aime et que l'on est aimé. Le reste, ce sont des paillettes, de la mise en scène avant « la mise en bière finale ». Moi aussi, j'ai autre chose à faire que de témoigner. À la sortie de mon film «*La Mante Religieuse*», mes collègues m'ont prévenue : «*Attention Natalie, après ce film, tu ne parles plus de Dieu ! Tu enchaînes avec un autre long métrage qui ne traite pas de religion. Sinon tu vas te griller.* » Le producteur qui voulait me produire avant mon accident – dont je parle dans «*Pour ses beaux yeux*» – était toujours là, disposé à reprendre le film. Celui que je devais faire avant ma rencontre avec Jésus. J'ai fait une réécriture du scénario et l'ai peaufiné comme il se doit – les écrits grandissent avec les auteurs, leur plume mûrit avec eux. Après avoir lu la dernière version, il m'a invitée à dîner dans un des « temples du showbiz » – un restaurant branché hors de prix où on bouffe mal. Tout le monde le sait mais cela n'empêche pas les people de se battre pour avoir une table. Être vu là-bas est déjà une forme de consécration. C'est bon signe lorsqu'un producteur – près de ses sous – vous convie dans un tel endroit. Comme d'habitude, je suis arrivée en retard – ou bien, est-ce le temps qui est en avance ? J'avoue ne plus savoir. Après tout, pourquoi cela serait-il toujours de notre faute ! Dès que je l'ai aperçu, j'ai compris à son large sourire et à ses yeux en forme de dollars que le scénario lui avait plu. À peine installée, il me sert une coupe de champagne.

— Tu sais à quoi on trinque ? » dit-il aussi pétillant que le breuvage.

— Comme d'habitude, ai-je rétorqué dans une pudeur masquée. À mon talent et à ton fric !

— Ton film, dit-il en posant la main sur le script, c'est une bombe ! Un mélo comme on n'ose plus en faire. Les ados vont craquer, les vieux vont rêver.

Il était si enthousiaste qu'il se projetait déjà dans le casting.

— Que penses-tu de Léa Seydoux pour le rôle principal ? J'aime bien aussi la petite Lilly Deep (la fille de Johnny Deep et de Vanessa Paradis). Elle a la fraîcheur du personnage.

C'était en juillet. Nous avions rendez-vous à la rentrée pour mettre en route le bébé pelliculé. En août, alors que j'avais prévu de siroter tranquillement la joie de ce nouveau film, la plume me reprend. Cette fois-ci pour un livre. De quoi parle ce satané bouquin ? De Dieu !! C'est ainsi que « *Pour ses beaux yeux* » a vu le jour ; en volant la vedette à un film avec le producteur de David Lynch et de Pedro Almodovar – pour ne citer qu'eux. Ce livre est arrivé au monde dans l'urgence. Dans l'amour. Dans l'urgence de l'Amour. Pour dire à Dieu « je t'aime » et « Merci ». J'ai volontairement disparu des écrans du 7e Art pendant la durée des témoignages – dédicaces. Un an et demi. À peine remise de cette course folle à travers toute la France, j'entame un nouveau film, « *Si Le Monde Savait* ». Un format court pour les réseaux sociaux, visible sur YouTube. Je le fais en collaboration avec les Sœurs de la Visitation de Paray-Le-Monial, « capitale mondiale » du Sacré-Cœur. Vous voyez le genre. De quoi parle ce gentil petit film traduit dans une dizaine de langues, y compris l'arabe et le chinois ? À votre avis. « Si Le Monde Savait » quoi ? Combien Dieu nous aime. Et pour couronner le tout, me voilà repartie pour un tour avec « Aux Âmes Citoyens » !

« *Natalie, Natalie ! On te l'avait bien dit, on t'avait prévenue que tu allais mettre ta carrière en l'air !* » Quand on aime, on n'a pas le choix.

3

Les Armes de l'Amour

Le chrétien dispose d'une artillerie lourde. Notre Seigneur n'a pas lésiné sur les moyens. Il connaît l'Ennemi et sait oh combien il est redoutable. D'autant plus qu'il se trouve à l'intérieur de nous.

LA CONFESSION

« Je suis un bon chrétien, je me confesse deux fois l'an : une fois pour Noël, une autre fois pour Pâques. » Ah bon ? Et vous péchez combien de fois par jour ? Imaginez, très cher, si vous ne preniez que deux douches par an ! Vous empesteriez ! Du reste, ce n'est pas très aimable pour votre Ange Gardien qui vit en coloc à vos côtés. Quelle infection pour lui, je n'ose imaginer ! Ces couches de péchés superposées les unes aux autres. Gloups ! Décidément, votre Ange Gardien est un Saint ! Il est vrai que Là-Haut, « Ils » ont du mérite pour nous supporter. Sérieusement l'ami, pourquoi se priver d'un tel sacrement ? Grâce à lui, le Seigneur nous remet nos péchés ! Allô ? Il y a quelqu'un ? Avez-vous bien entendu, mon cher ? Par l'absolution, le Père nous pardonne tous nos péchés ! Hein… Vous n'avez pas entendu ? Ah, vous êtes dur d'oreille ! En

même temps, avec toute la crasse que la malheureuse a emmagasinée. Voyez-vous, c'est notre intérêt de recevoir ce sacrement le plus souvent possible. Quand une misérable tache a l'arrogance de salir un vêtement, que faisons-nous ? Allons-nous attendre que la gourgandine élise domicile sur l'étoffe immaculée ? Que nenni ! Plus le temps passe, plus la perfide prend racine. Nous savons combien cela est difficile de la faire disparaître. Il en est de même en matière de spiritualité. Plus l'on attend pour confesser un péché, plus le vaurien s'incruste dans le tissu de notre âme. Les péchés sont des poids qui nous empêchent d'avancer. Ils nous embastillent dans la tour du Mal et du passé. Feriez-vous un sprint avec des boulets aux pieds ? Ah, vous ne pouvez pas courir non plus ? Évidemment avec ces kilos de transgressions, vous ne pouvez plus respirer ni bouger ! On s'enlise dans le Mal comme dans la boue. Pour en sortir, une seule solution : les ailes motrices de l'absolution ! Sans le Christ, impossible de s'en tirer ! Son pardon nous libère et nous affranchit des chaînes du Mauvais. Le Démon prend plaisir à compiler nos péchés. Il les astique et les garde « pieusement » accrochés à nous cherchant la moindre occasion pour les exhiber. De mémoire de fourche, il sait qu'en étant à terre, on tombe toujours plus bas.

L'EUCHARISTIE

Pas la peine d'en remettre une couche. Si ? C'est bien parce que c'est vous. Je ne suis pas une « radoteuse » mais une « marteau-piqueuse ». L'Eucharistie, c'est Jésus. Par la puissance divine, Il est pleinement là dans l'hostie. Communier, c'est se mélanger à Lui. Ne faire qu'un avec Lui pour devenir Lui. Quand on sait que c'est la guerre dehors – et dedans –, et que les démons nous mitraillent à coup de péchés-chnikov et nous rincent à coup de Machines à délaver, mieux vaut sortir couvert avec Jésus ! Il n'y a pas de plus grand sacrement que l'Eucharistie. L'Eucharistie, je devrais dire le miracle eucharistique, c'est Dieu parmi nous. Et il n'y a rien de plus grand que Dieu. Dans cette lutte acharnée que mènent les forces obscures contre Le Très Haut et nous, il est indispensable de se protéger. Les parades contre les attaques massives du Mal sont le baptême, la confession, l'Eucharistie, la prière, l'adoration et la Vierge Marie. Sans oublier le sacrement de confirmation. N'hésitons pas à demander le soutien et la protection des Archanges et des Anges ainsi que celle des Saints. Ils sont nos alliés et nos boucliers. Et prions sans relâche l'Esprit Saint, le Paraclet. Celui qui nous ouvre les portes qui conduisent jusqu'à Dieu.

LA PRIÈRE

La prière est notre moment d'intimité avec Dieu, nos vacances « en amoureux ». La force d'un couple tient de sa complicité – de sa bulle. Une relation se façonne à deux, pas à quarante. Comment construire du solide si l'on s'éparpille ? L'authenticité d'un couple se mesure à son empressement à se retrouver en tête-à-tête. Écouter l'autre, lui faire part de ses joies et de ses inquiétudes. Projeter et avancer ensemble. Se recharger. C'est cela la prière. Se mettre à l'écoute de Dieu afin de grandir avec Lui. C'est dans la profondeur du silence que le Seigneur nous parle le mieux. On se pose avec Lui pour s'élever avec Lui. Quel bonheur que de s'abandonner dans Ses bras ! Se laisser aimer et regarder par Lui lave de tous les sales regards du monde et du péché. La prière est un puissant antidote contre les angoisses et les peurs. Quand on prie, Dieu est là. Sa seule présence nous requinque. En bon Père qu'Il est, Il nous recharge de Son amour et nous couvre de Sa protection. La prière est une expérience mystique folle ! Un divin Sky-pe. Il ne tient qu'à nous d'essayer. Notre interlocuteur, c'est le Seigneur. Toujours présent, Il ne raccroche jamais. Parfois la connexion est interrompue par notre manque de présence. On pense à autre chose, on se laisse déconcentrer. Les tablettes, les pipelettes et autres androïds, n'arrangent rien. Greffés à notre peau, ces satanés objets nous suivent même à la messe ! Combien de fois peut-on les surprendre en plein « chat » avec leurs chrétiens de propriétaires ! Certains s'invitent jusqu'à la Table Sainte. L'angoisse. Ces machines brouillent notre communication avec le Ciel. Le problème, c'est que nous sommes tous plus ou moins accros. La preuve de notre addiction : couper son portable devient de plus en plus laborieux. Si on prie avec un sablier dans la tête, c'est perdu d'avance. Pour se connecter à Dieu, il faut préalablement se déconnecter de tout. Comment parler au Très Haut avec une horloge braquée sur la tempe ? Si on limite la prière à de plates récitations expédiées à la va-vite, pas étonnant qu'il ne se passe rien. Lorsque vous accomplissez une tâche, vous êtes concentré. Pourquoi avec le Seigneur cela serait-il différent ? Peut-être parce que vous ne l'aimez pas assez ? Ou bien parce que vous n'y croyez pas tant que ça. Prier permet de « faire le mur » et d'échapper à la dictature de l'urgence et des machines. Prier, c'est se retrouver. Prier, c'est exister. Ces moments privilégiés passés en tête-à-tête avec le Seigneur redonnent aux Hommes leur dignité. Nous ne sommes pas des numéros, de vulgaires bouts de chair destinés à trimer et à crever comme voudrait bien nous le faire croire La Machine. Nous sommes des fils et filles de Dieu ! Notre vocation ne se limite pas à la production – nous sommes des « brebis », non des « fourmis » ! Notre vocation est de nous laisser aimer par Dieu en vérité, sans jouer la comédie, et de l'aimer en retour. Avec « un cœur d'enfant ». « *Si tu attends d'être saint pour aimer Dieu alors tu ne l'aimeras jamais.* » Saint Augustin, illustre pécheur converti…

LES VERTUS MÉDICINALES DU CHAPELET

« *Le chapelet ? Ah, non ! Tout sauf lui. La prière « normale », passe encore mais le chapelet, non vraiment, je ne peux pas !* » Et pourtant, si vous saviez les pépites de paix et de guérison que renferme ce précieux bijou. Quand on accepte de passer le cap des paroles répétitives – parfois ennuyeuses –, c'est que du bonheur ! Au début, il faut se forcer – ça peut prendre des mois –, mais lorsque l'âme a pris son envol, c'est juste planant ! J'en sais quelque chose moi qui faisais partie des « beurk le chapelet » : « *Un truc de bonnes sœurs et de vieilles dames chapeautées, « ceux qui ont le temps !* » Cette inconsciente course au déni et aux faux prétextes m'amena à penser que Dieu avait élaboré le chapelet pour ceux qui ne savent pas quoi lui dire. Ces prières rabâchées faisaient en quelque sorte office de « remplissage ». Elles permettaient à certains de rester en contact avec Lui. Étant donné que je priais déjà deux heures par jour et que je n'étais pas en reste de dialogue avec Dieu, je n'étais clairement pas concernée. En plus, il n'y a rien de plus grisant que la récitation. Un jour, mes pas ont croisé ceux « d'une dame chapeautée ». Son métier ? Réciter des chapelets quotidiennement – y compris les jours fériés ! Son chapeau et elle me repérèrent rapidement. J'étais devenue leur cible. Impossible de leur échapper ! Son chapeau s'était transformé en détecteur de présence. Chaque fois qu'elle m'apercevait à la messe, « LE CHAPELET, LE CHAPELET, LE CHAPELET » ! Avec l'aide de ma mère qu'elle avait ralliée à sa cause, j'ai fini par céder. Les premiers temps ont été durs, très durs. « *Je le savais bien, le chapelet, ce n'est pas pour moi… Mais alors, pourquoi à chaque apparition La Vierge Marie ne cesse de le brandir ?* » Ces prières répétitives et mécaniques m'apparaissaient comme un tue-l'amour, voire une punition. Poussée par une étrange force – inutile de préciser d'où elle venait –, j'ai persévéré. Je m'accrochais aux grains tel un bagnard traînant ses boulets. J'expiais. C'était laborieux. Horrible. Ça a duré des mois. Puis un jour, les fleurs ont succédé aux épines. Les grains se sont transformés en succulentes pastilles de bonheur faisant fondre mon cœur. Un pur délice ! Ça s'est passé comme ça, du jour au lendemain. Va savoir pourquoi ? Après avoir passé le cap de l'ennui et du forcing, j'ai éprouvé une indicible joie ainsi qu'une profonde paix. Grâce à lui, je découvre une intimité tout autre avec le Seigneur, et particulièrement avec le Père. Quant à Marie, je la savoure à chaque grain. En réalité, le chapelet décentre de soi pour se recentrer sur Dieu. Aujourd'hui, je guette le moment avec impatience. Lorsqu'il m'arrive par malheur de ne pas pouvoir le faire, je suis en manque. Le chapelet possède de réelles vertus médicinales qui apaisent et qui calment. Et pour cause : il nous propulse plus loin dans l'intimité et la complicité amoureuse avec le Seigneur. C'est un jet privé à Love coast. Il nous fait passer du statut d'apprenti à celui d'initié. Par sa récitation, Dieu nous révèle Ses plans et nous associe à Son œuvre. Récemment alors que j'étais en prière, je me suis demandé qui avait « inventé » le chapelet ? À peine avais-je formulé cette question que le Seigneur m'a répondu du tac-au-tac : *« C'est moi »* m'a-t-il dit, *« qui suis à l'origine du chapelet lorsque, sur la croix, je vous ai désigné Marie pour Mère. Une mère, on la prie ; on l'implore d'intercéder pour nous.* À tous les « beurk du chapelet » et à tous « les autres qui n'ont pas le temps », je recommande vivement l'exercice régulier de cette enivrante et surpuissante prière.

Petit conseil pratique : le fait de s'adresser à une image de Jésus et de Marie face à soi, permet de rester concentré et de sortir du cadre de la récitation. Lorsque nous disons le chapelet, nous ne parlons pas seul. Nous parlons à Dieu.

LA VIERGE MARIE

La Mère du Verbe incarné, l'Immaculée, celle qui n'a jamais péché, est dotée d'une puissance unique qu'elle tient directement de Son Fils. La Reine des Anges écrase la tête de Satan. Par un seul regard, Elle fait fuir tous les démons. Dans cette guerre acharnée entre les forces des Ténèbres et celles de la Lumière, mieux vaut se mettre sous Sa protection. Comme nous l'a dit le Messie ainsi que les Prophètes, ce qui attend l'Homme est *« l'abomination de la désolation »*. *« Une détresse telle qu'il n'y en a jamais eu depuis le commencement du monde jusqu'à maintenant et qu'il n'y en aura jamais plus »* (Mt 24, 21). Parées des saints sacrements, revêtues de prières, accrochées à Marie, les brebis peuvent avancer sereines. C'est elles qui feront fuir le Loup ! La pratique du chapelet révèle l'importance de La Vierge auprès de Dieu. Si celui-ci est composé de cinq dizaines de « Je vous salue Marie », ce n'est pas un hasard. La Mère du Christ n'est pas uniquement La médiatrice qui intervient ponctuellement de manière privée. Elle est directement et personnellement liée aux plans de Dieu. Sa contribution ne se limite pas seulement à la conception du Sauveur. Marie a un rôle primordial à jouer dans les derniers temps. Elle occupe un poste stratégique dans la lutte anti « terrorisme » contre les démons. Marie est la « marche angulaire » dans l'escalier qui conduit à Dieu. Quand on bloque sur Marie, ça vient du Diable. Et pour cause : pour lui, elle est la femme à abattre. Elle sème la pagaille dans ses troupes et le terrasse lui-même ! Ne pas prier Marie par crainte d'en faire « une déesse », relève du

Cornu. Certains prétendent que le culte de l'Immaculée ferait de l'ombre à Jésus ! C'est l'inverse : plus on s'approche de Dieu, plus Il nous rapproche de Marie. Avant ma rencontre avec le Sacré-Cœur, Sa mère me laissait froide. J'étais indifférente à Sa personne. Je me boostais pour la prier mais sans grande conviction. J'arborais à Son égard une attitude limite protestante. Le premier « gros dossier » que le Seigneur a entrepris dans ma vie s'appelle Marie. Après m'avoir fait craquer pour Ses beaux yeux, Il m'a fait chavirer sur les Siens ! Quelle Famille ! Impossible de leur résister. Si la brebis fait l'impasse sur Marie, c'est qu'elle s'est fait tondre le cerveau ! Le barbier à l'âme crochue est passé par là. Le jour de l'Avènement du Christ, elle se présentera à Lui toute pelée. « Il y a plusieurs demeures dans la maison de Son Père. » Certains occuperont un palace, d'autres se partageront une studette.

SOS ESPRIT SAINT

« Je prierai le Père, et il vous donnera un autre Défenseur qui sera pour toujours avec vous : l'Esprit de Vérité, lui que le monde ne peut recevoir, car il ne le voit pas et ne le connaît pas ; vous, vous le connaissez, car il demeure auprès de vous, et il sera en vous. Je ne vous laisserai pas orphelins, je reviens vers vous. D'ici peu de temps, le monde ne me verra plus, mais vous, vous me verrez vivant, et vous vivrez aussi. En ce jour-là, vous reconnaîtrez que je suis en mon Père, que vous êtes en moi, et moi en vous. Celui qui reçoit mes commandements et les garde, c'est celui-là qui m'aime ; et celui qui m'aime sera aimé de mon Père ; moi aussi, je l'aimerai, et je me

manifesterai à lui. » Jude – non pas Judas l'Iscariote – lui demanda : « Seigneur, que se passe-t-il ? Est-ce à nous que tu vas te manifester, et non pas au monde ? » Jésus lui répondit : « Si quelqu'un m'aime, il gardera ma parole ; mon Père l'aimera, nous viendrons vers lui et, chez lui, nous nous ferons une demeure. Celui qui ne m'aime pas ne garde pas mes paroles. Or, la parole que vous entendez n'est pas de moi : elle est du Père, qui m'a envoyé. Je vous parle ainsi, tant que je demeure avec vous ; mais le Défenseur, l'Esprit Saint que le Père enverra en mon nom, lui, vous enseignera tout, et il vous fera souvenir de tout ce que je vous ai dit. » (Jn 14, 16-26)

Dans la nuit du Jeudi Saint au Vendredi Saint, la peur au ventre, Pierre, Apôtre du Christ, pilier de l'Église naissante, renie à trois reprises le Maître. Quelque temps après, au péril de sa propre vie, Pierre interpelle les bourreaux du Christ, ceux-là même qui l'ont fait crucifier, pour témoigner du Ressuscité qui a guéri un paralysé (Actes des apôtres 3, 11-26) : *« Voyant cela, Pierre interpela le peuple : « Hommes d'Israël, pourquoi vous étonner ? Pourquoi fixer les yeux sur nous, comme si c'était en vertu de notre puissance personnelle ou de notre piété que nous lui avons donné de marcher ? Le Dieu d'Abraham, d'Isaac et de Jacob, le Dieu de nos pères, a glorifié son serviteur Jésus, alors que vous, vous l'aviez livré, vous l'aviez renié en présence de Pilate qui était décidé à le relâcher. Vous avez renié le Saint et le Juste, et vous avez demandé qu'on vous accorde la grâce d'un meurtrier. Vous avez tué le Prince de la vie, lui que Dieu a ressuscité d'entre les morts, nous en sommes témoins. Tout repose sur la foi dans le nom de*

Jésus Christ : c'est ce nom lui-même qui vient d'affermir cet homme que vous regardez et connaissez ; oui, la foi qui vient par Jésus l'a rétabli dans son intégrité physique, en votre présence à tous. D'ailleurs, frères, je sais bien que vous avez agi dans l'ignorance, vous et vos chefs. Mais Dieu a ainsi accompli ce qu'il avait d'avance annoncé par la bouche de tous les prophètes : que le Christ, son Messie, souffrirait. Convertissez-vous donc et tournez-vous vers Dieu pour que vos péchés soient effacés. »

Que s'est-il donc passé entre la nuit de l'horreur, de l'arrestation du Christ où l'Apôtre terrorisé à l'idée de subir le sort du Sauveur n'hésite pas à le trahir, et cet épisode-ci ? L'Esprit Saint est passé par là. Pierre a cheminé à la Lumière du Paraclet. L'Esprit de Vérité, l'Esprit de Courage, l'Esprit de Vie. L'Esprit du Père et du Fils. Pierre n'a plus peur. Il est prêt à mourir pour le Christ. Il n'est plus seul : Dieu est avec lui. L'Esprit libère, l'Esprit affranchit, l'Esprit délivre ! Nous sommes aveugles, sourds, muets, culs-de-jatte ! Par nous-mêmes, nous avançons en reculant. Mais avec l'Esprit c'est autre chose. Le chrétien est un pèlerin, il ne fait que passer. Sa vie est un cheminement, une conversion permanente. Dès lors qu'il reste statique à se contempler, il se transforme en statue de sel. C'est la volonté du Père que nous soyons « de l'argile dans Ses mains ». Si nous comptons sur nos propres moyens, c'est l'échec assuré. C'est l'orgueil démesuré. Avec Dieu, on ose tout. Avec Dieu, on n'a peur de rien. Pas même du Diable ni de la mort ! Il l'a vaincue ! L'Esprit Saint transforme l'avorton humain en preux chevalier (Lc 12, 11) : « *Lorsqu'on vous amènera devant les synagogues, les chefs et les autorités, ne vous inquiétez pas de savoir comment vous défendre et que dire. Car le Saint Esprit vous enseignera à l'heure même ce qu'il faut dire.* » L'Esprit Saint est plus qu'un allié, Il est l'Esprit de Dieu, Celui qui nous fait vivre et nous dirige. Le matin, avant même de poser un orteil en dehors du lit, je prie l'Esprit de m'éclairer. Je sais que la journée peut être parsemée d'embûches et de clous. Entre le Démon qui nous tend des embuscades et la Faucheuse qui cherche à nous zigouiller, «*La vie n'est pas un long fleuve tranquille*». Sans l'Esprit, j'avance comme un aveugle dans un champ de mines. Dieu Seul sait. Dieu Seul peut. Laissons-nous enseigner, laissons-nous façonner. Prions l'Esprit Saint de nous conduire et de nous éclairer. À titre privé mais aussi pour le monde entier. Avant le retour glorieux du Christ, les pièges ne vont pas manquer. La prière s'imposera comme l'unique vaccin capable de nous immuniser contre le corrosif virus de la contre-vérité. « La prière, la prière, la prière », encore et toujours ! Un chrétien qui ne prie pas est une fleur desséchée. Un jour ou l'autre « Le soleil de Satan » aura raison d'elle. L'Esprit Saint, seul Paraclet face à l'Esprit de l'Algorithme Universel.

L'UNITÉ DES CATHOLIQUES

Le catho a-t-il inventé le concept de « la charrue avant les bœufs » ? Il semblerait que oui. Avant de vouloir rassembler tous les enclos chrétiens, la brebis catho devrait préalablement chercher sa propre unité. L'Église devient un ring où les athlètes s'affrontent à coup de poings – d'exclamations ! «*Les tradis sont des arriérés»*, dit l'un, «*Ce sont tous des fachos!*», surenchérit l'autre. «*Je n'ai pas de leçon à recevoir des progressistes, vous avez vendu votre âme au Diable!*», répond l'autre. «*La messe en latin?! Pourquoi pas en araméen!*» «*Dieu est amour*», continue l'un. «*Dieu est Loi*», rétorque l'autre. «*Dieu est la loi de l'Amour*», souffle une troisième âme.

— Tiens donc! Qui a bien pu dire ça? s'exclament les deux hommes en tournant la tête.

— Dieu est joyeux! Dieu est là, alléluia! Amen! L'Esprit m'a parlé! Dansons pour remercier!, chantonne une petite rousse.

— Ah, une femme, laissent échapper les hommes en chœur.

— Une charismatique, à coup sûr!

— En vérité, je ne sais trop quoi en penser, s'interroge l'autre.

— Il n'y a rien à penser, il suffit juste de regarder! Avez-vous remarqué son accoutrement «gender», voire diabolique?

— «Diabolique»? Et pourquoi donc?

— Évidemment, «Vous, les modernes», rien ne vous choque!

Le «moderne», 70 ans, blazer bleu marine, canne blanche, fait les yeux ronds.

— Elle porte un pantalon! s'indigne le tradi la gorge nouée.

Tout à coup, la femme s'arrête de gesticuler. Son visage devient d'une pâleur extrême. Les yeux brillants d'émotion, elle marmonne d'incompréhensibles paroles.

— Machou gloubi tagada…

— Plaît-il ?

— Machou gloubi tagada…

— Mais enfin que raconte-t-elle ?, lâche stupéfait le « moderne ».

— Elle parle en langues, répond l'autre homme en s'épongeant le front.

— « En langues » ?

— « Ils » disent que l'Esprit Saint descend sur eux.

Le blazer canne blanche le regarde ahuri.

— « Les effusions d'Esprit… », suffoque le traditionaliste.

— Comme les apôtres ?

— Non, comme les protestants !

— Cher frère, c'est au Pape d'en décider.

— Le Pape ? Quel Pape ??

C'est ainsi qu'un grand nombre de chrétiens jettent les gants et mettent les clés de leur foi sous la porte. Une Église qui se toise et se querelle n'a pas grand avenir. La peur engendre la suspicion, et la suspicion le jugement. En se crêpant le chignon, les catholiques signent leur arrêt de mort. Rappelons-nous, « *Tout royaume divisé ne peut subsister.* » Satan le sait parfaitement. C'est pour cette raison qu'il ne cesse de mettre de l'huile sur le feu. Pour nous faire rôtir au jus de sa haine. En nous montant les uns contre les autres, il nous occupe et nous détourne du véritable ennemi : L'Esprit du Monde, du Dragon. De La Machine. Si le Christ prie intensément le Père pour l'unité des chrétiens, ce n'est pas un hasard (Jn 17, 11) : « *Désormais, je ne suis plus dans le monde ; eux, ils sont dans le monde, et moi, je viens vers toi. Père saint, garde-les unis dans ton Nom, le Nom que tu m'as donné, pour qu'ils soient un, comme nous-mêmes. Quand j'étais avec eux, je les gardais unis dans ton Nom, le Nom que tu m'as donné. J'ai veillé sur eux, et aucun ne s'est perdu, sauf celui qui s'en va à sa perte de sorte que l'Écriture soit accomplie. Et maintenant que je viens à toi, je parle ainsi, dans le monde, pour qu'ils aient en eux ma joie, et qu'ils en soient comblés. Moi, je leur ai donné ta parole, et le monde les a pris en haine parce qu'ils n'appartiennent pas au monde, de même que moi je n'appartiens pas au monde. Je ne prie pas pour que tu les retires du monde, mais pour que tu les gardes du Mauvais. Ils n'appartiennent pas au monde, de même que moi, je n'appartiens pas au monde. Sanctifie-les dans la vérité : ta parole est vérité. De même que tu m'as envoyé dans le monde, moi aussi, je les ai envoyés dans le monde. Et pour eux je me sanctifie moi-même, afin qu'ils soient, eux aussi, sanctifiés dans la vérité. Je ne prie pas seulement pour ceux qui sont là, mais encore pour ceux qui, grâce à leur parole, croiront en moi. Que tous soient un, comme toi, Père, tu es en moi, et moi en toi. Qu'ils soient un en nous, eux aussi, pour que le monde croie que tu m'as envoyé. Et moi, je leur ai donné la gloire que tu m'as donnée, pour qu'ils soient un comme nous sommes UN : moi en eux, et toi en moi. Qu'ils deviennent ainsi parfaitement un, afin que le monde sache que tu m'as envoyé, et que tu les as aimés comme tu m'as aimé. Père, ceux que tu m'as donnés, je veux que là où je suis, ils soient eux aussi avec moi, et qu'ils contemplent ma gloire, celle que tu m'as donnée parce que tu m'as aimé avant la fondation du monde. Père juste, le monde ne t'a pas connu, mais moi je t'ai connu, et ceux-ci ont reconnu que tu m'as envoyé. Je leur ai fait connaître ton nom, et je le ferai connaître, pour que l'amour dont tu m'as aimé soit en eux, et que moi aussi, je sois en eux.* » Le Seigneur ne nous demande pas de passer notre vie ensemble ni de nous retrouver au bistrot après une partie de pétanque. Peu importe que nous partagions les mêmes affinités ou pas, l'essentiel est que nous partagions la même foi en l'Église. Dans une communauté, certains sont plus en relation que d'autres. On le remarque même chez les Apôtres. Il y a des « familles de cœurs ». Pierre paraît plus proche de Jean et de Jacques que de Paul. C'est naturel d'être attiré par ceux qui nous correspondent. « Attirés » mais pas « à couteaux tirés ». La brebis catho doit s'appliquer à regarder l'ensemble du troupeau avec bienveillance. Peu importe si certaines boitent ou sentent le crottin, si des brebis « portent des pantalons » ou parlent en langues – tant que ce ne sont pas des langues de bois ! Ce sont nos sœurs de l'enclos du Christ : L'Église catholique romaine. Certaines sont jeunes et alertes, d'autres, vieillissantes. Quels que soit l'âge et les origines des outres, le vin vient du Seigneur. Certaines avancent une fleur dans la bouche tandis que d'autres torpillent leurs semblables. C'est l'histoire du monde. Le Christ n'a pas choisi une race à part, « sans tache ». En s'offrant pour La multitude, Il nous a tous choisis. Les épidermes électriques et les critiques à-tout-va salissent la bergerie du Sauveur. Prions l'Esprit Saint de nous apaiser. Mettons-nous à l'écoute les uns des autres. Si cela est trop intolérable pour certains, alors qu'ils demandent au Christ les boules Quiès de l'Amour. L'identité d'un baptisé, c'est l'Amour. « *Aimez-vous les uns les autres comme je vous ai aimés.* » Sur une population mondiale s'élevant à 7,450 milliards d'humains, on compte plus de

1,300 milliard de catholiques ! Un milliard trois cent millions brebis dispatchées sur la planète. Imaginez un peu si tout ce petit monde s'unissait. La donne changerait du jour au lendemain. La face de la Terre en serait transfigurée. Les partisans de La Machine, artisans du Mal et fossoyeurs de l'Humanité, nous font croire que l'Église est morte. Ils nous persuadent que la religion catholique est à bout de souffle, que seuls quelques personnes âgées osent encore la fréquenter. C'est de la pure stratégie. En période de guerre, le mental est décisif. Les ennemis de Dieu, experts en manipulations, s'adonnent au sabotage psychologique. Les catholiques sont présentés comme une minorité agonisante. 1 milliard 300 millions… 1 milliard 300 millions… UN MILLIARD TROIS CENT MILLIONS !!! Réveillez-vous les gars ! C'est le Démon en personne qui vous manipule et vous endort ! Nous sommes une Force, une vraie ! Si nous nous unissons tous face à Satan et à l'esprit pourri du monde, Dark-Demon-Vador rentrera chez lui en trottinette ! L'Ennemi le sait, c'est pour cette raison qu'il n'a de cesse de nous séparer et de nous monter les uns contre les autres ! « Réveille-toi Brebis Chrétienne avant que ta tonte ne soit finale ! » Jésus est aux portes du monde. Dans sa deuxième lettre aux Thessaloniciens, Paul mentionne « le grand rassemblement pour accueillir le Christ Le jour de Sa venue ». C'est maintenant qu'il nous incombe de le préparer. « Que l'Esprit Saint unifie Son Église. Que souffle sur le monde une nouvelle Pentecôte emportant toutes nos divergences et nos divisions afin que chaque chrétien parle l'unique langage de l'Amour et de la Vérité en présence de l'Agneau au Très Saint Tabernacle. »

« Aux Âmes Citoyens » !

L'INCARNATION COMME PARADE À L'E-MONDE 666

Le Seigneur nous a faits de chair et de sang, pas seulement de « matière grise ». Au poker tueur de l'Homme, le joker de La Machine consiste à reléguer notre humanité et notre incarnation à un second rôle pour ne pas dire à de la figuration. Notre Dieu est un Dieu profondément incarné. Pour preuve, Sa venue sur terre, Sa croix et l'Eucharistie. Le Verbe s'est fait chair, Le Verbe s'est fait crucifier, Le Verbe est ressuscité. Après s'être relevé d'entre les morts, le Christ a mangé du poisson avec Ses Apôtres ! Pour ceux d'entre eux qui le prenaient pour un fantôme, Il leur répond : *« Touchez-moi, regardez : un esprit n'a pas de chair ni d'os comme vous constatez que j'en ai. » (Lc 24, 39)* La foi catholique repose sur la résurrection des âmes et des corps. Le Seigneur parle d'une nouvelle terre et de nouveaux cieux. Tout cela est concret, réel, tactile. Laissons respirer l'animal qui est en nous. Soyons physique ! Reprenons goût à nos sens : la vue, l'ouïe, l'odorat, le goût et le toucher. Face aux humains robotisés et à leurs sales machines qui délavent notre humanité, jouons la carte de l'incarnation. Vivons « à l'ancienne ». À l'humaine. Au lieu de rester scotchés devant une vidéo ayant écumé les réseaux sociaux, sortons, baladons-nous !

Osons la vraie vie, osons l'instant présent. La nature nous attend. Entretenir un rapport avec les éléments contribue à l'équilibre. Quand un individu craque nerveusement, on l'envoie se mettre au vert. Aucun thérapeute ne conseillerait à une personne dépressive de partir se reposer au cœur de la cité sur les rivages des embouteillages ! La nature apaise. C'est un médicament. On y respire Dieu. Sa création est si merveilleuse ! Les animaux, les végétaux, les minéraux, tous ne parlent que de Lui ! De Son épatante création et de Son amour infini présent dans chacune de Ses œuvres. La vie. Sa Vie. Le Christ Lui-même se retirait à la campagne et au désert pour prier. Ce n'est pas anodin. Satan cherche à faire passer des natures n'ayant jamais existé – la technologie et le virtuel – comme véridiques. Il en fait des références. Il élabore un nouveau monde inauthentique qui n'existe pas. Dans sa manipulation de la vérité, il dresse le portrait du vivant comme étant dépassé. Dans l'inversion de Dieu qui le caractérise, il s'emploie à remplacer le vrai, le vivant, par le faux. La nature morte devient l'Humain. Se battre pour son incarnation revient à se battre pour sa vie. Réapprenons à toucher, allons au contact des autres. Le Diable nous pousse au repli tandis que ses troupes envahissent le monde ! Il nous concocte un tête-à-tête sans fin avec La Machine. Il sait bien que seul, on est fragile. On doute, on s'effrite, on perd confiance. On sombre dans l'angoisse. Le Seigneur nous envoie « deux par deux ». La vie est faite pour circuler comme l'amour. Allez au-devant des autres est source de richesse. Le mélange fait grandir. « Allez et procréez », regroupez-vous ! Partagez dans la vraie vie, émancipez-vous des réseaux sociaux. Aimez et laissez-vous aimer afin de ne pas vous retrouver coincés dans La Machine et de vous désagréger dans l'E-Monde 666. Sur son trône câblé, la Bête déguste les restes de l'Humanité. Il y va de notre survie. Si l'Homme ne réagit pas, il partira de son vivant. « Ce nouveau Royaume différent de tous les autres » se nourrit de sa sève de vie. Son cœur. Son humanité. Ses rêves. Pour perdurer, les Hommes sont appelés à faire de la résistance. Non pas à coup de poing mais à coup d'âme. L'Eucharistie, la prière, la rencontre avec les autres. Prendre son temps, regarder, aimer, écouter. Face à la « génération désincarnation », revendiquons haut et fort l'incarnation ! Nous vivons un glissement de terrain sans précédent. La création tout entière est en train de se faire déplacer – pour ne pas dire dépecer. Elle quitte les mains du Créateur pour ceux de l'ordinateur. De La Machine. Personne n'est épargné, pas mêmes les fils de Dieu. *« Il faut surfer sur la vague, le numérique, c'est l'avenir de l'Église ! »* À quand la messe virtuelle avec l'Eucharistie en 3 D ?! Internet est un précieux outil d'évangélisation, il serait stupide de s'en priver, mais il ne doit en aucun cas se substituer à la rencontre, véritable détonateur de conversions. Ne rentrons pas dans l'esprit de La Machine. Satan est un illusionniste. En nous poussant à perdre le sens de la réalité, il nous fait perdre le sens de la vérité.

Aux Âmes Citoyens !

LOVE POST-IT AUX FRÈRES PROTESTANTS

Mes très chers frères,

J'ai une tendresse particulière pour vous parce que nous sommes de la même famille. Vous le savez comme moi : pour Don Corleone, « le Parrain » et pour Dieu, « La Famiglia », c'est sacré ! Quelle tristesse que nos différends. Loin de moi l'idée de vous souffler *« vous avez tort, on a raison »*. Ce n'est pas l'objet de ma démarche. L'objet de ma démarche est celui de mon cœur. Je vous aime. Si moi, être de chair frisant l'imperfection, je vous affectionne, imaginez un peu le Seigneur ! Votre nom, « protestant », me séduit d'emblée. Enfin des créatures sur cette Terre qui protestent ! Des brebis qui osent. Des brebis qui lisent la Bible, des brebis qui savent accueillir les autres, des brebis qui s'abandonnent dans la louange et qui se laissent « partir » à Sa rencontre. À Lui, le Bien-Aimé, l'Unique, le Christ. Des brebis qui ne craignent pas d'invoquer l'Esprit Saint. Que disent les textes ? *« Tu es Pierre, et sur cette pierre, je bâtirai mon Église ; et la puissance de la mort ne l'emportera pas sur elle. Je te donnerai les clés du royaume des cieux, et tout ce que tu auras lié sur la terre sera lié dans les cieux, et tout ce que tu auras délié sur la terre, sera délié dans les cieux. » (Mt 16, 18-20)* C'est Jésus qui parle, pas moi. Chers frères, que faites-vous de ce passage essentiel de l'Écriture ? « Oui mais le Christ a confié cette mission à Pierre avant qu'il ne le trahisse ! » Vous croyez vraiment cela ? Le Verbe Incarné, Celui qui « scrute les reins et les cœurs », savait tout à l'avance. «*En vérité, je te le déclare, cette nuit même, avant que le coq chante tu m'auras renié trois fois.*» *(Mt 26, 33)* Le Messie d'Israël savait à qui Il avait affaire. À des Hommes; donc, par définition, à des êtres imparfaits. Malgré toute notre bonne volonté, le péché nous colle aux basques comme une ombre malveillante. Selon la volonté de l'Éternel, Pierre a été sacré Pape par le Christ Lui-même. La foi en l'Église ne dépend pas des prouesses du Saint Père ni de ses «prédispositions» – ou pas – à la sainteté. Elle repose sur les paroles mêmes du Christ et sur Sa volonté qui n'exprime que celle du Père. L'Église mystique, corps du Christ vivant, l'emportera toujours sur l'Église «ramassis de pécheurs» et de créatures imparfaites que nous sommes tous. Vous comme moi. Si le sacrement de confession, de «réconciliation» comme on dit, et celui de l'Eucharistie dépendaient des mérites du prêtre, on serait mal! Dieu seul est Saint ainsi que La Vierge Marie Immaculée. Permettez-moi, chers frères, de faire ma catho. Le fait justement que des êtres imparfaits soient sanctifiés par Dieu, témoigne de Sa toute-puissance. Consacré par Lui et non par des hommes, le prêtre, hostie vivante, fait corps avec le Christ; Il est transfiguré par la main du Très Haut qui en fait «un passeur» unique de Sa grâce. Comme le dit si bien saint Paul, «*ce ne sont pas nos actes qui nous justifient* – qui nous sauvent –, *mais la foi en Christ*». Par la vertu divine – non la sienne –, seul le prêtre est habilité à transmettre le pardon de Dieu. Il en est de même avec l'Eucharistie. Par l'intermédiaire de Son serviteur, Dieu transforme le vin en sang et le pain en corps du Christ. «La transcendance», la toute-puissance de Dieu. C'est une chose impensable qu'une pauvre créature de poussière puisse pleinement s'associer au Messie jusqu'à devenir le Messie Lui-même! «Impensable», mais non inconcevable car le Seigneur l'a fait. Allons-nous reprendre le Très Haut et lui suggérer de faire autrement? «Ce qui est sagesse aux yeux de Dieu est folie aux yeux des hommes et inversement.» C'est toujours de cette façon que le Seigneur procède, Il manifeste Sa Toute-Puissance à travers «des bras cassés». Les nôtres. Jean (6, 53-59): «*Jésus leur dit alors: «Amen, amen, je vous le dis: si vous ne mangez pas la chair du Fils de l'homme, et si vous ne buvez pas son sang, vous n'avez pas la vie en vous. Celui qui mange ma chair et boit mon sang a la vie éternelle; et moi, je le ressusciterai au dernier jour. En effet, ma chair est la vraie nourriture, et mon sang est la vraie boisson. Celui qui mange ma chair et boit mon sang demeure en moi, et moi, je demeure en lui. De même que le Père, qui est vivant, m'a envoyé, et que moi je vis par le Père, de même celui qui me mange, lui aussi vivra par moi. Tel est le pain qui est descendu du ciel: il n'est pas comme celui que les pères ont mangé. Eux, ils sont morts; celui qui mange ce pain vivra éternellement.» Voilà ce que Jésus a dit, alors qu'il enseignait à la synagogue de Capharnaüm.*» Il n'y a pas la moindre ambiguïté. Jésus invite Ses enfants à communier à Son précieux sang et corps dans l'Eucharistie. Il est pleinement incarné dans ce sacrement. Il ne s'agit nullement d'un simple partage fraternel entre fidèles. L'Amour fou de Dieu qui l'a amené à s'incarner dans le Christ, le conduit aujourd'hui à s'incarner à chaque Eucharistie. Oui mes chers frères et sœurs, ce ne sont pas des paroles en l'air, Christ est Vivant dans les Saintes Espèces : Son Corps et Son Sang, le Pain et le Vin. L'Hostie. L'Eucharistie rayonne de la gloire de Dieu. Jésus y est présent dans la plénitude de Son Incarnation. De Sa naissance à Son magistère en passant par la croix et la résurrection ! Dieu est positivement déstabilisant : après s'être abaissé jusqu'à la pauvreté d'un nouveau-né, voilà qu'Il descend de nouveau pour renaître dans l'Eucharistie ! Recevoir le Corps et le Sang du Christ est une expérience incomparable, un truc de dingue ! Ne faire qu'un avec Lui, corps et âme, dans la pure osmose de l'Amour. Les amis, vous ne vous doutez pas à côté de quoi vous passez. Si vous le saviez, vous iriez communier en courant ! Cap ou pas cap ? « Protestant », oui, téméraire, non ??

À propos de Marie

« Jésus voyant sa mère, et près d'elle le disciple qu'il aimait, dit à sa mère : « Femme, voici ton fils. » Puis il dit au disciple : « Voici ta mère. » À partir de cette heure-là, le disciple la prit chez lui. » (Jn 19, 25-27) Jésus n'a pas dit, « Voici le modèle que tu dois suivre, l'exemple du « parfait disciple » – bien que Marie le soit. Il a dit « voici ta mère » ! Une mère, on s'abandonne dans ses bras. On se laisse « dessiner » par le regard unique d'amour qu'elle porte sur nous. On l'écoute, on la prie : *« Maman, s'te plaît, parle à papa pour moi. Il me fait les gros yeux. Intercède pour moi auprès de lui. Comme tu l'as fait à Cana. »* Au final, Jésus change l'eau en vin. Non pour lui obéir mais parce qu'elle seule sait comment l'aborder. En outre, Marie ne désire que la volonté

de Dieu. Avant d'être la Mère de tous les Hommes, Marie est la mère du Christ. Elle est l'Élue du Père. Ce n'est pas une vulgaire bonne femme que le Seigneur a choisie pour mettre au monde Son Fils et pour ensuite la jeter aux orties ! «*Je te salue Marie comblée de grâces ; le Seigneur est avec toi. Tu es bénie entre toutes les femmes*», lui a dit l'Ange du Seigneur. Marie est unique. Sa conception est unique. Vous connaissez beaucoup de vierges qui donnent naissance à un fils dont le père est Dieu Lui-même ?! Allons, soyons sérieux ! À moins que vous ne réfutiez Sa virginité, et par là même la paternité divine du Christ ? Si c'est le cas, Jésus n'est plus le Messie, le Fils du Dieu Vivant. Adieu le Verbe Incarné qui a pris chair – «*Jean et tous les autres, vous nous avez raconté des cracks !*»Nier la virginité de Marie revient à nier le Sauveur. Il n'est plus Dieu fait homme mais un homme lambda né de l'union de deux êtres. « Monsieur tout le monde. » Mes aïeux, il y a de quoi s'inquiéter ! Allons-nous à la suite de Jean obéir au Christ, prendre Marie chez nous ou bien la laisser à la porte de notre cœur ? À vous de choisir, Frères bien-aimés.

Concernant les saints

Encore une fois, Dieu seul – Père, Fils et Saint Esprit – est Saint. L'Humanité tout entière est polluée. Non seulement, nous sommes gangrenés par le bon vieux péché d'Adam et Ève, mais aussi par les nôtres. La sainteté dont parle l'Église à propos d'élus ne s'apparente en rien à la perfection. Cette sainteté-là, est une disposition du cœur, un abandon à Dieu.

« Que ta volonté soit faite, non la mienne. » Les saints sont des pécheurs comme nous, à la différence – fondamentale ! – qu'ils renoncent à eux-mêmes et prennent leur croix pour suivre le Christ. Ils lâchent prise – l'abandon est ce qu'il y a de plus difficile. Ils acceptent de perdre leur vie terrestre pour Jésus. Pour autant, cela ne fait pas d'eux des êtres irréprochables et aseptisés. La conversion se joue jusqu'à la fin, c'est une attitude – un choix – de chaque instant. Le terme le plus approprié les concernant serait me semble-t-il, « apprenti saint ». Quant à nous, il serait plus juste de nous appeler « apprentis humains ». Nous sommes là pour construire notre humanité. Les saints sont sanctifiés par la croix du Christ. C'est toute la foi de l'Église. Un chrétien qui n'adhère pas à ce dogme doit se faire beaucoup de soucis. Si La Croix Glorieuse du Christ, si Son précieux Sang versé pour nous ne sont pas de taille à sanctifier les bourrins humains que nous sommes, *« courage, fuyons ! »* C'est quelque peu problématique. Notre billet d'entrée au Paradis tombant à l'eau, nous irions là *« où il y a des pleurs et des grincements de dents »*. Cette haute décoration de Sainteté permet d'être médiatisé. Et c'est tant mieux. N'en avez-vous pas assez des stars du Mal qui papillonnent au firmament de la célébrité et qui entraînent avec elles de pauvres âmes pour les perdre ? Par leur notoriété, « les people » du Royaume de Dieu sortent du lot pour devenir des exemples. Ces « Lumineuses Brebis », anti-veau d'or, nous poussent à la conversion et réactualisent notre foi en nous montrant que c'est possible : *« Si elles l'ont fait, alors moi aussi, je peux le faire. »*

PS : Si nous réunissions nos enclos – catholique et protestant –, nous passerions à 2,18 milliards de brebis, soit 1/3 de la population mondiale. Du pur délire ! *Passez quand vous voulez « à la maison »*.

Votre sœur catho qui pense à vous.

Conclusion

La clef de l'Avènement du Christ

Tout est dans les mains du Père et dans le Cœur du Fils. Dieu seul décide, Dieu seul sait. À lui seul appartiennent le Règne, la Puissance et la Gloire pour les siècles des siècles ! Et pourtant les petites brebis ont leur mot à dire. Que désire un chrétien au plus profond de lui-même ? Gagner au loto ? Non, quoique… Gagner le cœur de Dieu ? *Yesss !* Et par-dessus tout ?? Allons, un petit effort. Son retour glorieux sur la Terre ! Le bonheur et la gloire de Son Bien-Aimé Seigneur ! Finies les tartes à la crème sur Sa Sainte Face ! Finis les outrages, les insultes, les crachats, Il a donné. Ras-le-bol des scuds du Démon et de ses étrons de co-équipiers. Marre de voir Son Sacré-Cœur et celui de Sa Mère pleurer ! *« Seigneur Dieu tout-puissant, Tes enfants souhaitent que Ton règne vienne ! Prends pitié de Tes brebis pelées par le péché. Envoie Ton Fils. Daigne hâter Son retour glorieux. »* Tout est là. Comment faire pour que le Père Éternel daigne hâter l'Avènement du Christ ? En s'unissant dans la communion des saints à toute la Sainte Cour Céleste. Aux Esprits Célestes, aux Anges et à tous ceux qui nous ont précédés dans Son Royaume. « Les citoyens d'en Haut ». Ceux-là mêmes qui ne cessent de l'implorer jour et nuit

(Ap 9, 11) : *Quand il ouvrit le cinquième sceau, je vis sous l'autel les âmes de ceux qui avaient étés immolés à cause de la parole de Dieu et du témoignage qu'ils avaient porté. Ils criaient d'une voix forte : Jusqu'à quand, maître saint et véritable, tarderas-tu à faire justice et à venger notre sang sur les habitants de la terre ?* » À la lecture complète de l'Apocalypse, on réalise combien la Sainte Cour Céleste est mobilisée pour Le Jour du Seigneur. Non seulement les saints, les élus, les sauvés de Dieu « qui ont lavé leur vêtement dans le précieux Sang de l'Agneau », mais aussi les « habitants des cieux ». Les Anges et tous les Esprits Célestes. Même le psalmiste est sur le coup (Ps 89, 13). « Reviens Seigneur pourquoi tarder ? Ravise-toi par égard pour tes serviteurs. » Dans sa deuxième lettre, saint Pierre s'adresse aux disciples en disant « *Vous qui hâtez l'avènement du jour de Dieu* ». « Les disciples », c'est nous ! Le tout premier à hâter le retour du Christ, c'est Jésus lui-même : « *Notre Père qui es aux Cieux, que ton Nom soit sanctifié, que ton règne vienne, que ta volonté soit faite sur la terre comme au ciel.* » Le règne de Dieu n'arrivera que par l'Avènement du Christ par le triomphe des Très Saints Cœurs de Jésus et de Marie. Les Très Saints Cœurs tiennent un rôle essentiel dans l'Avènement du Christ. Qui mieux qu'eux peut toucher le Cœur du Père ? Petit problème : même là, Satan s'est introduit. Il y a ceux qui sont fans de Marie et qui en oublient presque le Père, et ceux qui considèrent La Vierge comme un accessoire pouvant détourner du Fils. D'un côté, les « pro » Sacré-Cœur, de l'autre, les « morgan » de Marie. Une petite guerre froide au sein même de l'Amour. Quelle tristesse ! Encore l'artillerie de la division. Le Père ferait-il de l'ombre au Fils, et le Fils au Père et L'Esprit Saint aux deux ? Bien sûr que non ! Le Christ qui aime profondément Sa Mère nous invite à nous ouvrir à Elle. Sa joie de Fils et de Dieu est sans limite lorsque nous la prions. Si Jésus nous parlait aujourd'hui, croyez-vous qu'Il nous demanderait d'arrêter de la prier ? Et Marie, pensez-vous qu'elle vous reprocherait de vous abandonner au Cœur de Son Fils ? Marie conduit jusqu'à Jésus et Jésus renvoie sur Marie. Prier ENSEMBLE les Très Saints Cœurs de Jésus et de Marie comble le Père de bonheur. Consoler ensemble leurs Très Saints Cœurs souffrants, c'est cela que nous sommes appelés à faire. La Mère et l'Enfant réunis dans la gloire de Dieu sous le regard tendre du Père et de l'Esprit. Sans compter que la dévotion – L'Amour ! – aux Très Saints Cœurs est une arme redoutable pour faire fuir les démons ! Si nous implorons le Père Éternel de bien vouloir hâter le retour glorieux de Son Fils par les Très Saints Cœurs de Jésus et de Marie, ça va dépoter ! *« Si deux d'entre vous, sur la terre, se mettent d'accord pour demander quoi que ce soit, cela leur sera accordé par mon Père qui est aux cieux. Car, là où deux ou trois se trouvent réunis en mon Nom, je suis au milieu d'eux. » (Mt 18, 19-20)* Forts de cette affirmation, osons. OSONS, par l'intermédiaire des Très Saints Cœurs, implorer, prier, talonner, supplier le Père pour l'Avènement du Christ !!! Le Cœur de Dieu se laisse toucher. Il n'est pas fermé à nos prières, bien au contraire ! Si le Seigneur ne se laissait pas atteindre par nous, jamais Il n'aurait envoyé Son Fils unique pour nous sauver ! Ne faisons pas du

Père de l'Amour un être froid sous prétexte qu'Il est au-dessus de tout ! Le fait d'être au-dessus ne le rend pas pour autant indifférent. Dieu est « au-dessus » mais en même temps Il est partout ! Particulièrement dans le cœur de Ses petits et de ceux qui souffrent. Cela ne serait pas la première fois qu'Il change Ses plans à cause de nous. L'Éternel se laisse émouvoir par Ses brebis pelées. La Bible est truffée de passages montrant le Seigneur renoncer au châtiment grâce à l'intercession de Ses Enfants. Le Christ Lui-même rebondit sur la prière et la foi de Ses brebis pour accomplir des miracles ! Si tous ENSEMBLE nous prions le Père afin qu'Il hâte le retour de Son Fils, nul doute qu'il se passera de grandes choses. Osons, Aimons, Prions ! Si le Seigneur est présent lorsque « deux ou trois sont réunis en Son nom », quel serait l'impact d'une prière faite par des millions de gens dans le monde entier implorant Sa Miséricorde pour Son retour glorieux ? Énorme !! Allons plus loin dans la folie des fils de Dieu : offrons des messes précisément à cette intention ! TOUS ENSEMBLE, malgré nos différends et nos allergies, unissons-nous par amour pour Lui ! Des messes célébrées par toute la Terre pour la victoire de Dieu sur le monde ! L'Eucharistie, le précieux Corps et Sang du Christ offert pour Son retour glorieux ! L'Agneau de Dieu immolé pour Son Avènement. Du jamais vu, une pure improvisation de l'amour. Depuis le début de Sa création, le Seigneur nous invite à être acteurs de notre propre histoire. Ça continue aujourd'hui. Après la souffrance et la mort vient le temps de la Résurrection et de la Gloire ! Un parfum de « boucle bouclée». Oh Seigneur que Ton Esprit Saint nous donne la force et le courage de réaliser cet audacieux projet, fruit de notre foi et de notre amour pour Toi. Te connaissant, il y a de fortes chances pour que Tu craques. Un mouvement mondial matérialisé à travers des messes et des chapelets pour implorer Ta miséricorde et hâter Ton retour.

« Demandez le programme ! »

Voilà quel pourrait être le déroulement de la soirée – ou de la journée – d'une durée d'environ une heure trente. «*Quoi une heure trente!? C'est trop long!*» C'est la durée de la messe de Pâques. Pour tous ceux qui ne vont à la messe qu'une fois l'an pour La Résurrection, vous ferez l'effort de vous coller 90 minutes supplémentaires dans l'année! Quant aux autres, «aux habitués», ça passera comme une lettre à la poste. Il ne s'agit pas d'une célébration de plus. Ce n'est pas pour l'éveil à la foi des retraités ni pour la kermesse paroissiale mais juste pour LE RETOUR GLORIEUX DU CHRIST SUR LA TERRE!!! Les gars, réveillez-vous!

1 – Messe célébrée à l'intention du retour glorieux du Christ.

Avec encens – non négociable. Au moment de consacrer les espèces, l'Esprit-Saint se chargera d'inspirer au prêtre célébrant la formule de consécration. Cependant il est indispensable d'intégrer «par les mérites infinis des Très saints Cœurs de Jésus et de Marie».

2 – À la fin de la messe, avant l'envoi, réciter la prière suivante :

Père Éternel et Tout-Puissant,
Dans la communion de tous les saints,
Avec tous les esprits célestes
et terrestres qui t'adorent,
Au nom de Ta Miséricorde, nous te
supplions humblement par les mérites infinis
des Très Saints Cœurs de Jésus et de Marie,
De bien vouloir hâter le retour glorieux
de Ton Fils Jésus-Christ sur Terre,
Afin que « Ton Nom soit
sanctifié, que Ton règne vienne,
Et que Ta volonté soit faite sur
la terre comme au Ciel. »
Père bien-aimé, sois attentif aux louanges et aux
satisfactions que t'offrent les Très Saints Cœurs de
Jésus et de Marie en notre nom à tous, au nom de
tes pauvres créatures et de Ta création tout entière,
spécialement au nom de Ton Église et de Tes élus,
Pour que l'Heure du retour glorieux du
Christ sur la Terre soit accomplie.
Que Ton Évangile Seigneur soit
proclamé à toutes les nations ;
Que le Christ revienne dans Sa Gloire
de Ressuscité, de Fils de Dieu,
Par le triomphe de Son Sacré-Cœur
et du Cœur Immaculé de Marie,
Pour détruire à jamais le Mal et la Mort,
Et établir Ton Règne et Ton Royaume d'amour
Afin que soient manifestées, Seigneur
Dieu Tout-Puissant et Éternel,

Auprès de toutes Tes créatures
et de toute Ta création,
Dans tout l'univers visible et invisible,
Ta Puissance et Ta Gloire
éternelles qui ne passent pas,
La Puissance et la Gloire éternelles de
l'Agneau Vainqueur à Tes côtés,
La Puissance et la Gloire éternelles que
Tu donnes à Marie, Sa Très Sainte Mère,
Ta Bien-Aimée.
Car c'est à Toi seul, Père, Fils et Saint
Esprit, un seul Dieu en trois personnes,
qu'appartiennent le Règne, la Puissance et
la Gloire pour les siècles des siècles.

3 – Adoration du Saint Sacrement après la messe

Adorer le Christ dans Son Eucharistie en présence de la gloire de Son Incarnation et de Sa résurrection et de toute la gloire Céleste, n'a pas son pareil.

4 – Open Bar Confession durant l'Adoration

Portes ouvertes confession pour ceux qui souhaitent repartir sur les chapeaux de roues du cœur ! Le sacrement de réconciliation est indispensable. Il est associé à notre conversion et à notre salut. Lorsque nous franchissons la porte du confessionnal, nous sommes « légions » – nos péchés, nous, les démons. Quand nous ressortons, il n'y a plus que Lui – Dieu – et nous.

5 – « Un devoir du soir » suggéré aux fidèles

Dire dans la semaine un chapelet à l'intention du retour du Christ. À la convenance de chacun, peu importe le jour et le moment.

6 – Oser supplier

Au cours de la journée (au travail, à la maison…), prononcer sans modération ces rafraîchissantes paroles :

« Viens Seigneur Jésus, nous t'adorons.
Viens Seigneur Jésus, nous te supplions.
Viens Seigneur Jésus, nous t'attendons. »

Ne pas hésiter à rajouter ses propres mots. La plus belle des prières est celle qui vient du cœur.

Facultatif mais non négligeable

Histoire de réveiller les troupes, la célébration pourrait être précédée par le témoignage d'une trentaine de minutes. Si vous connaissez des prêtres, des religieux, ou des laïcs habités, c'est le moment ou jamais de les faire venir. Un des pires dangers qui menace l'Église d'aujourd'hui est la tiédeur et l'endormissement. Que la Flamme s'éteigne de l'intérieur.

7 – La célébration doit se dérouler à heure et date fixes

Afin de permettre à nos sœurs brebis qui prennent le train en marche de nous rejoindre. Par exemple, tous les premiers mardis du mois à 19 heures. Le but de cette « messe rassemblement », est qu'elle soit un rendez-vous récurrent pour tous les chrétiens qui attendent le Règne de Dieu.

Cela nous plongerait dans une actu « incarnée » et nous sortirait d'une torpeur teintée de passé. Faites le test, amusez-vous à demander à vos consœurs brebis ce qu'elles attendent aujourd'hui. Beaucoup d'entre elles seront dans l'embarras pour vous répondre ; comme si tout avait été réalisé, comme si le projet de Dieu s'arrêtait là ! Le Seigneur ne nous a pas insufflé Sa vie pour désobéir, souffrir et mourir ! Il nous a donné la Vie pour être pleinement heureux avec Lui, en Lui et par Lui dans Son merveilleux Royaume d'amour où toutes Ses créatures, hommes, femmes, enfants, animaux, – tous les êtres vivants – étincelleront de Sa gloire, de Son bonheur et de Son amour sous le regard bienveillant de la nature en fête, tandis que l'univers tout entier dansera de joie ! C'est à cette unique fin que l'Éternel notre Dieu nous a créés, tout le reste vient du Cornu. En ces temps de souffrance et de purification que traverse l'Église, acculée par de profondes blessures, ces rassemblements autour de l'Eucharistie pour le retour du Messie permettraient de nous recharger les uns les autres, de reprendre forces et moral. Face aux mordantes attaques du Serpent, ce n'est pas du luxe. L'Adversaire est à l'œuvre : à la peur d'être chrétien s'ajoute la honte d'être chrétien. Plus que jamais, manifestons au monde notre fierté de faire partie de l'Église catholique. Devenons aux yeux de tous les porte-paroles de la « *Catholic Pride* » ! Ces rassemblements auraient un double effet : prier concrètement le Père afin qu'il veuille bien hâter l'Avènement du Sauveur et nous ressourcer ensemble dans un présent actif, dans le « dernier acte » dont parlent les Saintes écritures : la parousie. La fameuse « actu incarnée »... L'anti routine de la messe du dimanche. Cela nous ferait passer du rôle de figurant nostalgique : « *Ah, Jésus est venu il y a bien longtemps... qu'attendons-nous à présent ?* », à celui d'acteur de premier plan : « *Le Seigneur a besoin de moi, Il compte sur moi pour préparer Son retour, le meilleur reste à venir.* » Finalement, ces messes-rassemblements s'inscrivent parfaitement dans les plans de Dieu et dans sa façon habituelle d'agir : c'est Lui qui fait le miracle, c'est Lui qui décide, mais Il nous met à contribution : « Apportez-moi les pains et les poissons. »

8 – Une communication de folie

Pour une puissance d'impact maximum, il est indispensable que toutes les communautés, les fondations et les associations mais aussi les médias chrétiens s'associent à la communication de ces messes, qu'ils se les approprient. Il n'est pas question de se surcharger de travail – il y en a déjà bien assez – mais d'ouvrir la « boîte précieuse et ultra fermée » de nos listings. Reste à savoir si nous bossons pour Dieu ou pour nous. Une certaine Jeanne, ne disait-elle pas « *Dieu premier servi* » ?

9 – Jésus arrive !!!

Une telle impulsion de foi, d'amour, de prières et d'Eucharistie dans l'unité des Fils de Dieu, ne peut que faire fondre le Cœur du Père ! Répondons à l'Amour par l'Amour !

L'enjeu est Universel et Éternel ! En multipliant les rassemblements, les cénacles, à travers les « Messes – Ado – Open Bar Confesse », nous créerons une révolution. La Révolution de l'Amour ! Celle qui plaît à Dieu. Celle qu'Il attend de nous. Avec le soutien des myriades d'Anges et de tous les Saints, mes aïeux, ça va swinguer ! On sous-estime complètement la puissance et la force de la communion des saints. Moi, Natalie Saracco, cancre devant le Père Éternel – et devant un grand nombre de mes professeurs –, profond-dément amoureuse de Lui, j'invite tous mes frères consacrés ou pas, pratiquants ou pas, pécheurs en phase terminale ou premiers de la classe, à faire de ce rassemblement pour le Retour Glorieux du Christ, le sien. Car il n'appartient qu'à Dieu seul. Que chacun se l'approprie ! Allez trouver les curés de vos paroisses, demandez-leur de célébrer des messes à cette intention ! Efforcez-vous de vous y rendre en groupe, à plusieurs on a plus de poids. Certains prêtres vous mettront des bâtons dans les roues, d'autres vous colleront des ailes. Certains vous feront passer pour d'égoïstes brebis qui ne pensent qu'à elles : « *Que faites-vous des autres ? De ceux qui ne sont pas encore nés ou bien des non-convertis ? Et les Pygmées en Afrique, y avez-vous pensé ?!* Justement qu'ils aillent les évangéliser d'urgence puisqu'il faut préalablement au retour du Christ que l'Évangile soit proclamé à toutes les nations ! De tels raisonnements ralentissent la venue du Seigneur. De tels raisonnements plombent les cœurs. Du reste, que font-ils de la communion des saints ? Nous lisons en Genèse 18, 22-32 : *Les hommes se dirigèrent vers Sodome, tandis qu'Abraham*

demeurait devant le Seigneur. Abraham s'approcha et dit : « Vas-tu vraiment faire périr le juste avec le coupable ? Peut-être y a-t-il cinquante justes dans la ville. Vas-tu vraiment les faire périr ? Ne pardonneras-tu pas à toute la ville à cause des cinquante justes qui s'y trouvent ? Loin de toi de faire une chose pareille ! Faire mourir le juste avec le coupable, traiter le juste de la même manière que le coupable, loin de toi d'agir ainsi ! Celui qui juge toute la terre n'agirait-il pas selon le droit ? » Le Seigneur déclara : « Si je trouve cinquante justes dans Sodome, à cause d'eux je pardonnerai à toute la ville. » Abraham répondit : « J'ose encore parler à mon Seigneur, moi qui suis poussière et cendre. Peut-être, sur les cinquante justes, en manquera-t-il cinq : pour ces cinq-là, vas-tu détruire toute la ville ? » Il déclara : « Non, je ne la détruirai pas, si j'en trouve quarante-cinq. » Abraham insista : « Peut-être s'en trouvera-t-il seulement quarante ? » Le Seigneur déclara : « Pour quarante, je ne le ferai pas. » Abraham dit : « Que mon Seigneur ne se mette pas en colère, si j'ose parler encore. Peut-être s'en trouvera-t-il seulement trente ? » Il déclara : « Si j'en trouve trente, je ne le ferai pas. » Abraham dit alors : « J'ose encore parler à mon Seigneur. Peut-être s'en trouvera-t-il seulement vingt ? » Il déclara : « Pour vingt, je ne détruirai pas. » Il dit : « Que mon Seigneur ne se mette pas en colère : je ne parlerai plus qu'une fois. Peut-être s'en trouvera-t-il seulement dix ? » Et le Seigneur déclara : « Pour dix, je ne détruirai pas. »
Notre conversion et notre amour de Dieu rejaillissent sur nos frères par « ricochets de grâces ». L'Esprit Saint anticipe. Avec Lui, prenons les devants. Avec Lui, allons de l'avant. De telles célébrations court-circuiteraient les plans du Démon. Ces Eucharisties

auraient vite raison de l'E-Monde et des horreurs décrites dans l'Apocalypse qui attendent l'Homme. « Si le nombre de ces jours-là n'était pas abrégé, personne n'aurait la vie sauve ; mais à cause des élus, ces jours-là seront abrégés » (Mt 24, 21). Peut-être est-ce grâce à ces messes ? Peut-être est-ce maintenant le Moment ? Pour revenir, peut-être que le Seigneur attend de nous ces messes ? *« Demandez et l'on vous donnera »* (Mt 7, 7) De toutes les manières, il ne se passera que ce que Dieu veut : unissons-nous pour la marche finale pour l'Avènement du Seigneur Dieu de l'Univers ! Que toutes larmes disparaissent de la face de la Terre et du Cœur brûlant d'Amour de Dieu. TON BONHEUR SEIGNEUR… TON BONHEUR!!!! Le Diable, la Souffrance et la Mort disparaîtront enfin pour ne plus jamais revenir. « Un pour tous, tous pour LUI ! »

« Joie au ciel ! Exulte la terre ! Les masses de la mer mugissent, la campagne tout entière est en fête. Les arbres des forêts dansent de joie devant la Face du Seigneur, car il vient, car il vient pour juger la terre. Il jugera le monde avec justice, et les peuples selon sa vérité ! » (Ps 95, 11)

Aux Âmes, Citoyens du Royaume de Dieu !

« Victoire, tu règneras »

Viens, Seigneur Jésus !

Remerciements « Aux Âmes »

Merci à Toi, Seigneur Dieu tout-puissant, pour Ton amour, Ta patience et Ta miséricorde. Merci pour la confiance que Tu me fais. Merci aux Très Saints Cœurs de Jésus et de Marie pour leur amour et leur intercession auprès du Père. Merci petite Marie de Nazareth, merveille de Dieu, pour ton « oui » qui a changé la face du monde et nous a ouvert les portes du Royaume. Merci au vaillant Saint Joseph, gardien de la Sainte Famille, pour son écoute de la Parole de Dieu et pour son courage. Merci à la Sainte Famille. Merci aux très saints Archanges Saint Michel, Saint Raphaël, Saint Gabriel, aux saints Anges (particulièrement à mon ange gardien qui mérite la légion d'honneur, et à tous ceux qui veillent sur mes proches) pour leur protection et leur soutien si précieux, ainsi que pour leur fidélité à l'Éternel notre Dieu. Merci à toute la Sainte Cour Céleste, aux citoyens des Cieux, nos amis et nos partenaires. Merci aux Prophètes et aux Patriarches qui ont ensemencé la terre de nos cœurs et nous ont révélé le visage du Dieu unique. Merci à tous les Saints, aux Martyrs, aux Apôtres Pierre, Jean, Jacques, Matthieu, André, Philippe, Thomas, Barthélemy, Jacques, Thaddée, Simon et Matthias.

Un grand merci à l'éblouissante et intrépide Marie-Madeleine « même pas peur », et à Saint Paul apôtre.

Merci à mon papa qui me manque, à mon grand-père Louis Saracco, à mes amis qui sont au Ciel: aux abbés Louis Pelletier et Laurent Beaucoud, aux pères Thierry, Bigot, Seguineau (et à tous les autres, la liste est trop longue !), à la petite Lola et aux autres. Sans oublier « mes amis vivants », Maurice, le troubadour des Linottes, Marie-Noëlle, ma fidèle amie, la fervente Thi Tho, Violetta, Gérard et Henri, les trois mousquetaires du Sacré-Cœur, à la lumineuse Brigitte et à tous les autres qui se reconnaîtront. Un immense merci au petit soldat de Dieu, Marguerite Marie, « La radieuse dame au chapeau »... Merci à ma sœur Jacqueline, « Dada », pour son soutien, et à mon frère Jean-Pierre. Merci à mes fidèles alliés, mes groins (mes chiens). Dieu vous bénisse tous !

Merci à mon curé, « aux aventuriers des temps modernes », les prêtres, les religieux et les religieuses, qui par leur abandon et leurs prières, portent le monde. Un merci fraternel à Mère Agnès « wonder woman du Seigneur », ainsi qu'à la valeureuse sœur Sophie de l'Incarnation, ma sœur de cœur. Merci à Mère Gertrude, Mère Marie Simon, Mère Nicole et son « gang » de sœurs. Un grand merci à sœur Marie du Sacré-Cœur Bernaud, fondatrice de la Garde d'honneur du Sacré-Cœur dont je fais partie (www.gardedhonneurdusacrecoeur.org), ainsi qu'à sœur Marie-Chantal qui me l'a fait connaître. Merci au père Julien, au père Pierre, au frère Jean de Dieu et au père Albéric, pour leurs prières, ainsi qu'à tous les autres.

Enfin, un grand merci aux éditions Salvator qui osent avancer à contre-courant de la pensée unique, et particulièrement à mon cher ami et éditeur, Yves Briend, pour sa foi, son talent, son engagement. Un chaleureux merci à David Briend, Régis de Villers, à l'héroïque attachée de presse Thomine Josseaume, à François-René Charles, François-Xavier Durye, Michel Cool (pour son soutien dès le premier livre), Suzana Guinart-Miron. Merci aux commerciaux, François de Bayser, Thibaud Dubois et Hervé Mercier, qui ont la lourde tâche de faire exister les auteurs auprès des libraires. Un chaleureux merci à Fafa pour la photo et à Étienne Salefran, ainsi qu'à Jean-Baptiste Maillard.

Un merci rempli d'amour, d'étoiles et de gratitude, à ma petite maman qui me porte depuis mon berceau. Merci belle âme de m'avoir montré le chemin… Je t'aime.

Gloire, louange et adoration à notre Père Tout-Puissant pour la gloire de Son Saint Nom qui surpasse tous les noms, pour toutes Ses œuvres, ainsi que pour Sa merveilleuse création visible et invisible.

« *Qui est comme Dieu ?* »

Personne !

CONTACT NATALIE SARACCO

Pour faire un don et aider Nathalie SARACCO
dans sa mission d'évangélisation,
prendre contact avec elle et retrouver
toute son actu, rendez-vous sur :

Le site
www.nataliesaracco.com

Facebook
https://fr-fr.facebook.com/realnataliesaracco/

Twitter
https://twitter.comNatalieSaracco

Si vous préférez lui écrire « à l'ancienne »,
merci d'adresser vos courriers à :

Éditions Salvator
Natalie SARACCO
103 rue Notre Dame des Champs
75006 Paris

Table des matières

Achevé d'imprimer en septembre 2019
sur les presses de
La Manufacture - Imprimeur – 52200 Langres
Tél. : (33) 325 845 892

N° imprimeur : 191373 - Dépôt légal : octobre 2018
Imprimé en France

*Cet ouvrage a été composé
par Atlant'Communication
au Bernard (Vendée).*